本书系重庆市高水平新文科建设四川外国语大学资助出版系列成果

四川外国语大学新文科系列特色教材

总主编：严功军　刘玉梅　林移刚

国际社会工作

INTERNATIONAL SOCIAL WORK

杨文华　梁谨恋◎主编

黑龙江人民出版社

图书在版编目(CIP)数据

国际社会工作 / 杨文华，梁谨恋主编. — 哈尔滨 ：黑龙江人民出版社，2023. 3
ISBN 978 - 7 - 207 - 12987 - 1

Ⅰ. ①国… Ⅱ. ①杨… ②梁… Ⅲ. ①社会工作—世界—高等学校—教材 Ⅳ. ①D57

中国国家版本馆 CIP 数据核字(2023)第 058286 号

责任编辑：肖嘉慧
封面设计：欣鲲鹏

国际社会工作
GUOJI SHEHUI GONGZUO
杨文华　梁谨恋　主编

出版发行	黑龙江人民出版社
地　　址	哈尔滨市南岗区宣庆小区 1 号楼
网　　址	www. hljrmcbs. com
印　　刷	黑龙江艺德印刷有限责任公司
开　　本	787 × 1092　1/16
印　　张	17. 5
字　　数	260 千字
版　　次	2023 年 3 月第 1 版
印　　次	2023 年 3 月第 1 次印刷
书　　号	ISBN 978 - 7 - 207 - 12987 - 1
定　　价	49. 00 元

　举报电话：（0451） 82308054

序　言

20世纪80年代以来，全球化的持续推进使得世界政治、经济、社会和文化均发生了重大变化。世界各国面临越来越多全球性的社会问题，如环境污染、气候变暖、弱势群体权益、医疗改革、艾滋病防治、人口老化、女性权益，等等。这些问题的解决都需要各国通力协作，共同应对。社会工作者一直致力于社会问题的应对与解决。全球化进程中，某一个国家的国内问题的有效解决往往都需要国际社会的共同努力。如此，社会问题将成为社会工作国际化的根本动力。社会工作者需要以全球化思维和本土化行动来应对各种全球挑战，在推动社会变迁、社会发展、社会凝聚和人权解放等方面扮演重要角色。社会工作也将成为一个真正的国际职业。包括国际社会工作教育联盟（也称国际社会工作学院联盟，International Association of Schools of Social Work）、国际社会工作者联合会（International Federation of Social Workers）、国际社会福利理事会（International Council on Social Welfare）等国际性社会工作组织的成立也为各国平等参与、交流合作和寻求支持提供了重要平台和领地。20世纪90年代以来，随着国际交流合作的频繁，区域性的国际合作项目逐渐增多，一些西方学者在从事区域性的国际项目实践与研究的同时，开始探索一种具有国际视野的超越本土的全方位社会工作模型。戴维·考克斯（David Cox）是国际社会工作的领衔学者之一，他曾带领团队在亚太地区开展一些基于国际社会工作方面的合作项目，在对实践经验进行总结的基础上出版了《国际社会工作：问题、策略和项目》一书。该书自出版以来被许多国家用于社会工作课程教学。

在我国，伴随改革开放，一些城市出现了“国际社区”，服务社区内不同社会群体的服务也开始在深圳、广州、上海、重庆等城市探索和起步。可以预见的是，随着中国与国际社会交流的不断加深，我国社会工作者将面临诸多涉及“国际社区”的社会问题及需求满足的议题。关于国际社会工作的概念，目前学术界尚未形成统一界定。有些学者将国际社会工作等同于国别社会工作，还有些学者将涉外社会工作、移民社会工作等视为国际社会工作。最初发展的具有世界性视角的“国际社会工作”，主要是比较社会工作在不同文化和国家之间的差异。随着社会工作专业的发展成熟，“国际社会工作”也尝试从全球视角来阐释社会工作，即研究社会工作专业在不同国家的实施。梅志里（James Midgley）认为，目前开启发达国家与发展中国家社会工作国际对话交流的时机已经成熟。一方面，发展中国家对于发达国家社会工作的借鉴，是建立在本土实际需求处境的基础上；另一方面，发达国家对于发展中国家社会工作模式的引进和参照，能够用于弥补和革新自身模式的不足，在“自觉抵制欧美专业殖民化的传播”和“谨慎对待自我专业殖民化倾向”的基础上处理好社会工作国际化和本土化的关系。因此，我们需要在借鉴国外理论的基础上，构建适合我国国情的国际社会工作的理论框架和解释逻辑。

国际社会工作是一门新兴的学科，它是社会工作的分支学科之一，对生活在国际化和高度相互依赖的世界体系中的现代人来说，国际社会工作的知识是最基本和最必要的知识的一部分。近年，国内一些高校开始对国际社会工作的教育和实践进行研究，也取得了一定的进展。这部《国际社会工作》就是四川外国语大学国际社会工作教学团队多年探索涉外社会工作的实践过程和研究的成果。该校在获得社会工作硕士（MSW）专业学位授予权点以后，将国际社会工作拟定为重要专业方向，“国际社会工作”是这个方向的一门核心专业课。该书的两位作者在进行“国际社会工作”课程教学过程中发现，很难找到合适的参考资料和书籍，这种情况严重影响了课程教学，也制约着为国际社区提供国际社会工作服务实践。有鉴于此，她们结合自己多年从事涉外社会工作项目的实践经验，依托“国际社会工作”课程的教学成果，几经修改完成了《国际社会工作》一书。

《国际社会工作》从理论和实践两个层面，对国际社会工作教育与实践问题进行了深入、系统的探讨。通读全书可以发现，本书具有以下两个鲜明的特点。一是理论与实践的紧密结合。对于国际社会工作的理论探讨部分，基本厘清了国际社会工作的内涵、构成和功能，构建了国际社会工作的理论分析框架；在国际社会工作实践部分，主要对不同领域、不同人群的国际社会工作理论和实践进行了探讨。二是学术性与实用性兼具。在学术性方面，本书为国际社会工作提供了一个理论视角和实践方向，让读者从整体上了解什么是国际社会工作，即一种跨越国家、种族、文化的社会工作理论和方法，倡导世界各地的社会工作者将传统的社会工作更有效地应用于全球关注的问题；在实用性方面，本书在国际社会工作实践的章节中，为帮助读者理解和把握具体的干预策略，尽可能广泛地汲取了不同国家的典型案例，在每一章结尾都提供了一些可供进一步阅读的参考资料，鼓励和方便社会工作者和其他专业人士将其工作生涯的相关部分用于促进各国人民福祉的提升，为社会工作者和其他人为制定适合这个快速变迁的全球化时代的社会政策和计划做出贡献。

该书的出版，弥补了我国对国际社会工作研究的不足，为国际社会工作教育与实践提供了一个重要参考。作为一个具有开创性意义的工作，两位年轻的学者在书中也难免留下些许遗憾。比如，对于国际社会工作发展脉络的研究尚需继续完善，国际社会工作作为一个领域或者方向的内涵、内容、服务路径等学科理论架构还有待进一步完善和建构，国际社会工作的实践部分缺乏最新的案例支撑等。当前，国际社会正经历巨变，面临着各种挑战和机遇，全球气候变化、科技创新与人工智能、国际贸易与经济合作、地缘政治与国际关系、社会文化变革以及全球卫生挑战等议题正在改变和塑造着我们的世界。从国际社会工作的视角出发，对关涉人类发展和福祉的议题进行探索，以相关的案例阐释全球变迁对人类社会正义和发展的影响，以更好地应对国内和国际形势变化的需要，我们可以更好应对全球挑战，为创造一个和平、繁荣和可持续发展的世界作出社会工作专业的贡献。期待社会工作教育界为实现这个美好目标而共同努力。

马凤芝

2023 年 3 月

目　　录

第一编　理论编

第三编 特定人群国际社会工作

第一编

DIYIBIAN

理 论 编

第一章　绪　论

社会问题的共同性已经成为世界各国社会工作实现国际化的一个根本动力,国内问题的有效解决有赖于国际的共同努力。对生活在国际化和高度相互依赖的世界体系中的现代人来说,国际社会工作的知识是最基本和最必要的知识的一部分。究竟什么是国际社会工作?在过去,国际社会工作通常会被定义为一些像红十字会、联合国之类的国际组织的社会福利活动。之后,有学者把具有世界性视角的社会工作称为"国际社会工作",主要是比较社会工作在不同文化和国家之间的差异。进入21世纪以来,随着全球化进程的不断推进,学者们开始从全球视角来理解和阐释国际社会工作,认为旨在构建一种全球意识的社会工作都是国际社会工作。什么是国际社会工作?国际社会工作的本质是什么?国际社会工作的实践领域是什么?国际社会工作的功能是什么?国际社会工作应遵循什么样的价值体系?这些问题是进行国际社会工作研究和实践必须解决的基本问题。本章拟对上述关于国际社会工作的基本问题进行介绍。

第一节　国际社会工作的内涵与构成

一、国际社会工作的内涵

(一)社会工作的国际定义

社会工作来源于人道主义、宗教和民主的理想和哲学,具有普遍的适用性,满足人与人之间社会交往的需要,开发人的潜能。专业的社会工作者致力于为人类的福利和自我实现服务;发展和使用有关人类和社会行为的科学知识;开发资源以满足个人、群体、国家和国际的需要和愿望,以及实现社会公正。自20世纪70年代起,社会工作就努力将自己定义为一种全球职业,并在国际上就共同的道德准则达成一致。国际社会工作者联合会(IFSW)和国际社会工作教育联盟(IASSW)是领导全球社会工作的两家国际机构,致力于形成一个社会工作的全球定义。2004年,国际社会工作者联合会和国际社会工作教育联盟联合通过了以下的社会工作定义:"为提高人类福利,社会工作专业推动社会变化,解决人际关系问题以及促进人类的权能和自由。通过运用人类行为和社会制度理论,社会工作对人与环境之间的互动进行干预。人权和社会公平的准则是社会工作的基石。"该定义明确了社会工作作为一门关注全球问题的统一专业,使社会工作者受雇于其他国家以及创造跨国教育培训计划等成为可能。该定义强调社会公平和人道主义。尽管这个定义与美国社会工作者协会关于社会工作的定义相类似,但是其强调改变影响人的社会结构的趋势是显著的,而这一点与美国强调个人改变正好相反。

随着一些社会工作新兴地区的经验积累和探索,社会工作专业的内涵也不断丰富,有必要对原有的社会工作定义进行修订。2014年7月,国际社会工作者联合会和国际社会工作教育联盟在墨尔本大会上,通过了一个新的社会工作专业全球定义:作为一个以实践为本的专业和学术领域,社会工作推动社会改变和发展、社会凝聚、人民的充权及解放。社会公义、人权、集体责任和尊重差异等原则是社会工作的核心。基于社会工作、社会科学、人文和本土知识的理论,社会工作联系个人和组织去面对人生的挑战和促进人类的福祉。该定义指出社会工作以多种方式帮助人类与环境进行着多样化、复杂的交流。它的宗旨是促进人类发展全部潜能,丰富人类的生活并阻止人类功能失调。职业社会工作专注于问题的变化和解决,核心任务包括推动社会变迁、社会发展、社会凝聚和人民的充权及解放。

(二)国际社会工作的提出与演变

社会工作一向是具有国际性的,当下更是如此。"国际化"也是社会工作的一个重要议题，因为社会工作应无视国界的界限，并寻求全球认同，以确认其专业地位。另外，鉴于公民和从业者的流动性和联系性，社会工作中“跨国”“国际”或“全球”维度的存在是毋庸置疑的。最初发展的具有世界性视角的社会工作称为“国际社会工作”，主要是比较社会工作在不同文化和国家之间的差异。逐步地，随着社会工作慢慢发展成熟，目前正在从全球的视角来尝试阐释社会工作，即一种专业在不同的国家实施。当国际社会工作建立在所谓的世界体系上时，国际社会工作可以被称为“全球社会工作”。20 世纪 90 年代以来，随着频繁的国际交流合作，区域性的国际合作项目逐渐增多，一些发达国家的学者在从事区域社会发展实践与研究的同时，开始思考国际社会工作发展的问题。其中，戴维·考克斯（David Cox）是国际社会工作的领衔学者之一，也曾在澳大利亚墨尔本的乐卓博大学（La Trobe University）担任区域社会发展中心主任。在此期间，他曾带领团队在亚太地区开展一些基于国际社会工作方面的合作项目，在对实践经验进行总结的基础上出版书籍《国际社会工作：问题、策略和项目》，该书于 2006 年由 SAGE 首发，于 2013 年再版。该书自出版以来被许多国家当作课本用于社会工作课程的教学。从此，国际社会工作作为一个学术性科目受到越来越多发达国家与发展中国家的青睐。许多社会工作者也参与到国际社会与社区发展实践工作中，相关的理论成果也逐渐增多。究竟什么是国际社会工作？在过去，它通常被定义为一些像红十字会、联合国之类的国际组织的社会福利活动。随着国际社会工作实践的不断推进，越来越多的学者正对国际社会工作的含义进行探讨，下面列举几种具有代表性的定义。

林恩·希利（Lynn Healey，2001）将国际社会工作定义为：国际社会工作是一种国际性的专业活动，是由社会工作专业人员实施的国际行动。国际行动包括与国际相关的国内实践与倡导、专业交流、国际实践，以及国际政策制定与倡导。该定义强调了国际社会工作的专业性和国际性，有助于人们把握国际社会工作的本质特征。然而，她把与国际相关的国内实践算作国际社会工作可能会引发歧义。譬如，社会工作者从事国际劳动力迁徙、贩卖人口、难民安置以及跨国收养等方面的社会工作介入即使在国内处理，也应算作国际社会工作。

胡戈曼(Hugman,2010)对希利的观点进行了补充和修正。他认为国际社会工作包括5种类型:①在本国以外的国家进行实践;②与有跨国工作经验的人一起工作;③与国际组织合作;④在国与国之间进行交流与合作;⑤全球市场经济对人民幸福的影响。该定义将跨国(境)作为国际社会工作的重要特征。根据该定义,与国际相关的国内实践不算作国际社会工作。

考克斯和帕瓦尔(David Cox & Manohar Pawar,2013)在《国际社会工作:问题、策略和项目》一书中指出,已有的关于国际社会工作的定义缺少对专业目标的描述,即一个符合所有国家的发展目标。他们认为现实情况是许多极度贫困的国家几乎都没有开设社会工作这门学科,许多发展中国家还处于萌芽阶段。我们并非要求所有的国家都能实现社会工作的强劲发展,相反,正如我们在讨论国际社会工作时提到的,国际社会工作是我们构想的社会工作在贫困和欠发达国家中扮演的角色,所以阐述国际社会工作的目标是极为重要的。因此,他们重新对国际社会工作进行了界定:"国际社会工作是一种与国际相关的专业,它通过全球与本土社工教育和实践的发展形成,在教育和实践方面,科学有效地帮助世界大部分人口应对各种国际(全球)问题,促进人类福祉。"考克斯和帕瓦尔的定义重点关注全球和基层的社会工作教育与实践,构建专业化、国际化的社会工作职业,更好地解决影响人类福祉的全球性和地方性挑战。

批判性地审视以上定义和其他相似定义,我们可能会质疑西方学者对国际社会工作的概念界定是否适合亚洲地区。例如,一位非洲培训生讲述,她参加一个英国的培训项目时,培训师通过英国人举办的工作坊和研讨会对社会工作者进行培训,主要教授案例分析、团队工作和社区工作,并翻译英美的文本,目的是让社会工作者在非洲运用这些知识。而当她参加一个韩国的类似培训项目时,培训师却在分享他们是怎样发展韩国的,并让参与培训的人员分享各自国家的发展经验。很明显,告知别人怎样去发展自己国家和分享自己国家的发展经验,二者具有明显差异。关于国际社会工作定义的讨论仍在持续。

(三)国际社会工作的定义

参与应对全球挑战的国际社会工作的重点是关注个人和集体福祉,这反映了社会工作行业的核心价值观和目标以及综合视角。因此，在已有研究的基础上，本书尝试给出一个国际社会工作的定义："国际社会工作是一种与国际相关的专业，它运用一种跨越国家、种族、文化的社会工作理论方法，以解决全球化过程中人类碰到的各种国际（全球）问题，促进社会改革和发展、提高社会凝聚力、赋权并解放人类。"这一定义指出，国际社会工作是一种职业化的助人活动，其本质是用一种跨越国家、种族、文化的社会工作理论方法，为社会工作提供一个理论视角和实践方向。国际社会工作旨在解决或缓解全球（国际）问题，包括国际政治、经济、社会和文化问题，促进人类福祉。

国际社会工作涵盖以下六个方面的内容：一是超越国家意识形态定义社会问题；二是国际组织使用社会工作和社会工作者；三是跨国家和地区的社会工作合作与实践；四是国家之间观念、资源和服务的合作交流，社会工作知识与方法的转移；五是发展比较社会政策，致力于影响社会政策；六是在本地和全球互动过程中形成新的实践模式。其中跨国参与和交流是国际社会工作的前提与核心，主要是指社会工作教育、研究与实践方面的交流与协作。这种参与交流可以有多种类型，参与跨国交流的群体包括社工教师、社工学生、管理者、服务使用者与提供者、研究者等；参与形式有个体考察、群体考察、会议论文、演讲、协商等多种形式。通过跨国交流与协作，形成一种超越国家和地区的包容性国际社会工作网络格局，在这个网络中既涵盖发达国家的专业经验，也包含发展中国家的本土经验，发达国家与发展中国家平等对话形成一种合力，共同致力于创造人类的福祉。

二、国际社会工作的构成要素

社会工作是社会工作者有意识、有目的地帮助他人的活动。在这一活动中，社会工作者与服务对象互为行动主体和客体，社会工作者设计并引导助人活动的实施，服务对象在接受帮助的过程中也会加入自己的意识、目的，并影响助人活动的开展。国际社会工作作为社会工作的重要组成部分，是由国际社会工作者与服务对象等多种要素构成的互动过程。国际社会工作的基本要素主要包括国际社会工作者、服务对象、国际社会工作价值观、助人活动等。

（一）国际社会工作者

国际社会工作者是服务或帮助的提供者，他们设计并引导助人过程，是国际社会工作的主体。从现代专业社会工作的角度来看，国际社会工作者是指遵循助人自助的价值理念，综合运用社会工作专业知识和方法，为有需要的个人、机构、家庭、社区提供专业社会服务，帮助其发挥自身潜能、协调社会关系、解决和预防社会问题，促进社会公正为主要职业活动的专业人员。

（二）服务对象

国际社会工作的服务对象是全人类，特别是全球困难群体。只要个体有需求，社会工作就有用武之地。因为无论是所谓的“弱势群体”，还是相对而言的“优势群体”，都会面临某些困境或问题。事实证明，在全球化背景下，一个地区的金融危机很可能带来全球范围的失业、贫穷等问题，对弱势群体的伤害尤其大，而优势群体也可能会碰到极端的人生危机与精神压力等问题。因此，社会工作也不再局限于看到“问题”，而更多着眼于“需求”，社会工作干预方法也逐渐由注重个体和团体的临床技术扩展到注重社区与组织的宏观手法，比如社会行政和社会政策。这进一步使得社会工作的范畴覆盖了全体民众。因此，针对弱势群体的社会工作、针对普通人士的社会工作（如社区安全）与针对优势群体的社会工作并存，已成为社会工作的重要特性。另外，社会工作的服务对象的包容性还体现在它不仅面向个人与群体，也面向社区与组织。社会工作针对医院、企业、学校、特殊地区（农村、土著社区等）也提供专门领域的社会工作。

（三）国际社会工作价值观

国际社会工作价值观是国际社会工作者所持有的助人观念，包括对助人活动的看法、对自己及受助者的看法。社会工作的价值观是利他主义，尊重受助者的权利和选择，它认为社会工作是一种真正的服务过程，而不是社会工作者在行使手中的权力。社会工作的价值观是国际社会工作的灵魂，它借助于助人活动与其他类型的人类社会行动区别开来。

(四)助人活动

助人活动是社会工作的关键,它是助人愿望的传导者,同时也是助人和受助活动的实现过程。在助人活动中,国际社会工作者传输的是精心考虑过的、科学的、能够满足受助者需要的信息,而受助者输出的则是需要和对来自社会工作者的帮助行为的理解、选择与反应。助人活动是社会工作者与受助者在特定社会情境中,在一定理论知识和价值理念的指导下,运用具体的工作方法整合角色、享用文化、交流信息等多种因素结合而成的行动体系。

第二节 国际社会工作的功能

功能是一个与系统相联系的概念,系统是由相互联系的部分形成的体系。功能则是指在某个系统中部分对整体所发挥的作用。本节主要讨论国际社会工作者的权利、义务与职责是什么,国际社会工作的主要功能有哪些。

一、国际社会工作者的权利、义务与职责

(一)国际社会工作者的权利

国际社会工作者在国际事务中的权利包括:享受法律赋予的公民权利;享受机构规定的工资、福利、培训、休假等待遇的权利;享受对机构发展提合理化建议和对机构各级管理人员提意见的权利;参加机构组织的活动和了解机构公布信息的权利;对违法违纪的人或事进行制止和举报的权利。

(二)国际社会工作者的义务

国际社会工作者在国际事务中应遵循的义务包括:自觉遵守国家法律、

法规和机构的各项规章制度；充分发挥各自的聪明才智、尽心尽责地完成自己所承担的工作，为机构的发展贡献力量；自觉地维护机构的形象、信誉和利益；遵守职业道德、爱岗敬业、忠诚机构，形成相互尊重、互勉共进的良好氛围，与机构同发展共命运；自觉遵守保密规定，不准泄露机构和服务对象的机密和信息；发现事故隐患和发生意外情况，应立即报告机构有关部门，及时采取必要的措施进行有效防止；以机构利益为重，办任何事情都要牢记节约，杜绝浪费；社会工作者之间应团结友爱、和睦相处、相互帮助、相互配合、求同存异、顾全大局，正确处理好集体与个人的关系。

（三）国际社会工作者的职责

国际社会工作者的职责首先是帮助那些在社会生活中遇到各种困难和问题的人。从最初的施舍、慈善行动发展而来的社会工作一开始就带着鲜明的助人特征，成为一种充满爱心的崇高事业。但是，社会工作的当代发展已经在两个方面超越了传统的救贫济弱的活动范围。一方面，社会工作有志为全体人民提供服务，调适人与自然、人与人之间的关系，创造和谐的社区环境，以提高人们的生活质量。另一方面，社会工作已经发展出一套专门的技术与方法，从而成为当代社会中一种得到普遍认同的专业，一种不可或缺的专门职业。

二、国际社会工作的主要功能

社会工作对服务对象和社会系统发挥的作用就是社会工作的功能。因此，国际社会工作的功能可以分为两个层面：一是微观层面，国际社会工作对服务对象的功能；二是宏观层面，国际社会工作对国际社会的功能。

（一）微观层面：国际社会工作对服务对象的功能

微观层面，国际社会工作者通过有意识、有目的地为服务对象提供专业服务，即通过接案—预估—计划—介入—评估—结案—跟进服务等环节，帮助那些有生活困难和问题的个人、家庭、社区，激发其潜能，解决问题。国际社会工作对服务对象的功能主要有以下内容。

1. 促进服务对象正常生活

对生活上有困难的人给予必要的帮助是社会工作的重要任务，国际社会工作的功能则是通过此服务来恢复和促进困难群体、有需要群体的正常生活。

2. 恢复弱化的功能

对于贫弱群体来说，由于生理、心理及社会方面的原因，他们在某些方面的功能可能衰退了。国际社会工作通过开展活动、提供服务，可以恢复他们的自信，也可以促使他们参与更广泛的社会生活。

3. 促进人的发展

人是有潜能的，人潜能的充分发挥有利于他们的正常生活和自我实现。国际社会工作通过开展多种服务，可以促进他们被压抑的潜能得以发挥，为他们的发展创造条件。

4. 促进人与社会环境的相互适应

国际社会工作分析问题的基本观点是“人在环境中”，社会应为人的正常生活、成长与发展提供适宜的条件，而个人则有责任发挥自己的能力、减少对社会的依赖、经营好自己的生活、为社会发展做贡献。

（二）宏观层面：国际社会工作对国际社会的功能

宏观层面，国际社会工作旨在解决或缓解全球性问题，减少世界发展进程中各式各样的矛盾与冲突，促进国际收入分配的均等化，协调全球范围内经济与社会、精神与物质、人与社会的均衡发展，保障全世界各国人民的经济发展，提高全人类的福祉水平。宏观层面的功能主要有以下内容。

1. 维持国际社会秩序

良好的社会秩序是国际社会各部分关系协调、稳定的状态，它是任何社会都极力追求的。

2. 促进国际社会和谐

社会和谐是国际社会各构成要素之间良性互动，社会成员之间相互接纳、平等相处的生活状态。

3. 推动社会进步

社会进步的最主要标准是困难群体生活状况的改善。国际社会工作对困难群体问题的解决会更有力地促进社会进步。

4. 谋求人类福祉

国际社会工作关注人类福祉，国际社会工作者的职责和专业实践始终对全球的整体福祉有着不可推卸的责任和道义承担。

第三节　国际社会工作的价值体系

国际社会工作是建立在专业的价值体系和理论基础之上的。国际社会工作价值观是在专业范围内形成的一整套对人、对国际社会工作专业等的总体判断与评价标准，它对于树立国际社会工作的专业使命、行为和保护服务对象的利益发挥着重要作用。本节对国际社会工作的核心价值观、道德准则和操作原则进行陈述。

一、国际社会工作价值观的作用

社会工作的价值观从内部反映着人与环境相互关系的规定。它既包括正面的价值观，也包括负面的价值观。本书所指的国际社会工作价值观都为正面的价值观。Reamer 和 Baretlett 总结的社会工作价值观对于我们理解国际社会工作的价值观具有重要的启示意义。Reamer 认为社会工作价值观至少包括：个人价值与尊严、对人的尊重、重视个人改变的潜能、案主自我决定权、提供个人发挥潜能的机会、寻求满足人类共同的需求、寻求提供个人足够的资源与服务以满足其基本的需求、赋予案主权利、平等的机会、没有歧视、尊重多元性、对社会改革和正义的承诺、保密与隐私权、愿意将专业知识与技巧提供给他人等。Baretlett 则认为社会工作的价值表现为：个人应该受到社会关怀；个人与社会相互依赖；个人对他人负有责任；人有共同需求，也有独特偏好；民主社会的本质在于使每个人的潜质得以充分发挥，并通过参与来尽社会责任；社会有责任提供机会，让每个人克服困难，达成自我实现。

借鉴 Reamer 和 Baretlett 对社会工作价值观的诠释，同时考察国际社会工作的特殊场域、差异性的文化和不同的受助人群，本书认为国际社会工作的价值观的作用表现在以下三个方面：第一，国际社会工作价值观是决定专业使命的关键所在，有了它才能明确国际社会工作专业本身的专业特质，从而为建立正确的国际工作模式做好准备；第二，价值观对国际社会工作专业人员的职责和行为方式给出了指导，从而保证专业行动最大限度上增加受助者的利益，减少对他们的伤害；第三，价值观通过对国际社会工作专业机构、人员的社会责任进行明确的界定，从而确保国际社会工作者为倡导国际地区的公平和正义做出应有的贡献。

国际社会工作价值观并不是一套泛泛而谈的伦理规定，它虽抽象，但对维护国际社会工作的专业形象、改善社工实践的专业效果和保护当事人的利益都有重要的作用。而且，国际社会工作价值观对推动国际社会工作的本土化发展、改善国际地区总体的福利也有指导性的作用。

二、国际社会工作的价值伦理

国际社会工作的伦理价值是指国际社会工作者所依循的职业道德准则和操守，包括国际社会工作的核心价值观、道德准则和专业价值等内容。

（一）国际社会工作的核心价值观

1. 服务大众

社会工作者应当将服务社会中有需要的人群特别是困难人群作为自己的首要任务，要为社会大众提供专业的社会服务。

2. 践行社会公正

社会工作作为一种以助人为目的的专业和职业，它追求社会公平和正义。社会工作者应从改革和发展的角度努力推动社会变革，与服务对象一起努力，了解他们的问题和需要，在社会政策的推行过程中寻求和倡导积极的社会变革。

3. 强调服务对象个人的尊严和价值

社会工作者对每一名服务对象都应给予关心和尊重，充分认识和理解服务对象个体在生理、心理和社会文化等各方面存在的差异，同时对文化和种族的多元性保持开放和敏锐的意识。

4. 注重服务中人与人之间关系的重要性

社会工作是处理人的问题的工作，涉及人与人的沟通和互动行为。因此，社会工作者应充分认识到人与人之间关系的重要性，包括设身处地为他人着想（即同感他人），建立积极和良性的沟通关系，帮助服务对象建立良好的人际网络，学会彼此分享和相互帮助。

5. 待人真诚和守信

社会工作者应坦诚地对待服务对象，并敢于认识到自身的不足，能真诚地分析服务对象的问题和需要，坚持专业的使命、价值观、伦理原则与标准，并有效地运用它们开展社会服务。

6. 注重能力培养和再学习

社会工作者要不断地提升自我的专业能力，并保持一种开放的心态和好学的精神，坚持在实践中再学习和再教育的理念，不断改进观念，更新知识，掌握新技能，从而提升专业实践的效率，增进服务对象和社会大众的福祉。

（二）国际社会工作的道德准则

人们固有的价值观和创造共同繁荣社会环境责任感的信念是社会工作者之间牢固的联系纽带。这些基本准则超越不同国家的特定文化和社会福利制度，是国际社会工作最普遍的共同信念。

国际社会工作者联盟拥有发展国际道德守则的最高权力。这些守则包括社会工作的12条基本内容，并提供了一套实务伦理指引。以下12条准则反映了社会工作者服务人类的基本取向。

（1）每个人拥有独一无二的价值，因此必须获得符合伦理的对待。

（2）每个人拥有自我履行但不逾越其他人相同权利的权利，每个人拥有奉献于社会的义务。

（3）无论其社会形态，每个社会都应发挥为每个人提供最大福利的作用。

(4)社会工作者致力于实现社会正义。

(5)社会工作者有责任运用客观的专业知识和技巧,促进个人团体、社区和社会的发展,以及解决个人与社会之间的冲突及其后果。

(6)无论性别、年龄、残疾、肤色、社会阶层、种族、信仰、语言、政治信念、性别取向,社会工作者应为寻求帮助或建议的人提供最大可能的帮助。

(7)社会工作者尊重《联合国人权宣言》和其他由此派生的国际条约规定的个人和团体的最基本人权。

(8)在专业工作中,社会工作者注重隐私、保密和慎用信息的原则。即使与社会工作者所在国家的立法相抵触,社会工作者仍要尊重合理的保密守则。

(9)社会工作者应全心与案主协作,从案主的最佳利益出发,但同时注重其他利益。尽可能地鼓励案主参与,并告诉他们行动过程的潜在危险和现实益处。

(10)一般而言,社会工作者期望案主与其合作,共同承担选择改变状况的行动过程的义务。有时因解决一方问题而牺牲其他利益导致强制性行为产生,这种行为只有在详尽地评估冲突双方的要求后才可能发生。社会工作者对法律强制性的使用应降至最小。

(11)社会工作者支持和平与非暴力。社会工作者可与军事人员并肩为人道目标工作,维持和平及从事重建工作。在军事或维和的环境中,社会工作者必须要经常以人的尊严为其首要关注,绝不能将其知识和技巧用于不人道的目标,例如酷刑、军事监察、恐怖主义等,也不能以专业或个人身份对人使用武器。

(12)社会工作者做出符合伦理的决定并恪守。2018 年通过实施的最新《全球社会工作伦理原则声明》(Global Social Work Statement of Ethical Principles),涵盖了全球社会工作界最基本的伦理原则与伦理议题,国际社会工作的从业员、教育工作者、学生和研究员,应遵照执行《全球社会工作伦理原则声明》。

(三)国际社会工作的专业价值

结合国际场域、文化和实践工作的实际情况,国际社会工作的专业价值包括接纳、尊重、自我决定、参与和境遇化 5 个方面的内容。

1. 接纳

接纳是指国际社会工作者不因服务对象年龄、性别、生理状况、宗教信仰、政治倾向等拒绝服务。接纳是国际社会工作者所遵循的基本道德准则，是国际社会工作实践开展的基础。在专业服务的过程中，国际社会工作者要从内心接纳服务对象，将他们看作工作中的重要伙伴，对服务对象的价值偏好、习惯、信仰等都应保持宽容与尊重的态度。

接纳不是说社会工作者要接受服务对象的行为或赞同他们的价值观，而是社会工作者对服务对象的价值观与个人背景特征等的一种包容。社会工作者应坚信，这个世界是多样的，面对同样的状况，每个人的选择一定会有所不同。

2. 尊重

尊重是指国际社会工作者在服务过程中对服务对象的问题和需要的倾听、回应。国际社会工作者可以和服务对象分享自己的经验和想法，也可以提供解决问题的建议，但社会工作者不得直接或间接地迫使服务对象接受提出的意见或建议。很多时候，服务对象会根据自己的处境做出选择，尽管社会工作者觉得这个选择并不是最优的，却可能是最符合服务对象需要的。尊重还表现为对服务对象文化、生活习性等的不批判。

3. 自我决定

自我决定是指在面对选择和决策时，应当由服务对象自己做出选择和决定。国际社会工作者的义务是向服务对象提供必要的信息，让服务对象在充分知情的情况下做出选择。自我决定是展现服务对象能力和价值的关键，社会工作的目标之一就是协助个体发展能力，发掘服务对象的潜能，最终让服务对象能够独立自主地生活，而不是长期依赖社会工作者或者其他人。

国际社会工作者应通过专业服务，帮助服务对象不断地争取和保护自己作为公民的基本权利。如果服务对象没有能力进行选择和决策（如服务对象是幼儿或正处在精神障碍发病期），社会工作者应根据法律或有关规定让他人（如监护人）代行服务对象选择和决策的权利。

4. 参与

参与是国际社会工作中比较重要的一个专业价值理念。国际社会工作者只有运用参与的理念,才能实现国际社会工作的目标。服务对象的参与行为是一项基本的权利,如果没有这项权利,他们的其他权利必然会受到影响。胡文龙学者等认为:群众参与能促使社区居民密切合作,是居民学习自由发言、表达意见、参与表决、分享权利和义务,从而达致民主自治的基石。

5. 境遇化

境遇化是当前中国国际社会工作的基本要求,它主要是指在国际的特殊场域中,国际社会工作本土化价值取向的一个转变过程。在国际社会工作的专业价值观中,甚至在整个国际社会工作的价值体系当中,境遇化有着特殊的地位。这是因为:第一,境遇化的专业价值体现着国际社会工作重要的理念——以人为本;第二,境遇化的专业价值也表明国际社会工作的出路——实践的多元化。

参考文献

[1]甘炳光. 社区工作理论与实践[M]. 香港:香港中文大学出版社,1994.

[2]何雪松. 社会工作理论[M]. 第二版. 上海:格致出版社,上海人民出版社,2017.

[3]莫拉莱斯,谢弗. 社会工作:一体多面的专业[M]. 顾东辉,等译. 上海:上海社会科学院出版社,2009.

[4]王思斌. 社会工作概论[M]. 第三版. 北京:高等教育出版社出版,2014.

[5]钟涨宝. 农村社会工作[M]. 上海:复旦大学出版社,2011.

[6] Balgopal P R. Social Work Practice With Immigrants and Refugees [M]. New York: Columbia University Press, 2000.

[7]Chatterjee, Pranab. Repackaging the Welfare Stat[M]. Washington D

C: NASW Press,1999.

[8]Cox D, Pawar M. International Social Work: Issues, Strategies, and Programs[M]. New Delhi: Vistaar Publications, 2006.

[9]Lyons K. International Social Work: Themes and Perspectives[M]. Aldershot, Hampshire, England: Ashgate Publishing Limited, 1999.

[10]Annamaria Campanini. 跨文化的国际社会工作意蕴[J]. 社会工作, 2017(2):4 -6.

[11]陈树强. 增权:社会工作理论与实践的新视角[J]. 社会学研究, 2003,18(5):70 -83.

[12]甘炳光. 社会工作的"社会"涵义:重拾社会工作中的社会本质[J]. The Hong Kong Journal of Social Work, 2010,44(1):17 -28.

[13]牛冬. 西方外来移民社会工作理论与实践及对中国的启示[J]. 北京社会科学,2017(7):120 -128.

[14]卫小将. 全球社会工作发展路径与走向[J]. 甘肃社会科学,2015(1):8 -10 +15.

[15]周永新. 国际社会工作学校联合会[J]. 社会工作,2007(S8):62.

[16]Healy L M. Strengthening The Link: Social Work With Immigrants and Refugees and International Social Work[J]. Journal of Immigrant & Refugee Services, 2004, 2(1 -2): 49 -67.

[17]Palattiyil G, Sidhva D, Pawar M, et al. Reclaiming International Social Work in the Context of the Global Agenda For Social Work and Social Development: Some Critical Reflections[J]. International Social Work, 2019, 62(3): 1043 -1054.

[18]Righard E, Boccagni P. Mapping the Theoretical Foundations of The Social Work-Migration Nexus[J]. Journal of Immigrant & Refugee Studies, 2015, 13(3): 229 -244.

[19]Mayadas N S, Watts T D, Welliott D. International Handbook on Social Work Theory and Practice[C]. London: British Library,1997.

第二章　国际社会工作的全球背景

在全球化时代,出现在世界不同角落的许多问题不再是一个国家或地区的局部性问题,而是世界性的问题。因此,无论是在本土层面的还是国际层面的社会工作,社会工作者都应了解社会问题发生的全球背景,以全球背景来分析出现的问题,并制定一个整体的干预策略。社会问题、组织、意识形态,以及政策共同构成了国际社会工作的全球背景。首先,社会问题是国际社会工作实务的基本出发点,贫困、难民、艾滋病毒等全球问题的出现,促使社会工作者思考正在发生的事情,国际社会针对这些全球问题都做了哪些努力?哪些机构参与了全球问题解决?社会工作者在促进全球问题解决方面能开展哪些专业实践?其次,组织环境是国际社会工作实务开展的必要条件,全球背景下国际社会积极参与全球问题的解决,各国政府、联合国、区域协会和非政府组织为解决全球社会问题建立了各种组织,这些组织在解决全球社会问题中扮演着重要角色,对国际社会工作实践具有重要影响。再次,意识形态对国际社会工作实践影响深远,国际社会工作实践应充分考虑占主导地位的意识形态及其对全球社会的影响。最后,国际社会工作实践还需要社会政策的支持,国际社会工作者应熟悉与社会工作相关的全球性法律、经济、社会等政策。本章重点阐述了国际社会工作全球背景的四个维度,并进一步分析每一个维度对国际社会工作的影响。

第一节　国际社会工作的全球问题背景

国际社会工作者需要理解的全球背景的第一个维度为全球问题背景。本节对全球主要的社会问题进行概述,并分析国际社会工作者为什么要重视全球问题背景。

一、全球性问题日益凸显

毋庸置疑,全球化趋势不可逆转,伴随而来的是全球问题接踵而至。在这里我们简要介绍全球发展最突出的三大问题。

(一)世界性的贫困问题

贫困是人类社会的顽疾,是全世界面临的共同挑战。在过去的几十年里,国际社会为降低贫困率做出了诸多努力。然而,在许多发展中国家贫困率仍然相对较高,波动很大。自 2020 年新冠肺炎[①]疫情暴发以来,全球减贫事业面临巨大挑战,受疫情的影响各国经济发展普遍受挫,全球经济下行风险增加,失业率高,相对贫困群体开始向绝对贫困滑落,贫困边缘群体生活水平降低到贫困线之下,本处于弱势地位的绝对贫困群体生活环境进一步恶化,社会贫富差距继续拉大,全球绝对贫困人口激增。此外,发达国家作为国际援助的重要主体,其经济发展也受到疫情的严重冲击,为缓解本国经济与社会矛盾,减少了对发展中国家的经济援助。

(二)全球区域发展不平衡问题

世界经济发展不平衡性是世界经济带有普遍性的规律,全球化进程进一步加剧了这种不平衡性。世界经济发展的不平衡主要指的是各国经济实力和经济增长速度的不平衡。这种不平衡性主要表现在三个方面:

一是发达资本主义国家之间的经济发展不平衡,主要表现为经济增长速度的差异和由此引起的各国经济实力地位的变化。

二是发展中国家之间的经济发展不平衡,因经济地理条件、历史背景、经济运行制度、产业发展阶段等不同,发展中国家之间出现贫富差距拉大的现象。

三是发达国家和发展中国家之间发展不平衡,主要反映在人均国民生

① 2022 年 12 月 26 日,国家卫健委发布公告,将新型冠状病毒肺炎更名为新型冠状病毒感染。本书其他处均同此处。

产总值(GDP)差距和经济结构的现代化程度上。许多发展中国家,经济结构较为单一,经济基础较为薄弱。技术水平落后,资金短缺,外债严重,人口增长迅速,国内收入分配极不均衡等问题较为突出。这些问题若不能得到及时解决,必将导致发展中国家与发达国家的差距进一步加剧,成为阻碍世界经济发展的重大问题。

(三)生态与环境继续恶化

长期以来,人类不可持续的生产和消费方式造成了全球环境持续恶化的结果。其中,自然灾害和生态退化对人类的影响尤为突出。近年来全球各地不断发生自然灾害,自然灾害的频率与强度不断增加。人类在应对自然灾害时的花费是巨大的,不仅包括修复灾害造成的损失,还包括改善灾区的生产生活条件和全面恢复经济社会发展,达到或超过灾前水平的成本,而这个恢复过程通常需要数年时间。与自然灾害相比,生态退化是一个更为隐蔽的问题,自然因素和人为活动干扰是生态系统退化的两大驱动力,从自然的角度来讲,区域地质地貌、气候和水文等的异常变化是生态系统不稳定和退化的自然成因。人口增长、农业活动、工业,以及旅游活动等人为因素往往叠加在自然因子之上,对生态退化起着加速和主导的作用。生态退化导致水土流失、土地荒漠化、森林和草地资源减少、生物多样性减少等,人类不可避免地面临着生存和发展的威胁。自然灾害和生态退化往往对穷人的影响更大,一方面,从地理区位来看,穷人生活在更容易发生这两种情况的地区,譬如,撒哈拉以南的非洲地区和南亚等地区,绝对贫困人口较多,这些地方的生态高度退化,大多数穷人赖以生存的土地、森林和牲畜等自然资源在退化,生态退化进一步加剧了该地区的贫困。另一方面,穷人的住房质量和日常生活的习惯使他们更容易受到自然灾害和生态退化的伤害。

以上只是全球性问题的冰山一角,战争与和平、国际移民、跨国公司、全球性的毒品贩运、跨国婚姻、难民儿童等问题也在不断显现。

二、国际社会工作者应重视全球性问题

国际社会工作者应重视全球性问题,清楚哪些全球性问题与社会工作

密切相关,主要有以下几个方面的原因:

一是重大的全球性社会问题在很大程度上决定了国际社会的性质和存在。国际格局的演变、全球政策的制定、全球资源的配置,这些在很大程度上都取决于对贫困、冲突和军备问题、国际恐怖主义、全球犯罪、难民流动、虐待和剥削儿童和妇女、生态问题等的关注,社会工作者需要了解这些关注为何以及如何推动全球议程。

二是各国社会工作均不同程度受到了经济全球化的影响。在经济全球化进程中,地球村的形成让世界的联系逐渐紧密起来,社会工作也成了各国共同关注的专业和职业。

三是社会工作的终极目标是为全人类创造福祉,许多如贫困、老龄化、移民、女性主义等社会问题属于全球共性问题,世界各国普遍存在。这些共性社会问题决定社会工作需要拥有国际视野。因此,对于国际社会工作的从业者来说,无论从事什么职业,在什么岗位工作,他们都应该牢记自己的义务,在国际组织和全球社会政策中发挥重要作用。当国际社会在宏观层面着手解决某些全球性问题时,国际社会工作者从实践中获得的知识和经验将发挥着至关重要的作用。例如,当海牙国际私法会议(Hague Conference on Private International Law)试图建立一套与国际绑架儿童有关的原则时,他们通过联系国际社会服务组织(International Social Service)获得了相关的案件数据。

四是制订更加全面、有效的干预计划。社会工作者在分析当前情景时,应了解与问题有关的全球现实,从而制订全面、有效的干预计划。例如,贫困属于全球共性问题,社会工作者在分析贫困问题时应思考:有多少人正在遭受贫困,他们集中在哪里?贫困产生的主要原因是什么?国际社会工作者是如何应对这些问题的?通过找到这些问题的答案,国际社会工作者能够制订有效的减贫计划,从而更高效地解决贫困问题。

五是广泛链接全球资源。国际社会工作者只有了解全球正在发生的事情,才能为社会工作实践广泛链接全球资源。譬如,联合国各机构向各国政府提供技术援助,有时也向非政府组织提供技术援助;一系列国际报告可能对社会工作者有所帮助;许多国际社会机构提供援助资金或其他资源。从事国际领域的社会工作者应了解全球现实,充分利用全球资源。

第二节 国际社会工作的组织背景

国际社会工作者需要理解的全球背景的第二个维度是组织背景。本节对国际社会工作的组织背景进行概述,并分析组织背景对国际社会工作的影响。

一、与社会工作有关的国际组织大幅增加

社会工作领域很早就有了专业组织,19世纪末20世纪初,英美国家出现了许多慈善组织会社,协调政府与民间各慈善组织的活动;而英美国家的睦邻组织运动则从社区的角度为社会服务的发展做出了贡献。全球化背景下国家间的相互依赖日益加深,这为社会工作领域国际组织的发展带来了新的变化。进入21世纪以来,与社会工作相关的国际性组织大幅增加,范围极为广泛,组织形式呈现日益多样化和复杂化的趋势。与社会工作有关的国际组织主要有:各国政府为国际事务而设立的机构;由国家设立的政府间机构,包括欧洲联盟和非洲联盟等区域协会;由全球绝大多数国家组成的联合国系统;公司,特别是跨国或多国公司;在全球范围运作的非政府组织;全球民间社会的其他机构,如社会运动、劳工运动、宗教运动和文化协会。上述每一类组织都在社会工作领域发挥着重要作用。同时,这些国际组织之间相互影响,相互作用,共同在国际社会运行中发挥着其不可替代的作用,影响着全球社会工作的实践与发展。这也意味着国际社会工作者在分析和解决特定的社会问题时,应考虑社会工作的全球组织环境。

二、国际社会工作者应了解与社会工作有关的国际性组织

国际社会工作者应了解各种与社会工作相关的国际性组织。首先,对于国际社会工作专业的毕业生,他们需要在广泛的全球组织背景中找到一份工作,他们不仅需要知道有哪些与社会工作有关的国际组织,譬如联合国、国际非政府组织等,还需要知道具体的工作领域和工作内容,譬如难民

工作、自然灾害、冲突解决、冲突后重建等。了解国际社会工作的组织背景对于社会工作者规划自己的职业道路非常重要。

其次,国际社会工作者利用他们对组织背景的了解,能够为一个或多个国际组织在国际社会中发挥作用做出贡献。譬如,国际社会工作者通过了解联合国的地位和作用,可能会与联合国建立联系,为加强联合国的国际作用做出贡献。随着国际社会工作者参与到特定国际组织的具体工作中,他们对全球组织背景重要性的认知会不断加深。

再次,组织背景能够为国际社会工作者提供重要资源。在解决具体问题时,国际社会工作者能够判断:组织背景中的哪些元素可能与当地情况相关,他们是否可以让特定的国际机构参与进来,是否可以向它们寻求资金,是否可以让它们参与当地的培训计划,等等。在大多数情况下,这种全球组织环境可能是国际社会工作者可以获得的最重要的资源。

第三节　国际社会工作的意识形态背景

国际社会工作者需要理解的全球背景的第三个维度是意识形态背景。本节对国际社会主流的意识形态进行概述,并分析主流意识形态对国际社会工作的影响。

一、国际主流意识形态变迁

意识形态是系统地、自觉地反映一定社会的经济基础和政治制度的思想体系。在社会研究中,政治意识形态是一组用来解释社会应当如何运作的观念与原则, 并且提供了某些社会秩序的蓝图。意识形态包括政治、法律、道德、艺术、宗教、哲学等直接、自觉地反映社会经济、政治制度的思想体系。全球化背景下,意识形态领域的斗争出现了错综复杂的局面:意识形态的话语霸权,意识形态同政治、经济、军事的结盟,凸显了极强的意识形态性。罗伯特·吉尔平(Robert Gilpin)对早期流行于世纪的主流意识进行研究后指出,世界政治经济意识形态可分为三类:自由主义、民族主义和马克思主义,并且认为这三种意识形态在社会、国家和市场之间关系的概念上有着根本的不同，可以毫不夸张地说，国际政治经济领域的每一场争论最终都会归结于对这些关系的不同概念。[①]

20 世纪 70 年代，全球化背景下世界各国遭遇了普遍的经济停滞和通货膨胀，各种主张国家干预的经济思想都陷入了危机，新自由主义也从一种非主流学说渐渐成为主流。与其他政治意识形态不一样，新自由主义更多地体现为一种经济学说，而不是政治理论。新自由主义思潮的核心内容是主张经济自由主义，推动全盘市场化、私有化、自由化，反对国家干预。新自由主义不仅对西方经济和政治发展产生重大影响，还以“华盛顿共识”的名义推进金融全球化，凭借着国际货币基金组织、世界银行、世界贸易组织、欧盟等国际组织机构的背景，后来被广泛应用于包括东欧、拉美在内的绝大多数国家。

二、国际社会工作者应了解主流的意识形态

国际社会工作者应充分了解各种意识形态，树立正确的意识形态，以促进人与社会和谐发展为使命，致力于人与社会、与环境的友好对话和人类福祉的提升。

（一）社会工作者自身的思想立场

任何一个社会工作者在进入国际社会工作领域时，都会有一些思想包袱。这些思想包袱可能与文化差异有关，每个国家、每个民族在漫长的历史进程中，都积累了自己独特的文化；也可能与该领域的具体经验有关，国际社会工作是社会工作的一个特定领域，它需要专业方法，在许多情况下要经过专业教育和培训才能掌握的方法。事实上，从已有的国际社会工作实践来看，许多社会工作者是受强烈的意识形态驱动才选择从事国际社会工作的。这种意识形态驱动可能与宗教慈善有关，也可能与实现人权与社会正义目标有关，还可能与全球绿色运动或女权运动有关。意识形态对于国际社会工作具有价值导向作用：让国际社会工作者保持工作动力；使国际社会

① Robert G Gilpin. Us Power and the Multinational Corporation: The Political Economy of Direct Investents[M]. New York: Perseus Books Group,1957.

工作者保持稳定的心理状态，当国际社会工作者在遇到困难、挫折、紧急事件或处于危机状态时，能够克制和调适负面情绪，从而保持理性的思考、判断和行为选择；为他们提供强大的支持网络等。当然，国际社会工作者在实践中可能会碰到意识形态的冲突，如果硬要求统一的意识形态，势必不利于问题的解决。因此，国际社会工作者应在可能的情况下，寻求一个所有相关方都能接受的结果。

（二）对西方意识形态的认知

虽然发展中国家的许多人可能不会用意识形态的术语来表达他们的想法，但他们会对西方、与西方相关的机构以及人员产生强烈的负面情绪。普遍的情绪可能是愤怒、怀疑或仇恨，这种情绪可能源于历史上对西方的怨恨，也可能和最近西方的某些行为有关。这种强烈的负面情绪常常容易影响国际社会工作者工作，譬如，某些社会工作行动路线因与西方有关而不会在发展中国家被使用，而这些行动路线可能是解决问题的关键；发展中国家不能接受与西方有联系的社会工作者；任何与西方有关的行动都被视为不可能实现等。无论如何，对于从事国际领域的社会工作者来说，了解发展中国家和地区对西方意识形态的认知、反应及原因是干预的关键。

（三）社会工作者对组织意识形态的反应

国际社会工作者有时会发现自己在拥有主导意识形态的机构或组织中工作，虽然从个人角度，他们并不认同甚至反对这种主流意识形态，但为了工作他们不得不与这些机构或组织合作。事实上，这种情况并不罕见，在许多机构内部，大多数成员都面临着如何处理个人与组织意识形态的冲突。什么是适当的反应？社会工作者应该退出，寻求从内部改变组织的意识形态，还是接受意识形态多元化的现实，并培养在这种情况下工作的能力？这将是个人的决定，经过了一系列的考虑，上述任何决定可能被认为是适当的。不恰当的是，社会工作者没有意识到自己的个人意识形态与组织形态之间的冲突，也没有做出任何努力去解决这种冲突，这将导致国际社会工作者在解决复杂和困难的问题时几乎没有令人满意的选择。

第四节　国际社会工作的全球政策背景

国际社会工作者需要理解的全球背景的第四个维度是全球政策背景。本节对全球主要的法律、经济、社会和文化进行概述，并分析这些政策对国际社会工作的影响。

一、全球性政策不断涌现

20世纪90年代以来，世界经济全球化的进程大大加快。各个国家通过对外贸易、资本流动、技术转移、提供服务、相互依存、相互联系形成了全球范围的有机经济整体。社会政策是社会为了增进和调整社会整体及其成员的福利水平、层次和内容而制定和实施的各种政策，全球化背景下各国的社会政策不再局限于民族国家内部，大量新的“全球化”社会政策不断涌现。

（一）国际组织是“全球化”社会政策的主要推动者

由于资本的流动削弱了民族国家政府的社会政策能力，“全球化”社会政策的主要推动者为“超国家”的机构和国际组织。联合国、国际货币基金组织、世界银行、国际劳动组织等国际机构，以及众多国际民间组织，对社会政策的国际化发挥着至关重要的作用。这些国际机构和国际组织所从事的活动，可以分为三大类：影响各国社会政策的制定；进行跨国再分配和跨国调控；在国家无法满足其公民的基本需求时，提供必要的援助。下面简要介绍主要的国际组织的社会政策行动。

1. 世界银行(The World Bank)

世界银行是世界银行集团的简称，国际复兴开发银行的通称，也是联合国的一个专门机构。世界银行成立于1945年，由国际复兴开发银行、国际开发协会、国际金融公司、多边投资担保机构和国际投资争端解决中心五个成员机构组成。世界银行的宗旨是向成员国提供贷款和投资，推进国际贸易均衡发展。世界银行通过向发展中国家提供长期贷款和技术协助来帮助这些国家实现它们的反贫穷政策。世界银行的贷款被用在非常广泛的领域中,从对医疗和教育系统的改革到诸如堤坝、公路和国家公园等环境和基础设施的建设。除财政帮助外,世界银行还在所有的经济发展方面提供顾问和技术协助。

2. 国际货币基金组织(International Monetary Fund,IMF)

其与世界银行并列为世界两大金融机构。国际货币基金组织成立于1945年12月27日,1947年3月1日开始运作,1947年11月成为联合国专门机构,目前共有190个成员国。国际货币基金组织的最高权力机构为理事会,由各成员国派正、副理事各一名组成,一般由各国的财政部长或中央银行行长担任。国际货币基金组织的宗旨是稳定国际汇兑,消除妨碍世界贸易的外汇管制,在货币问题上促进国际合作,并通过提供短期贷款,解决成员国国际收支不平衡时产生的外汇资金需求。国际货币基金组织对推进社会保障制度改革方面提出了具体要求:改革不能脱离各国特定的历史文化背景;社会保障项目不能妨碍资源的有效配置,不能影响储蓄,也不能养懒汉;缴费和待遇必须密切挂钩,但缴费水平不能太高;应当注意防止浪费;制度上要把不同项目区分开来;制度方案要有可持续性。

3. 国际劳工组织

1919年根据《凡尔赛和约》,国际劳工组织作为国际联盟的附属机构成立,1946年成为联合国负责劳动就业、社会保障等社会事务的专门机构。目前有187个成员。国际劳工组织的最高权力机构是国际劳工大会。该组织的宗旨为促进充分就业和提高生活水平;促进劳资合作;改善劳动条件;扩大社会保障;保证劳动者的职业安全与卫生;获得世界持久和平,建立和维护社会正义。

(二)全球化使社会政策关注的议题提升到超国家层面

经济全球化的出现使世界逐渐融为一个整体,一个国家是否对社会政策进行调整、如何调整,都不受本国的意愿控制,必须受到其他国家的影响,因为本国经济与其他国家越来越密切的联系,使得有些社会政策已经不受民族国家本国的意愿控制,要被迫进行调整,才能应对经济全球化带来的竞争与压力。全球化使社会政策关注的议题提升到地区性或全球性的超国家

(supranational)层面。欧盟出于深化和扩大一体化的需要,为了缩小其内部区域经济发展的不平衡,专门设立了欧洲结构和投资基金(简称"结构基金"),主要任务之一就是支持落后地区或产业衰退地区的经济发展与产业结构调整。"结构基金"来源欧盟预算,由欧盟理事会和欧洲议会批准,属于欧盟财政专项支出,是欧盟首创的一种全新的产业政策工具。欧盟借助"结构基金"制定并实施了一系列区域政策,取得了良好的效果:增强了欧洲各成员国经济实力,缩小了内部各地区差距,增强了社会聚合力,确保了欧洲一体化进程的顺利发展。

二、国际社会工作者应充分利用全球社会政策

近年来,国际社会工作者在全球社会政策的制定和出台方面发挥着重要作用。事实上,在国际社会工作的许多领域,全球社会政策的制定和实施已成为解决问题的关键。譬如,《跨国收养方面保护儿童及合作公约》是为确保跨国收养的实施符合儿童最佳利益并尊重其基本权利,防止诱拐、出卖和贩卖儿童,所制定的共同规则,是国际社会工作者开展跨国收养儿童社会工作实践的基础。又如对于从事人权工作、少数民族工作、全球生态问题等方面的国际社会工作者来说,他们应熟悉相关的国际法与国际公约,其中一些国际法和国际公约与他们寻求实现的目标直接相关。国际社会工作者应充分认识政策与实践的相互作用关系,关注全球性政策作为行动指南的指导性作用,并且致力于完善和优化与社会工作相关的全球性政策及其发展。

国际社会工作者不仅应了解全球政策的相关知识,还应寻求参与全球层面的政策制定,主要从以下三个层面参与:

微观层面:跨国个案、跨国收养、国际儿童福利等。

中观层面:扶贫领域、失业和区域发展。

宏观层面:人权工作、生态问题等领域。

国际社会工作者应有意识地经历这些过程,并准备好发挥自己的作用,以确保出现的政策符合人类福祉的最大利益,而不仅仅是国家和公司的利益,尤其是世界上那些弱势群体的利益(决策层往往听不到他们的声音)。

参考文献

[1]王思斌. 社会工作概论[M]. 第三版. 北京:高等教育出版社出版,2014.

[2]王永贵,等. 经济全球化与社会主义意识形态建设研究[M]. 北京:人民出版社,2005.

[3]Bettmann E, Jacques C, Frost J. International Social Work Practice Case Studies From a Global Context[M]. London: Routledge, 2012.

[4]Brieland D. Social Work Practice: History and Evolution, in Encyclopedia of Social Work[M]. 19th Edition. Washington D C: NASW Press, 1995.

[5]Cox D, Pawar M. International Sacial Work: Issues, Strategies, and Programs[M]. New Delhi: Vistaar Publications, 2006.

[6]Payne M, Askeland C A. Globalization and International Social Work: Postmodern Change and Challenge [M]. London: Ashgate Publishing Company, 2008.

[7]卫小将. 国际社会工作发展路径的回顾与前瞻[J]. 学术论坛,2014,37(12):96-101.

[8]卫小将. 全球社会工作发展路径与走向[J]. 甘肃社会科学,2015(1):8-10+15.

[9]吴限红,杨克,李芹. 宗教慈善与社会工作:历史、流变与关系互嵌[J]. 华东理工大学学报(社会科学版),2019,34(2):20-27.

[10]张敏杰. 全球化时代的社会工作与社会工作教育[J]. 中华女子学院学报,2005,17(6):40-45.

[11]张琦. 全球减贫历史给、现状及其挑战[J]. 人民论坛,2021(11):14-18.

[12]Ferguson K M. Beyond Indigenization and Reconceptualization; Towards a Global, Multidirectional Model of Technology Transfer[J]. International Social Work, 2005,48:519-535.

[13]Gray M, Fook J. The Quest for a Universal Social Work: Some Issues and Implications[J]. Social Work Education, 2004,5:625 -644.

[14]Nagpaul H. Analysis of Social Work Teaching Material in India: The Need for Indigenous Foundations[J]. International Social Work, 1993, 36(3): 207 -220.

[15]Mayadas N S, Watts T D, Welliott D. International Handbook on Social Work Theory and Practice[C]. London: British Library, 1997.

第三章　综合视角

国际社会工作是社会工作的一个新兴领域，国际社会工作者应运用科学的理论和方法进行助人服务活动。综合视角理论提供了这样一个概念框架，国际社会工作者在研究和解决具有全球性的社会问题时，应从多角度、全方位、立体化地看待问题，综合各个角度对同一问题加以分析，从而更好地解决问题。本章将详细介绍综合视角的概念框架，并讨论综合视角在国际社会工作实务中的具体运用。

第一节　综合视角的概念框架

本节主要介绍综合视角这一重要概念，并针对综合视角的四个维度展开详细讨论。

一、什么是综合视角

西方学者考克斯和帕瓦尔在《国际社会工作：问题、策略与计划》这本书中，首次提出了国际社会工作的综合视角（Integrated Perspective），为国际社会工作的教学和实践提供了一个基本的理论框架。下面将详细介绍国际社会工作的综合视角（如图 3.1）。

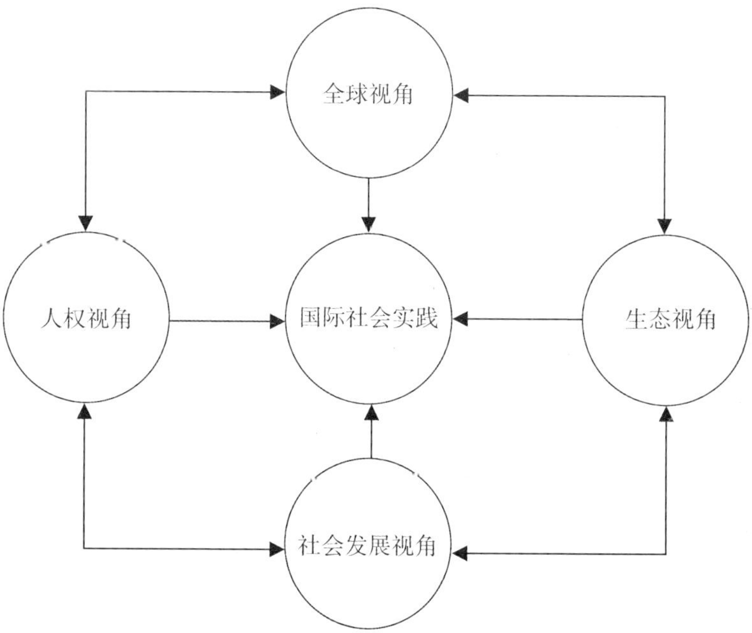

图 3.1　国际社会工作实践的综合视角

综合视角是指在从事国际社会工作的教学与实践时，应全面综合四种视角，分别为全球视角、生态视角、人权视角和社会发展视角，这四种视角紧密相关，相辅相成。单独考虑任何一种视角都会导致对国际社会工作的教育与实践指导不足。下面将具体阐述每一种视角。

全球视角是指人类将地球作为一个整体，各国共同采取有利于整个人类社会的发展战略与政策，去解决在世界范围内普遍存在的、严重威胁人类社会生存和发展的一系列重大问题的一种观念。全球视角建立了综合视角方法的边界。全球视角强调社会工作的全球性，不能忽略任何一个个人、任何一个民族或任何一个地方。强调每个个人、每个民族和每个地方隐含的重要性的思想也是人权视角和生态视角的重要内容。全球视角还强调统一性，提出了地球村的概念，其他三种观点也强调了统一性这一因素。

人权是国际社会工作的关键价值基础。人权确认了人类的一些基本需要，为国际社会工作提供了道德基础、判断事务的准则，并反映国际社会工作追求的基本信念。国际社会工作者应致力于满足人类的这些基本需要。国际社会工作的所有方面都应该以这些基本权利和自由为指导,这些权利和自由已经在一系列的国际公约和宣言中得到了全球的认可。它的核心重点与社会工作一开始就采纳的价值基础是一致的。国际社会工作者信奉并推动人权宣言与公约中所反映的所有人的基本的、不可剥夺的权利,如《世界人权宣言》《儿童权利公约》《消除对妇女一切形式歧视公约》等。人权视角是全球视角的基础,并通过生态视角和社会发展视角加以阐述。人权视角建立了国际社会工作大致的愿景和目标。

生态视角认为地球是一个生态系统,人类社会只不过是其中的一个子系统。生态系统是基础,国际社会工作实践不能脱离生态系统而存在,必须遵从生态发展规律,不能以破坏生态环境来换取经济发展。虽然生态维度是全球视角多个维度中的一个重要方面,但是本书还是将生态作为一个单独的视角进行讨论,是因为考虑到生态视角的重要性和有容易被忽视的风险。生态维度是社会发展视角多个维度中的一个重要方面,因此,社会发展视角进一步强化了生态视角的重要性。

社会发展观的目标和价值构成了国际社会工作的基础。因此,无论在什么情况下,无论采取补救和预防行动的具体需求是什么,国际社会工作实践的最终目的是促进人民在内的社会发展,同时保护或设法改善他们生活的环境。社会发展本质上是一种价值导向的、多层次和多维度方法促进社会发展的过程,其最终目标是提高处于社会中的人民的福祉。同时,国际社会工作还关注社会发展的具体方面,并经常参与解决社会发展方面的具体问题。社会发展视角加强了其他三种视角,并被其他三种视角所加强。

国际社会工作实践的综合视角认为,在国际社会工作中,所提出的四种视角中的每一种都具有内在的重要性,并且每种视角之间相互加强和相互补充。任何一种视角独立开来都不足以指导国际社会工作实践。对于国际社会工作实践而言,全球视角代表整体语境,人权视角提供价值基础,生态视角展示人与自然的联系,社会发展视角指导行动、提供方向感。

二、综合视角的四个维度

下面将逐一介绍综合视角的四个维度。

(一)全球视角

综合视角的第一个组成部分是全球视角,鉴于我们对国际问题的重视,这显然是一个重要的组成部分。然而,全球化的概念尚未形成一个统一的概念。一提到“全球”的概念,人们很容易联想到“一个世界”或“地球村”的统一。然而,稍加思考我们就会认识到在这个统一体中,在生活的各个层面和各个维度上,尤其是在社会和文化层面上存在着极强的多样性。那么,我们如何调和统一性和多样性呢?

作为综合视角的重要组成部分,在讨论全球视角时,我们将关注六个维度,其包括两组二元对立面和两个帮助它们调和的维度组成。第一组具有二元对立关系的内容是统一性与多样性,相互依存性则在一定程度上能够调和二者的矛盾。第二组具有二元对立关系的内容是全球化与本土化,“世界公民”在一定程度上能够调和二者的矛盾。因此,全球视角的六个维度为统一性、多样性、相互依存性、全球化、本土化和世界公民。下面将对全球视角的六个维度分别进行简述。

1. 统一性

人类居住在同一个星球,不同的人群作为多样性的存在,必然发生内在的联系,这种联系结成了人们的社会关系。而这个社会关系的总和,反映的不仅是人类社会的本质,也是人类社会发展中的统一性。然而,不管世界政治经济存在着什么不同,和平与发展仍然是世界的主流;也不管世界的文化存在着什么差异,自由、民主、平等、仁爱等仍然是人类社会共同追求的普遍价值。人类在面对全球性疾病,譬如面对新冠病毒时,表现出相同的基本需求,国际社会最需要的是全面加强合作,从而携手赢得这场人类同重大传染性疾病的斗争。

2. 多样性

多样性是指事物的差异性。尽管全球化背景下人类社会统一性的趋势越来越明显,但人类的生活方式是多种多样的,这种多样性是人类在适应不同生活环境的过程中形成的。人们在不同的地域栖息、繁衍和发展,受不同的自然环境和社会条件影响,形成了不同的生活方式。这些不同的生活方式既体现为不同的语言、不同的思维方式和交流方式，也体现为不同的物质条件、不同的风俗习惯和不同的行为方式。人类生活方式的多样性，决定了人类文化也具有多样性。全球化并不会导致文化之间的差异泯灭消失，反而使文化的本土性、多样性进一步凸显。同样，世界各国的政治、经济和社会制度方面也存在着显著差异。

3. 相互依存性

在统一的世界里，多样性为我们提供了一个特征更加丰富的环境。多样性和统一性的相互作用使人类能够相互学习并且受益于其他国家的经验和进步，人类在历史上也确实是这样做的。此外，理解多样性的本质和原因有助于我们去尊重差异而不是畏惧差异，正如历史上经常发生的那样，并从分享和合作中受益，我们共同努力建设一个惠及一代又一代人的世界。相互依存意味着我们大家在努力确定和实现互利目标的同时确定我们的共同点，利用我们多样性的好处。Lee 从社会工作实践的角度表达了这一观点：承认统一性和加强对差异性的尊重有助于消除恐惧和不信任，促进世界和平、国际合作和全球正义。全球视角从多元文化和多元视角提供了新的分析方法和多个视角。虽然全球相互依存可能是一个非常积极的方面，但我们不能忽视全球相互依存或相互联系也有可能是消极的这一现实。我们每天都意识到这样一个事实，即地球上任何一个地方发生的事件都会对地球上的其他地方产生影响。譬如，国外发生的冲突可能导致我国向联合国特派团提供部队或提供其他形式的援助，而所有冲突本身都存在广泛的经济和其他方面的影响。又如，大型跨国公司经常将运营权从一个国家转移到另一个国家，这可能会对他们离开的国家造成经济影响，也有可能会帮助开发他们即将移入的国家。

4. 全球化

全球化是指全球联系不断增强，国与国之间在政治、经济贸易上互相依存、文化上相互融合。全球化亦可以解释为世界的压缩和视全球为一个整体。从生产贸易、国际资本流动、跨国经济、金融、科技等方面来看，当代世界全球化的程度是惊人的。此外，支持全球化的许多全球机构和企业的新兴力量，以及全球公民社会在整个过程中开始发挥重要作用。全球化包括

“自上而下的全球化”和“自下而上的全球化”两种形式:一是“自上而下的全球化”,是指一个将其特性加于世界所有组成部分的单一世界体系的确立过程;二是“自下而上的全球化”,是由人民和公民社会组织的活动所带来的全球化,代表了民间社会多样性的机构和组织的日益全球化,例如环境运动、妇女运动等。

5. 本土化

本土化也称地方化,可以理解为从地方利益出发,利用全球化的有利一面,促进当地经济和社会的发展。虽然全球化在某种意义上可以被视为全球系统强加于地方层面,但是即使这种看法也不能否定地方发展的重要性。因为从本质上说,本土化是全球化的基础。一方面,在本土化的过程中,全球化的因素必然影响当地的价值观、文化观;另一方面,强烈的本土化也有利于全球化发展。

6. 世界公民

全球化与本土化是一枚硬币的两面,二者可以通过世界公民来调和。“公民权利”强调每个人的人权平等、自由和普遍的政治参与,以及确保充分的人类福利标准的国家责任。从世界公民的角度来看,全球和地方是紧密联系的,甚至是不可分割的。公民身份永远不能局限于国籍和领土,我们首先都是世界公民,有权得到国际社会的保护,然后在理想情况下也是一个国家的公民,拥有一个特定的家园。如果我们不能在原则上坚持这一点,并在实践中努力实现这一点,那么全球视角就毫无意义。

(二)人权视角

人权视角是综合视角的重要组成部分,为国际社会工作实践提供价值和权利基础。2000 年,IFSW 提出“人权和社会正义原则是社会工作的基本原则”。2002 年,美国社会工作者协会(NASW)声明:“人权仍然是全世界社会工作者的优先事项。”下面从人权观念的历史演进、人权的主要内容以及国际社会工作实践指南三个方面进行阐述。

1. 人权观念的历史演进

人权的发展是一个演进的过程。人权概念是 17、18 世纪一些西方国家学者在若干宣言和法律文件中提出的,从人的自然本性出发来论证在"自然状态"下存在着"自然权利",从人的理性出发来论证社会契约的建立及其对人的自然权利的保护和限制。这一时期人权的内容仅限于公民权利和政治权利,这些权利包括自由、财产、安全和反抗压迫,被称为第一代人权。19世纪中后期,随着西方社会主义思潮的兴起,劳工阶层、女性团体等弱势群体开始争取自己的权利,人权成为社会各阶层平等享有的权利,人权内容涉及经济权利、社会权利和文化权利,被称为第二代人权。第一代人权和第二代人权涉及的权利主要指个人权利,即每个公民作为个体人所享有的权利。第二次世界大战以后,随着大批被压迫民族、国家的独立,集体人权被提出,集体人权包括自决权、发展权、和平权、环境权等,这些集体人权代表了"第三世界"的人权视角,被称为第三代人权。人权发展到第三代人权后,权利的内涵更加丰富,大体包含了三个层次。第一层次的人权是指公民和政治权利,如言论自由和道德心,并免受酷刑和任意扣押;第二层次的人权是指社会经济和文化权利,包括合理水平的教育权、医疗保健、住房和少数民族语言权利;第三层次的人权专注于自然世界和物种多样性与代际公平的权利。这些权利是相辅相成的、相互依存的,适应个人和集体的权力。

2. 人权的主要内容

通过对《世界人权宣言》《公民权利和政治权利国际公约》《经济、社会和文化权利国际公约》以及其他人权公约、联合国和区域组织制定的有关人权的宣言和准则进行考查得出,尽管国际社会对人权的具体认识与实践互不相同,但是对于一些人权的最基本的内容全球还是取得了一定的共识。从内容上来看,人权所应包含的项目主要有:生命权,自由权,人身安全权,私有财产权,免受酷刑和其他残忍、不人道或有辱人格的待遇或处罚,不得因无力履行债务而被监禁,免于任意逮捕或拘禁,公正审判权,免于歧视,法律的平等保护权,隐私、家庭、住宅或通信不受任意干预,言论、出版、结社和集会自由,思想、良心和宗教自由,国籍权,选举和参与公共事务权,工作权,获得适当的生活水准权,社会保障权,健康权,教育权,参加文化生活权,民族自决权,发展权,环境权,和平与安全权等。

3. 国际社会工作实践指南

人权无论如何定义,其所依据的原则和价值应决定人类如何生活。人权不只是保护免遭某些形式的虐待,还可获得某些形式的社会供应的权利。国际社会工作的首要原则是尊重人的固有价值和尊严,无伤害,尊重多样性,维护人权和社会正义。然而,在某些情况下,"无伤害"和"尊重多样性"可能导致价值观的矛盾及冲突。例如:以文化的名义侵犯妇女和同性恋等少数群体的权利,包括生命权。社会工作教育及训练的全球标准指出,在处理这些复杂的情况时,社会工作者应遵循人权观:当某些文化信念、价值及传统违背基本人权时,社会工作者应促使文化的建设性对抗和改变。这种建设性的对抗和改变可通过调适及理解独特的文化价值、信念及传统,并通过不同文化群组成员间面对面的批判及反思性的对话而成。倡导和维护人权与社会正义是社会工作的行动指南。

(三)生态视角

生态视角强调人类与自然的统一性,强调对人类生命、自然世界的内在价值的尊重,提倡以生态为中心的世界观,而不是一种以人类为中心的世界观。20 世纪中叶以来,人类赖以生存和发展的环境受到了严峻挑战,资源日益枯竭,生态环境遭到严重破坏。面对严峻的生态环境问题,人类主要采取了三种应对措施。第一种应对措施是针对具体的生态环境问题找出相应的解决方案,往往是短期的补救措施。第二种应对措施是长期和可持续的应对措施,指出环境问题是一种社会、经济和政治秩序的结果,这种秩序显然是不可持续的,因此需要进行社会、经济和政治的变革。第三种应对措施是重视人类与自然之间的精神联系,提出对环境造成的危害实际上是对环境的外化,生态危机从根本上源于人类对自然的简单统治和掠夺。上述三种应对措施对于解决生态危机都很重要。从实际和生存的角度来看,国际社会工作者应用行动来保护我们赖以生存的家园,在国际社会工作实践中坚持生态视角,下面将对生态视角的四个维度分别进行简述。

1. 整体论与统一性

人生活在自然界之中,自然环境和自然条件是人类赖以生存的物质基础。基于人与自然的统一性，国际社会工作者应坚持一种以生态为中心的世界观，而不是以人类为中心的世界观。在国际社会实践的开展过程中，社会工作者应“尊重所有生命，尊重自然世界的内在价值”，从人与自然的统一性视角来看待和解决问题。

2. 多样性

生物多样性是大自然的宝贵财富。“生物多样性”是生物（动物、植物、微生物）与环境形成的生态复合体以及与此相关的各种生态过程的总和，包括生态系统、物种和基因三个层次。目前，全球正在经历第六次物种大灭绝，为了应对生物多样性丧失速率日益加快的严峻挑战，国际社会工作实践应在当前和未来一段时期，科学、恰当地处理好人与自然的关系，这是做好生物多样性保护的关键一步。

3. 生态平衡

生态系统平衡是指一定时间内，生态系统中的生物与环境、生物与生物之间通过相互作用达到的协调稳定状态。人类对自然不合理的利用、工农业发展带来的环境污染等，都是人类对生态平衡的破坏因素。国际社会工作实践应努力维护生态平衡。

4. 可持续性

可持续性原则已成为生态平衡和发展思想中的核心。人类需要利用自然来生存，但必须以可持续的方式和速度来实现。然而，在全球许多地区还存在耗尽土地、水、鱼类、矿产和其他资源的行为。世界环境与发展委员会通过的可持续发展原则指出，当代人应该在不损害后代人满足其自身需要的能力的情况下满足自己的需要，该原则目前已经被广泛接受。

（四）社会发展视角

“社会发展”一词通常有两种不同的用法：一是将社会与经济、政治、文化、法律和生态做对比，强调社会发展是相对于经济发展、政治发展、文化发展和科技发展的发展，社会发展是指社会生活状态和人们的生活质量、生活方式等的进步与发展。二是把社会发展视为一种社会动态过程，既是一种从落后走向先进的社会过程，又是一种从低级走向高级的社会过程。本书采用第二种理解。社会发展视角认为社会发展是组织人类用更高层次的能量和活力以取得更大成果的过程,社会发展增加了对人类潜能的利用。下面从四个方面阐述社会发展视角。

1. 价值基础

社会发展的最终目标是提高全人类福祉,因为人的价值高于系统和结构。1990年联合国开发计划署的《人类发展报告》提出:人类发展的基本目标是扩大人民的选择,并增加民主性和参与度。选择应包括获得收入和就业机会、教育和保健以及清洁和安全的环境。每个人也应有机会充分参与社区的决定,并享受人的、经济的和政治的自由。世界著名的发展经济学家迈克尔·P·托达罗在《经济发展》一书中提出,经济增长是经济发展的必要不充分条件。发展比经济发展包含的内容更广,发展包括维持生存、保持自尊、争取自由。该观点倡导以人为本的经济发展价值观,是一种对人在社会历史发展中的主体作用与地位的肯定,是一种价值选择和价值取向。

2. 主动干预

主动干预不同于一切形式的补救性干预,其干预的重点不是对已经出现的问题进行反应,譬如进行治疗性干预,而是对未来可能出现的问题进行提前预见,并设法避免其发生的预防性反应。从这个意义上说,社会发展视角下的主动干预代表着积极的干预,总是寻求改善现状,以维护一部分或所有人口的福祉。

3. 多维度

社会发展视角的多维度主要体现在两个方面:一是强调社会发展内容的广泛性和目标的多维性,社会发展涉及经济、社会、政治、文化、法律和生态等诸多内容,应追求社会发展的多维目标;二是社会发展包含社会结构、社会关系、社会过程和社会价值观四个方面的内容。这就意味着从事社会发展的工作者需要从广泛的、多维的和社会的角度来思考和解决问题。

4. 多层面

社会发展视角的多层面是指社会工作实践应在社会的所有层面开展。国际社会工作实践涉及社区、区域、国家,以及全球等多个层面,而不仅仅涉及社会部门,譬如个人、家庭、社区部门、市场部门或国家机构等。这是因为所有这些社会部门都在一个社会的整体运作中相互作用,对社会的发展至关重要。

第二节　综合视角下国际社会工作的实务方法

本节主要探讨综合视角下的国际社会工作实务,具体包括国际社会工作的实践模型、实务过程等内容。

一、综合视角下国际社会工作的实践模型

综合视角下国际社会工作实践模型,如图 3.2 所示。该模型指出,对于国际社会工作实践的任何方面,都有必要采用综合视角来考虑问题和提出应对策略。例如,如果国际社会工作者在某一特定国家遇到涉及寻求庇护者的情况,其反应可能是审查这些寻求庇护者的需要,并考虑如何在眼前的范围内将这些需要作为短期的直接需要做出反应。虽然这种补救反应有时是必要的,但作为一项短期的应急措施,预先或最终的反应也是将这种情况视为国际社会工作的一个方面。基于综合视角,国际社会工作者首先应把寻求庇护者的问题置于全球背景下;其次,国际社会工作者应把寻求庇护者的问题视为一个人权问题,应当在这些权利的基础上考虑干预方案;再次,国际社会工作者还应考虑生态环境,考察寻求庇护者的原籍国和原籍地的生态环境与流离失所的关系;最后,国际社会工作者还应关注这些寻求庇护者的持续福祉,以及与他们有关的社会发展问题。因此,综合视角下国际社会工作实践模型为:一个分析国际社会工作实践中所有情况的工具;一种定义过去事件的因果关系和后果的方法;一种确定可能的回应和结果的模型;一个对实际干预过程的概述。

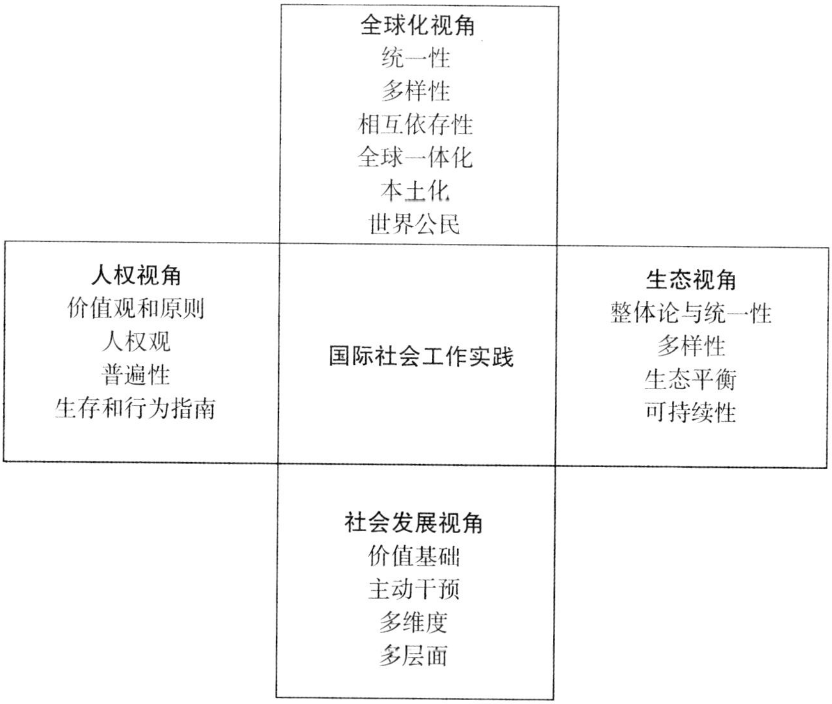

图 3.2 综合视角下国际社会工作的实践模型

二、综合视角下国际社会工作的实务过程

(一)国际社会工作者行动指南:综合视角

对于国际社会工作实践来说,综合视角是一种全面性方法。国际社会工作者应把综合视角作为分析问题的基本工具,把全球视角、人权视角、生态视角和社会发展视角渗透到社会工作实践的各个方面。譬如运用综合视角来考虑贫困问题,能够为分析和处理复杂的贫困情况提供更加全面的视野。综合视角下我们首先将贫困视为全球化趋势产生重大影响的全球现象;减贫或减轻贫困不仅视为满足人民需求的必要条件,还视为解决人民权利的必要条件;认识到贫困与生态问题之间的联系,我们必须确保减贫或减

轻贫困在生态上是负责任的和可持续的;我们需要在社会发展框架内进行减贫或扶贫,作为同时解决贫困根源、影响贫困的因素和贫困后果的理想途径。

(二)情景分析:全面分析服务对象的问题及需求

国际社会工作者应基于四个视角对国际社会工作实践的情景进行分析,全面分析服务对象的问题及需求。

1. 全球视角

在分析具体情景时,国际社会工作者首先应考虑是否存在相关的全球因素,这些全球因素是否促成了现有事态的发展或者仅仅是潜在因素。这种视角不仅适用于宏观环境分析,也适用于微观环境分析。在宏观环境层面,基于全球视角进行分析十分重要。譬如,在分析一个国家或者地区的贫困问题时,应将其纳入全球化背景,分析这个国家或者地区在全球化进程中的地位,应考虑其是否在全球化进程中处于边缘化地位。又如一些地方性的自然现象,如风暴严重程度的增加或者海平面上升,应考虑其是否受到了其他国家行为的影响。

在微观环境层面,基于全球视角进行分析也很重要。例如,重病患者的治疗取决于国际制药公司是否愿意在当地以负担得起的价格提供必要的药物。当地的失业问题是因为其他国家的劳动力价格低而将工作转移的结果吗? 显然,作为国际社会工作者,如果需要了解许多当地情况并对因果因素和其他因素进行建设性分析,往往要具备全球视角。一个社会工作者面对一个特定的情况,譬如失业问题,可以通过探索其他地方是如何理解的进行分析。

2. 人权视角

人权视角强调所有人都享有同样的人权,并平等和不可剥夺地享有这些权利。国际社会工作者应始终从人权视角来分析各种情景。国际社会工作中的人权视角还注重对个体独特性的关注,人权视角所回应的贫困群体类型主要是权利贫困,即那些由于获取社会权利的机会和渠道的不足而丧失了本应享有的权利,在世界发展进程中处于弱势地位,而进一步陷入了贫困窘境的群体。人权视角下国际社会工作者关注贫困群体被剥夺的权利，强调对这些贫困群体进行赋权。譬如，从人权视角分析印度的贫困问题，极其不平等的种姓制度是造成印度贫困的重要原因。

3. 生态视角

生态视角指导下的社会工作关注可持续性发展原则。人类需要利用自然来生存，但他必须以可持续的方式利用自然。对于国际社会工作实践来说，应基于生态视角分析各种情景因素。譬如，在分析贫困问题时，应思考贫困是否部分是由于生态退化？印度的贫困问题具有分明的地域性，受到了地域生态环境制约，大部分农村的贫困人口都是生活在旱涝成灾、土地贫瘠、生产效率低的地区，而城市的贫困人口则多数生活在卫生环境条件极差的贫民区。另外，对于自然资源的不合理开发和利用也是导致环境恶化、阻碍经济可持续发展的重要因素。而且虽然印度是世界上雨量最多的国家之一，但它却是一个经常遭受干旱和水灾侵扰的国家，许多贫民区的穷苦人会因为水源不足而饱受喝水困难的痛苦。毫无疑问，生态的不可持续性造成了贫穷，而贫穷对生态系统的负面影响也是显著的。

4. 社会发展视角

社会发展的最终目标是提高处于社会中的人民的福祉。国际社会工作者应基于社会发展视角，分析国际社会工作实践所处的环境。通常情况下，社会工作者面临的情况是社会发展不足的环境。譬如，国家社会发展可能集中在城市地区，强调工业而不是其他生产活动，偏爱某一特定阶层的人，具有种族或性别偏见，或者受到腐败和效率低下的影响。在更广泛的国家社会发展背景下理解一个地方是最重要的。尽管如此，当地采用的社会发展进程在可以确定的方面仍可能是不适当或无效的。例如，发展可能是由当地一些精英团体设计和追求的，很少考虑民众的意愿或文化；发展过程可能侧重于经济层面，而忽略了经济目标所依赖的政治和法律层次；地方发展进程可能会依赖民众的投入，而不能确保民众具备发挥这些作用所需的能力。譬如印度一直以来在扶贫工作中存在国家和地方两级不衔接、不匹配的问题，所以在一定程度上导致印度的扶贫效果并不显著，甚至贫困人口一直在增加。社会发展视角要求在国家和地方两级采取积极和全面的发展办法,避免专门针对贫穷,因为整个发展进程将考虑到普遍贫穷的程度和性质。一个有效的全面发展计划总是优于一个扶贫计划,因为后者只针对那些贫困的人。然而,一个普遍的现实是,发展过程往往会绕过社会的贫困阶层,就像印度用于扶贫的资源很大程度上绕过贫困阶层传递到了富人阶层。

(三)制定干预规划

制定干预规划是国际社会工作实践的关键。规划干预策略是在情景分析的基础上为解决案主的问题而制定的解决问题的策略。我们假设一个民族在各方面都被置于社会的边缘,遭受高度贫困,极易受到各种无法控制的事件的伤害,面临高失业率和低就业率,并以高度的顺从和冷漠接受其现状。在这种情况下,我们应如何运用综合视角规划一个全面的干预策略?规划干预策略应重点考虑以下要素。

第一,从全球化视角来规划总体战略。如果环境退化是造成这些问题的原因之一,那么这种情况是否可以扭转,或者是否需要重新安置?自然环境能否在解决整体问题方面发挥重要作用?例如,利用自然环境来发展或提高技能,将实现自然环境的更新作为自豪感的来源,或通过当地创造的宜人环境满足一个人的幸福感。

第二,从人权视角规划总体战略。我们需要利用对过去任何侵犯人权行为的理解,以及这种行为对个人和群体行为的影响。基于这种理解,我们可以鼓励人们为他们的权利而运动,或者寻求灌输他们的权利意识。可能有人认为,所讨论的权利是某一部分人的权利,而这种意识并没有渗透到人群中。我们的干预战略旨在克服现有的权利问题,保护未来的权利,并在保障所有成员权利的基础上建立一个社区或社会。

第三,从全球视角规划总体战略。从全球角度仔细考虑全局,并寻求纳入一个与全球层面重要性分析阶段得出的结论相一致的全球干预层面。全球发展是否对这些人产生了负面影响并需要采取行动?某种形式的全球援助能否有助于更美好的未来,如何实现这一点?这些人能否从接触的联合国系统各部门、政府间机构或其国家政府中获益?如何才能做到这一点?这些人是否有潜力在全球市场上制造和销售某些产品,例如他们当地的工艺品?

第四,从社会发展视角规划总体战略。基于社会发展视角,在地区和国家发展的背景下,促进这些人的全面发展。社会工作者在制订干预计划时,不仅应关注有需要的人群,还应在宏观上聚焦这些人群所处的社区或社会,围绕影响社区或社会发展的主要因素制订行动计划和干预策略。这个过程应该采用以人为中心的方法进行,这样人们就可以探索他们的需求、目标和选择,尽管有人提供帮助,仍需要有一个强有力的教育重点,尽可能使用社会学习方法来解决这个问题。协助,这个过程很简单,最好帮助人们感受到别人的支持,而不是被外人引导或指导。

(四)实施干预计划

干预计划的实施阶段,即介入阶段,是国际社会工作者和服务对象采取行动,按照服务协议落实社会工作计划的目标,帮助服务对象改变。行动计划的实施是一个过程,是国际社会工作者运用专业知识、方法与技巧协助服务对象系统达到计划目标的过程,是有计划、有目的的专业行动。具体的介入方法有三种:一是直接介入,是指国际社会工作者针对个人、家庭和小群体采取直接行动,提供直接服务,重点在于改变不同系统之间的互动方式;二是间接介入,是指国际社会工作者通过介入社会环境,包括物理环境、体制和组织环境等,改变服务对象的社会网络构成、重建人和环境之间的适应性平衡,增加服务对象的社会资源;三是综合介入,是指国际社会工作者把人与所处社会环境看作相互依赖、彼此互动的整体,从服务对象及其生活的社会环境两个环节共同介入,提高个人的生活适应能力,增加社会和物理环境对个人需要的回应,共同进行持续的改变和塑造。

本章主要介绍国际社会工作实践的综合视角。首先分析了国际社会工作综合视角的内涵,对综合视角的全球、人权、生态以及社会发展视角进行了详细阐释,并进一步指出四个视角是相互依存、相互促进的关系,任何一种视角独立开来都不足以指导国际社会工作实践。综合视角作为一种全面性方法,能够为国际社会工作实践提供相应的指导。综合视角下国际社会工作实务过程包括四个方面的内容,应把综合视角作为国际社会工作者的行动指南,基于综合视角分析情景和制订干预规划,以及实施干预计划。当然,国际社会工作的综合视角从来都不是灵丹妙药,国际社会工作者在从事国际社会工作的实践中,还应结合特定情景,灵活使用该方法。

参考文献

[1] Coates N. Ecology and Social Work: Towards a New Paradigm[M]. HaliFax N S: Fernwood, 2003.

[2] Cox D, Pawar M. International Social Work: Issues, Strategies, and Programs[M]. New Delhi: Vistaar Publications, 2006.

[3] Elisabeth R. Social Work and Human Rights: A Foundation for Policy and Practice[M]. New York: Columbia University Press, 2003.

[4] Mapp S. Hunan Rights and Social Justice in a Global Perspective: An Introduction to International Social Work[M]. New York: Oxford University Press, 2007.

[5] Midgley J. Social Development: The Developmental Perspective in Social Welfare[M]. London: Sage, 1995.

[6] UNDP. Human Development Report: Fighting Climate Change: Human Solidarity in a Divided World[M]. New York: Oxford University Press, 2007 - 2008.

[7] UNDP. Human Development Report: Globalization With a Human Face [M]. New York: Oxford University Press, 1999.

[8] UNDP. Human Rights and Human Development For Freedom and Solidarity[M]. New York: Oxford University Press, 2000.

[9] Uvin P. Human rights and development[M]. Bloomfield C T: Kumarian, 2004.

[10] World Bank. World Development Report: Sustainable Development in a Dynamic World[M]. New York: Oxford University Press, 2003.

[11]Yeates N. Globalization and Social Policy[M]. London: Sage, 2001.

[12]陈星星,徐选国. 绿色社会工作:迈向生态环境关怀的社会工作新论述——兼论对我国社会工作介入生态文明建设的启示[J]. 华东理工大学学报(社会科学版),2018,33(3):1 - 10.

[13]杜群,张琪静.《巴黎协定》后我国温室气体控制规制模式的转变及法律对策[J]. 中国地质大学学报(社会科学版),2021,21(1):19 - 29.

[14]古学斌,齐华栋,Lena Dominelli. 空间正义与绿色社会工作介入:四川雅安灾后参与式社区设计的行动研究[J]. 中国社会工作研究,2020(1):1 - 21 + 216.

[15]康华茹."前白皮书时代"中国国际人权话语考略——以中国政府在联合国人权委员会的发言和立场文件为中心[J]. 人权研究,2021(2):65 - 85.

[16]王惠茹. 跨国公司侵犯人权的司法救济困境——以国际法与国内法的互动为出路[J]. 环球法律评论,2021,43(4):178 - 192.

[17]尹新瑞. 国际社会工作本土化研究的回顾与省思——兼论对我国社会工作本土化的启示[J]. 华东理工大学学报(社会科学版),2019,34(4):1 - 3 + 25.

[18]郑石明,何裕捷. 科学、政治与政策:解释全球气候危机治理的多重逻辑[J]. 中国地质大学学报(社会科学版),2022,22(3):41 - 53.

[19]Hay K. What is Quality Work-Integrated Learning? Social Work Tertiary Educator Perspectives[J]. International Journal of Work-Integrated Learning, 2020,21(1): 51 - 61.

[20]Meadows K, Moran N. Searching for a Social Work Language of Human Rights: Perspectives of Social Workers in an Integrated Mental Health Service[J]. British Journal of Social Work, 2021,52(3):1398 - 1415.

第四章　国际社会工作教育

国际社会工作教育是国际社会工作关注的焦点之一。因为社会工作教育既是使社会工作知识得以发展的重要脉络，也是使社会工作得以成为全球化国际市场的一部分的重要社会结构。这里需要特别指出的是，我们谈及"国际社会工作教育"中的"国际"是教育与学习的参考框架，而不是强调传授给社会工作学生所谓"特定的"知识和技能。因为教育国际化的任何措施都需要重视与当地的衔接和配适，也要求我们通过学习其他各地的经验来分析自己当地的实践，以帮助学生形成全球性的职业认同感和更广泛的视野，确保社会工作在全球环境中不断发展并相互呼应。正如国际社会福利协会（原国际社会工作协会）、社会工作与社会发展全球议程、社会工作教育和培训全球标准等，都在积极促进不同国家的从业者、教育者和研究者之间的互动和交流，并积极讨论社会工作理念、方法、技术、伦理等各方面在普适性和地方性方面的有机平衡。

因此，综合国际上大部分教育者和学者的观点，我们认为国际社会工作教育必须重视社会工作本身的多样性和差异性，同时强调国际社会工作教育需要在基础知识、问题分析框架、干预方法、核心价值观等方面达成相当程度的共识，确保国际交流和互动有足够的可能性。

本章将以新的时代特征为背景，通过简要梳理各国社会工作教育的发展历程与现状，总结国际社会工作教育的经验与特色，并重点探讨在全球化、新自由主义等的影响下社会工作教育面临的困境和挑战及所做的改革与创新。

第一节　国际社会工作教育概述

本节将简要梳理国际社会工作教育的全球标准、目标导向、标志性教学方法和主要特点，以期勾勒出国际社会工作教育的一般特征。

一、国际社会工作教育与培训标准

国际社会工作教育联盟（IASSW）与国际社会工作者联合会（IFSW）于2020年更新了《全球社会工作教育和培训标准》（*Global Standards for Social Work Education and Training*），围绕学校、师生和专业三个教育的核心要素，给出了本科阶段社会工作教育方案在培养目标和预期成果上的参考指标。具体如下：①明确方案目标和预期的高等教育成果；②确定方案的教学方法，以支持实现社会工作专业学生的认知和情感发展；③课程能够反映社会工作专业的核心知识、过程、价值和技能，并应用于特定的社会情境；④社会工作专业的学生对社会工作价值、知识和技能使用的自我反思能够达到初步熟练的程度；⑤课程设计考虑到文化、政治、经济、传播、卫生、心理社会和环境等全球因素的互动影响；⑥该方案符合国家和（或）区域（国际）确定的专业目标；⑦该方案涉及本土、国家和（或）区域（国际）发展需求和优先项；⑧为开展包括针对个人、家庭、团体、社区的社会工作实务提供相应的教育准备，以适应不同的社会环境；⑨社会工作方法的使用应尽可能地基于干预有效性的证据，并始终促进尊严和尊重；⑩管理、行政支持、基础设施以及相关资源足以支持该方案；⑪在国家和（或）区域资格认证机构认可的情况下，授予专门的证书、文凭、学士学位或研究生水平的社会工作资格。

IASSW将这一版本的标准形容为“社会工作专业的新篇章”，为全球社会工作教育指明了方向和目标。国际社会工作教育也因此有了更加统一、参考性更强的依据。值得一提的是，2020版《全球社会工作教育和培训标准》特别强调了“多样性”，主要出于以下考虑：①国家内部和全球范围内开展的社会工作的历史、社会文化、经济和政治背景等具有多样性；②社会工作的实践环境和服务领域具有多样性，例如政府、非政府组织（NGO）、卫生部门、教育部门、儿童和家庭服务机构、惩教机构、其他社区组织和私人实践环境等；③社会工作中代表不同层次实践的实践理论、方法、技术和技巧——个人或家庭、团体、组织、社区、更广泛的社会和国际（即微观、中间和宏观层面）亦呈现出多样性；④社会工作教育的结构（例如部门、学校和院系）和教学模式（例如在线教育、面对面教育、混合教育、跨专业教育等）具有多样性；⑤可用于支持社会工作教育的资源具有多样性，包括全球的社会工作教育工作者和相关人员；⑥全球社会工作专业发展水平的多样性；⑦影响全球社会工作教育的问题和挑战越发具有多样性等。

但该标准也引发了一些争论。有人认为考虑到多样性和共性的悖论，社会工作应该意识到过度标准化的危险。这种标准化趋势会抑制职业有效响应当地需求的能力，阻碍职业发展的目标。而国际社会工作教育也不仅仅是将社会工作国际化，更不能是传播西方所设想的单一类型的社会工作。故而全球教育标准和国际定义等所谓的“国际标准”只能作为参考和指导。也就是说对该标准的适用性，我们应该用辩证的和历史的观点来看待，既不能完全局限于对该标准的西方式理解，也不能忽略地域和文化的差异不加批判地完全照搬全球标准。同样，在教授国际社会工作和来自不同国家的社会工作学生时，也可能存在忽视本土知识、观点和实践的危险。社会工作教育者和从业者必须审视自己的国际主义，避免将其他国家的社会工作构建为与当地社会工作实践形成对比的“他者”的过程。因此，我们更倡导一种积极而开放的态度去认识、理解和应用该全球标准，尊重当地特点，积极与国际世界保持沟通，以这一全球标准为参考，建立更适合当地的社会工作教育与培训标准。

二、国际社会工作教育的目标导向

从现实情况来看，各国高校社会工作教育基本都以培养“通才”“全方位服务人才”为目标，基本与《全球社会工作教育和培训标准》的认知保持一致。其中大部分国家相对更加注重“实务通才”和“应用型人才”的培养，让社工学生具备基本的“一般专业能力”，可以在社会工作的不同领域或本土不同情境中提供基本的专业服务。

具体来说，通过社会工作相关制度要求，这种“通才”培养目标显而易见。比如中国，在指导性专业规范中，将培养目标表述为“培养德、智、体全面发展的社会工作服务与社会管理实务人才”，要求学生具备社会工作专业价值观，具有扎实的理论基础、熟练的社会工作方法与技能，能在政府部门、社会团体、非营利组织等社会福利服务机构和慈善公益团体从事社会工作服务。美国、加拿大、澳大利亚等国家的社会工作教育协会在其《教育政策与认证标准》中也明确本科阶段的课程旨在帮助学生成为“通才”，有能力胜任一般性社会工作实务。而英国在其颁布的《2019 教育和培训标准》中，要求社会工作教育“必须确保学生达到英国社会工作专业标准”，为注册成为社会工作者做好准备，亦说明其对社会工作实务能力目标的倚重。

另外，通过一些教学设置与安排等，也可从侧面印证大部分国家培养“通才”的目标导向。比如，澳大利亚社会工作的课程设计将经济、政治和医疗等学科也放入专业课表中，很多高校同样通过类似的多学科课程设置帮助学生扩展视野，让学生在不同领域开展工作，培养他们结合宏观环境思考与开展工作的能力。瑞典在培养模式上也注重从宏观层面引导，突出教育学生具备一些普遍的能力以应对广泛的服务群体，如培养学生在环境中评估个案的能力、解决复杂问题的能力、与人交流的能力等。而中国香港地区着重培养学生独立思辨与工作的能力，强调提高学生对社会弱势群体的关注度和对社会问题的敏感度，为学生提供更多的学习和深造机会，以培养更具社会担当的人。在西班牙，更多的学校提供双学士学位课程，将社会工作与社会教育、劳动关系、社会学、手语或职业治疗相结合，还为有基本资格的学生提供硕士课程和专家课程，让学生具备更多的能力素养以更好地适应市场需求。这些案例无一不说明各国对社会工作专业的学生“通才”目标的重视与偏好。

三、国际社会工作教育的课程内容

国际化的社会工作教育致力于训练受教育者成为在全球化时代能够提供社会工作服务的专业工作者。这就意味着，虽然社会工作教育所培养的学生并不必然地从事国际社会工作服务，但社会工作教育日益涉及较广泛的国际问题。因此，在社会工作教育内容上，既要包含适宜本土特点的课程内容，以培养当地需要的社会工作者，又要包含能回应国际情境的课程内容，以培养能适应全球化时代的、能在不同社会文化环境下从事服务的社会工作者。

（一）回应社会工作"本土化"的课程内容

对于大多数国家来说，社会工作都是舶来品，带有浓厚的西方发达国家（尤其是英、美两国）的价值体系和理论基础，其社会工作的实务方法也更多来自西方社会的经验积累。但是当社会工作走向全世界各个国家和社会，"国际"二字不单证明社会工作具有相当的"通用性"和"普适性"，更警醒我们社会工作应具备一定的灵活性和特殊性，因为国际上各个国家和地区的文化、价值观、社会关系、制度脉络、生活习性等各不相同，甚至大相径庭。以上因素都会直接或间接地影响社会工作的角色定位、功能发挥、被接纳度、专业发展路径等。因此，各国在社会工作"本土化"的过程中特别看重发展社会工作的特色领域和工作方法，以更好地适应当地的社会特征，解决具体的社会问题。而社会工作面向"本土化"的教育自然发挥着统领和指引性的作用。

具体来看，各国都在探索适宜本土特点和需要的课程和实务领域，并已有一些不错的经验值得借鉴。比如瑞典是一个传统的禁酒国家，但是酗酒现象仍然很多见。针对这一社会问题很多高校专门设计了相关矫治课程，培养学生对酗酒者进行矫治的理论和方法。而像东南亚诸多沿海、多灾的国家，则特别强调对灾害社会工作的教育，比如 2013 年菲律宾将"灾害应对与气候公正"纳入了社会工作课程。又比如肯尼亚、孟加拉国等社会经济发展较差的国家，"金融社会工作"相关课程及内容则被更优先提出。澳大利亚作为移民国家的代表，除了要求高校社会工作专业开设精神健康、儿童福祉与保护等传统社会工作课程，还特别强调"跨文化实务""原住民社区实务"这样的特色课程，以回应当地较复杂的人口构成和文化特征。中国（除港澳台外）为了解决贫困问题，尤其是农村贫困问题，众多高校都开设了"农村社会工作""反贫困社会工作"等课程，并带领学生到贫困地区开展专业实践，积极参与到精准扶贫工作中，为中国的扶贫工作奉献了重要力量，也因此让相关课程更具有实证基础，为国际反贫困社会工作提供了重要参考。

（二）回应社会工作“国际化”的课程内容

全球化带来的影响不仅仅限于经济、贸易、移民等领域，也包含了对环境、文化、教育、社会服务等方面的改变。一方面，社会工作的全球化要求首先在社会工作教育上适应时代的要求。欧美国家作为社会工作的主要引领者，最早在其教育中引入对国际问题的关注，其中美国走在最前列。美国社会工作教育委员会要求各所大学的社会工作教育课程内容必须包括国际社会工作的内容，比如国际社会工作相关教材、教案的使用，跨文化课程的开设等；许多社会工作学院正在努力增加社会工作学生参与国际领域工作的机会。而欧洲也有一些学校或国际社会工作学院网络组织提出了一些具体的国际社会工作教育课程。德国、比利时、挪威、捷克、爱尔兰、拉脱维亚、罗马尼亚、法国等国家的社会工作硕士学位课程，就设置了“欧洲社会工作”的课程。其他国家也在逐步关注这一点，比如韩国为了回应国际化与多元化的发展要求，其部分高校已经开设了国际社会工作相关课程，如韩国梨花女子大学社会福利研究生院开设的“国际社会工作”“国际合作与区域发展”“文化多样性和社会工作实践”“区域研究与国际志愿服务”等课程。加拿大也非常注重课程的适应性和创新性，在社会工作课程中增加了不少“文化多元性和族群特殊性”的内容，还试图重新将宏观实践列为教学的重点，使学生更适应时代大背景。同时，为了回应当下新管理主义对社会工作人才的要求，社会工作学院还将一系列的财务管理、成本控制、质量保证和项目申请方面的课程教授给学生，让学生学习服务管理相关的技能。

另一方面，全球化的进程及其结果加剧了社会问题的全球化。比如大气污染问题、流行疾病问题、难民问题等不再是区域性问题，它需要被放到更广泛而复杂的社会情境和文化体系中去考量。我们以新冠肺炎疫情在全球大流行为例，一直被忽视的“公共卫生”“大健康”领域的教学和服务内容被重新且重点提上社会工作的议程。公共卫生社会工作、健康社会工作等相关主题内容也因此被越来越多的高校重视，并添加到课程教学内容中。

目前,公共卫生社会工作发展得最好的是美国,虽然该方向的具体名称略有不同,但是美国的20多所高校均在社会工作硕士课程中开设了公共卫生或与健康相关的专业方向或证书课程,包括了公共卫生(Public Health)、健康(Health)、健康照护(Health Care)、健康与福利(Health & Wellbeing)等核心内容。值得注意的是,因公共卫生社会工作教育具有强烈的跨专业特征,目前美国更多采用的是双学位课程的教育方式。而西班牙则更重视适应时代进程的社会工作新技能和新内容的教授,试图让学生具备更多适应当前专业实践和管理的新技能,以在更广泛的社会情境中发挥作用。这也提醒我们“国际社会工作”人才应是“通才”与“专才”的良性结合。

四、国际社会工作教育的特色方法

(一)标志性教学方法——实习教育

社会工作教育历来将实习教育(亦称实践教育)当作专业教育的特色和重点。全球各高校对学生实践和实习的要求和规定不尽相同,但都表达了对实习教育的重视,认为社会工作教育应保障学生有足够的实践教育,有复杂的任务和有足够的学习机会,为培养其成为合格的社会工作者做好准备。

1. 实习时间要求

在实习的时间要求上,各地区和各高校不尽相同,总的来说,本科生实习时间基本保持在400~800个小时,研究生实习时间基本在600~1000个小时。比如在中国,各高校通过课程实习、集中实习、毕业(分散)实习等形式要求本科学生完成400~600个小时的专业实践,研究生完成至少800个小时的实践。加拿大也十分看重实习教育,其要求本科生至少完成700个小时的实习教育,以整合学生的理论知识与实践能力。新加坡则要求学生完成至少800个小时的专业实践。澳大利亚的要求则更高,要求学生至少完成两个领域1000个小时的实习。

2. 实习方案设计

在实习方案设计上,全球各高校也具有一些共通之处。第一,将实习教育作为社会工作教育的标志性方法和重要环节,并计入相当部分的学分,作为毕业或获得职业资格的必要条件。第二,实习形式上大多分阶段进行,采用集中实习、自主分散实习相结合的方式,并配备至少1名实习督导。第三,实习内容方面,主要包括职场环境熟悉、不同领域或不同群体服务、专业技能操练、社会工作行政等,以帮助学生具备相当的职业水平。第四,基本都有明晰的实习过程把控,多要求结合督导记录、单位意见、学生实践报告等评估其实践成果。

3. 实习教育实施

在实习教育的具体实施上,有一些经典的案例值得一提。比如瑞典斯德哥尔摩大学社会工作学院,他们以实务工作者为老师,邀请其进入课堂为学生教授实践经验与技能,并采用情境和案例教学法,让学生先到实务工作场所去观摩体验,从而感性地把握什么是社会工作、包括哪些领域等,而后再进行课堂教学。又比如在中国,很多社会工作专业教师也是"社会工作者",他们在从事教学工作的同时亦担任一线社会工作者,用自身的经验和阅历督导学生开展实践教学,将自己当作最佳的"教育资源",其独特的专业感染力也成为众多学生的学习榜样和专业引路人。再如日本,将社会工作实习环节尽可能明细化、标准化,规定实习教师与督导在指导学生时,需要按照实习程序逐步进行,并将社会工作实习划分为"职场实习""职种实习"和"具体社会工作实习"三个阶段,明确规定每阶段需要达到的教学目标和大概教学用时。当然,特色的做法还有很多,这里就不一一赘述了。

(二)其他促进专业学习的教学方法

社会工作作为面向实务的学科,社会工作教育者们在其教学方法与过程中也是煞费苦心,各用奇招,以更好地促进学生专业技能的学习和训练。

一些高校的教学方式非常人性化。澳大利亚的学生每学期开学即收到一份学期课程计划,该计划列出了每个课程的具体要求,使学生更早确立学习目标,掌握学习的主动权。教师也通常采取启发式教学方法,将学生作为主角融入教学内容当中。教师还往往把教学过程延伸到社会实践当中,提高了学生解决实际问题的能力和对知识的感性认知。英国也采用相对灵活、民主的教学方式,通常运用案例教学、讨论教学、问题启发式教学方法。

为了更好地实现以上教学方法,英国大学在教室的设计、课桌椅的自由度、教具的多样性等细节方面都做得很好。社会工作这种人性化且相对灵活的教学方式还体现在对教学素材的应用上。大部分国家的社会工作教师都秉承学以致用、与时俱进的教学理念,在教学中经常为学生增加许多课本之外的补充材料,尤其是结合当地实践的材料,比如案例素材、本土教材、调研数据等。

还有一些高校开发了一些国际交流项目,以国际互动的方式扩展学生的视野,提高其技能。以瑞典的斯德哥尔摩大学等高校为例,他们通过师生的国际交流、国际合作项目的开发、国际社会工作研究、国际社会工作课程设计等形式与欧盟国家以及包括中国、印度在内的亚洲国家等开展了广泛的国际交流与合作活动,提升了师生的国际社会工作教学水平。

第二节　国际社会工作教育历程与现状

社会工作教育承担着社会工作者的知识传授、价值形塑与技能培养的功能,是社会工作专业化、职业化与本土化的保证。总的来说,社会工作教育始于1890—1910年对社会工作者的正式培训,至1912年社会工作教育的基础结构已经建立,形成了欧洲与北美两条主要发展路径,分别以英国与美国为代表,但共同的起源是欧洲。目前,世界各国、各地区已基本形成适宜当地发展且相对稳定的社会工作教育体系与培养模式,各具特色,也各有挑战。本节将简要概述部分国家的社会工作教育历程和现状。

一、亚洲国家的社会工作教育历程与现状

(一)东亚国家的社会工作教育历程与现状

1. 中国的社会工作教育历程与现状

中国的社会工作教育比较波折,经历了几个重要的发展阶段,其发展脉络主要有两条主线。第一条主线是民国政府主导社会工作的发展史,即1912—1947年。社会工作自民国时期引入,伴随西方列强的文化殖民由教

会传教慈善事业而来,并得到了积极的推广。到20世纪30年代,中国已有约20所大学有社会学系,其中部分社会学系分设社会工作专业或开设社会工作课程,并各自设有社会工作实验基地等。第二条主线是中国共产党主导社会工作的发展史。第一阶段是1912—1935年,社会工作引进时期;第二阶段是1935—1948年,延安时期中国共产党主导的社会工作发展期;第三阶段是1949—1986年,中国社会工作的中断期、民间社会工作的消退期以及政府主导型"单位社会"的社会工作时期;第四阶段是1987年至今,中国社会工作教育发展期和重新引入时期。

此后,1988年年初,国家教委(今教育部)首先批准北京大学、中国人民大学、吉林大学三所大学设立社会工作与管理本科专业,自此社会工作专业正式恢复启动;除综合性院校外,其他专科性院校和民政、工会、妇联、共青团等所属学校也在本科、专科等不同层次上开展社会工作的专业教育或专业培训。2003年,中国人民大学社会学系率先建立了社会工作硕士点,北京大学随后也建立了社会工作硕士点。目前,开设社会工作专业的院校已超过400所,根据2022年7月的数据,开设社会工作专业的专科院校70所,本科院校328所,专业学位硕士点183个,社会工作与社会政策博士点22个,已建立起社会工作专科、本科、研究生三级教育体系。

在我国,香港的社会工作和社会工作教育一直走在前沿。香港大学于1967年正式成立独立的社会工作学系,并于同年取消了社工证书课程,转为学士学位的训练课程,开始招收社会工作学士。如今香港大学、香港中文大学、香港理工大学等高校的社会工作专业在我国都非常有名。香港社会工作教育的培养层次主要有高级文凭/副学士、学士学位、授课型硕士以及研究型硕士或博士三类。其中高级文凭/副学士课程以两年全日制为主,学生毕业后担当社会工作助理、主任助手的职务;学士学位统一采用四年制,主要目的是培养一批前线工作者。而香港的研究生教育是其特色之一,授课型硕士通常是自费的,目的是培养资深的前线工作者或行政工作人员,一般学制为两年至三年。而以研究为本的社工硕士或博士课程可获得政府资助,大学要求研究生在修读相应科目之余还要完成900个小时的社会工作实习和一项专门的社会工作或社会福利(政策)研究课题。总的来说,香港地区社会工作学生的培养质量较高。

台湾地区的社会工作教育始于1950年台湾行政专校内设的社会行政专科。1963年台湾“中国文化学院”(现为台湾“中国文化大学”)夜间部最早设立社会工作学系。进入2000年后,普通大学与科技大学纷纷设立社会工作学系及相关学系,如老人福利事业系(弘光科技大学)、老人服务事业管理学系(明新科技大学、美和科技大学)等。目前台湾已有25所大学设有社会工作学系。此外,也有大学虽不是以社会工作学系为名,但其也有与社会工作相关的课程。设有硕士班的大学有23所以上,设有博士班的大学有4所。

2. 日本的社会工作教育历程与现状

日本政府于1946年成立了第一所专业性的社会工作学校[今日本社会工作大学(JCSW)的前身],于1987年出台了《社会福祉士及介护福祉士法》,确立了“社会福祉士”这一社会工作者的国家资格的合法性,此后与社会福祉士培养相关的课程逐渐成为高校社会工作教育的核心课程。在日本,大学普遍开设有社会福利专业,社会福利和社会工作的概念没有很明确地区分开。

日本在教学设计上非常细致,尤其是2019年6月日本厚生劳动省修改了《社会福祉士培养课程教学内容改革报告》后,其对社会工作的课程内容、实习机构范围、实习时间进行了更合理的改革和调整。比如,在教学时间上,日本要求社会工作教育学校提供课程的总时长不超过1200个小时。其中实习时间不低于240个小时,并规定学生至少在两个不同服务类型的实习机构完成实习,在其中一个实习机构的实习时间不得低于180个小时。在实习地点上也有更广泛的选择,不再局限于较大型的社会福利机构和社会福利组织,将具有提供咨询类服务资质的地方小型社会福利部门也纳入实习机构当中,加强学生对地方福利部门咨询类服务的了解。在实习管理上也出版了《社会福祉士实习指导者教材(2014年)》,对实习做了科学的设计和管理。

3. 韩国的社会工作教育历程与现状

在韩国,社会福利与社会工作的概念也很容易混淆。总的来说,韩国社会工作教育始于1947年9月,梨花女子大学率先设立了基督教社会事业学科。1953 年,中央神学院(今韩国江南大学)开设了首个真正意义上的社会工作专业——社会事业学科。20 世纪 60 年代后,与社会福利相关联的高等教育院校逐渐增加,尤其是 2000 年后,如到 2009 年韩国社会工作教育项目数量已经超过 369 个。

目前,韩国社会福利教育体系已经发展成从大专到博士的全方位、多层次的独立学科体系。大专教育和本科教育是为培养社会福利专业人才提供基本的知识、提升能力及素质的培养过程。毕业后学生方可取得社会福利师二级资格。研究生教育是为了培养政府部门社会福利政策的制定者、社会福利机关的管理者、社会福利教育机构的教学者和研究者。此外,韩国教育部还设立了远程教育和继续教育项目,进而通过学分银行制来获取学位和社会福利师资格证。依据 2018 年韩国大学教育协会的最新统计数据,远程教育的教学机构保持在 10 余所。

(二)东南亚及南亚国家的社会工作教育历程与现状

1. 新加坡的社会工作教育历程与现状

新加坡的社会工作教育开始于 1952 年,但是相当长的时间内只有新加坡国立大学提供社会工作专业教育。目前,有 3 所大学开设有社会工作本科专业(BSW),新加坡国立大学还开设有社会工作硕士(MSW)、博士(DSW)课程,其本科为 3 年制,硕士为 2 年制,博士为 4 年制。新加坡的社会工作教育培训体系也相对完善,政府、民间组织和培训机构各司其职、分工明确,民间培训组织承担了大部分的教育培训工作,政府在政策和经费上给予扶持和资助,成效显著。

新加坡的本科教育最大的特色就是有“荣誉课程”的设置,包含两种情况:一是学生完成 3 年的社会科学学士学位课程后,第三年考试成绩优异的部分学生可以进入荣誉课程。二是根据第一年优异的考试成绩及性向(测验)选拔很少量的学生直接进入三年荣誉课程。这些直接进入荣誉课程的学生需要学习两年其他的普通学位主修课程和第四年的荣誉课程。另一大特点是,学校为学生提供了几十门专业相关课程,学生可以根据能力水平和兴趣爱好进行课程选择。当然,本科学生还需要完成 800 个小时的实践教育。

2. 马来西亚的社会工作教育历程与现状

1952 年,马来西亚卫生部设立医务社会工作岗位,急需专业社工人才,同时,英国殖民政府也委派了一定数量的本土优秀社会工作者去海外接受系统的培训,促进了当地社会工作教育的发展。在马来西亚独立后,1958 年马来亚大学开设了社会工作的培训课程。1975 年,马来西亚理科大学率先开设了社会工作本科教育。20 世纪 80 年代,马来西亚还选拔优秀的社会工作专业教师攻读英国和美国的社会工作博士学位,进一步加强了本土教育师资队伍建设。

截至目前,马来西亚 7 所高校开设有本科、研究生阶段课程,已经形成了学士、硕士、博士各学位层次的人才培养体系。除此以外,马来西亚社会工作教育也在逐步回应当前社会的需求。例如,出于对马来西亚目前的经济与社会问题的考虑,有学者提议将福利经济学内容纳入社会工作课程;也有学者提议,在社会工作教育中增加有关同性恋的课程。

3. 印度尼西亚的社会工作教育历程与现状

印度尼西亚正式的社会工作教育从中等教育起步。最初,只在职业学校开设了社会工作课程。直到 1957 年,印度尼西亚社会事务部启动了为期一年的社会服务课程 A 计划,标志着印度尼西亚开始发展社会工作的高等教育。到 20 世纪 80 年代,印度尼西亚有 4 所高等院校以及相当于高等教育水平的 4 所研究机构开设了社会工作相关课程。1981 年以印度尼西亚大学为代表的 4 所学校开设了从学士到博士学位的课程。截至 2011 年,印度尼西亚有 33 所高等院校开设了与社会工作或社会福利有关的课程。

印度尼西亚社会工作的课程标准由社会工作教育协会制定。在课程设置方面,印尼本科课程参考美国的临床社会工作,而硕士研究生课程则更侧重行政、督导、研究等方面的内容。近年来,其课程本土化逐步深入,朝着宏观社会工作、社会制度的发展与变革方向转向。此外,政府相关职能部门也会对其直属的高等院校的社会工作专业课程设置产生影响,特别是在非核心课程方面,如宗教部管理的大学着重开设了与其核心职能对应的伊斯兰教相关课程。

4. 泰国的社会工作教育历程与现状

泰国的社会工作教育始于 1944 年。在女子文化俱乐部(Women's Cultural Club)的支持下,开始进行为期一年的社会工作课程教育,主要是为社会科学专业类的本科生(或同等学力学生)进行社会工作者资格证书的学习和考试。1954 年,泰国正式将社会工作列为大学的专业教育。第一所开设社会工作专业的学校是泰国政法大学。目前一共有 6 所大学开设了社会工作相关专业,并形成了涵盖学士、硕士、博士学位的社会工作教育体系。

其社会工作本科课程结构包括通识教育、社会工作专业教育和相关选修课三部分,学历要求的最低学分为 120 分。社会工作本科生学习的课程主要包括人类行为与应用社会科学、科学分析方法、社会工作理论和哲学、社会工作研究方法以及在具体实践领域和现场实习。社会工作的教学方法主要是以问题为本的教学、证据为本以及参与式学习,同时通过案例研究、小组学习、情境学习、研讨会和报告等方式帮助学生进行学习。

5. 菲律宾的社会工作教育历程与现状

菲律宾的社会工作发展深受美国殖民时期的影响。到二十世纪三四十年代,菲律宾大学和菲律宾中央大学开始提供非学位的社会工作课程。1950 年,菲律宾的第一所社会工作学院——菲律宾社会工作学院成立,开设两年制的社会工作硕士学位教育。其他学校随即效仿,不但设立硕士学位,还开设了本科课程作为硕士学位的预备课程。1965 年,菲律宾通过了《共和国法案 4373》或《社会工作法》(Republic Act 4373 or the Social Work Law in 1965),按其规定要开展社会工作必须先完成四年制社会工作学士学位课程,接受 1000 个小时实地督导实习,并通过相应专业资格考试。

20 世纪 70 年代初,菲律宾的社会工作教育开始本土化,但仍然在其课程中保持了全球视野和国际合作。截至 2013 年,菲律宾共有 85 所社工院系开设社会工作本科课程。另外,菲律宾还把社会工作与其他部分学科(如生物、化学、应用数学、统计学等)一起列为优先专业,以期尽快满足就业市场的需求。

6. 越南的社会工作教育历程与现状

越南虽小但拥有 40 多所教授社会工作专业的院校,每一年招收约 2000

名社会工作专业学生，但是其教学资源与其相对庞大的教学需求并不匹配。比如，在越南的教学队伍中，有社会工作博士证书的教师极少，有社会工作硕士证书的人只有几十名，并且缺乏对越南本土化社会工作的经验。另外，越南在课程设置方面，理论课占比较大，而且社会工作的科研者、教师在教学内容上并没有统一的规定，显得比较随意。这跟越南当地也缺乏社会工作相关的专业教材和资料有一定关系，学生在学习过程中还需要参考外国相关文献，一边学习一边翻译整理资料。而教师和学生的外语水平都不太好，给学习带来了一定的障碍。

7. 缅甸的社会工作教育历程与现状

缅甸的社会工作本科教育在 1988 年学生运动之后停办了。仰光大学（Yangon University）心理学系开设的一年制（44 周）社会工作硕士文凭（Post Graduate Diploma in Social Work，PGDSW）课程，是目前缅甸唯一的社会工作教育项目。另外，由于缅甸是一个不发达国家，政府无法提供足够的公共服务，因此国际 NGO 和当地 NGO 组织在各个领域发挥了积极的救助和帮扶作用。比如在联合国儿童基金会的支持下，缅甸社会福利部要在全国开展试点性的项目——儿童权利委员会（Child Rights Committee）主要培养儿童社会工作者，也承担了相当部分的社会工作教育作用。到 2019 年，缅甸共开办了 330 个这样的儿童权利委员会。

8. 印度的社会工作教育历程与现状

印度社会工作训练和实践的早期阶段，主要是社会服务联盟（Social Service League）对带有志愿性质的社会工作者进行相关社工培训。同时，专业的开拓者也注意开展社会工作教育书籍和文章的撰写工作，最早的由同行评审的专业期刊《印度社会工作》就是在 1940 年创刊的。而印度塔塔社会科学研究所（The Tata Institute of Social Sciences，TISS）是印度建立的第一个社会工作学院，率先开始了专业的社会工作教育模式。1961 年印度的第一个社会工作专业组织“印度社会工作学校联盟”成立。这一时期，印度大学系统内开设的社工院系数量大大增加。

目前，印度的社会工作学历教育涵盖学士、硕士和博士等各个层次。本科主要是培养全科型社会工作人才，学制 3 年，也是在印度从事社会工作专业工作的最低要求。在学士阶段,学生没有类似一个月这样长时间在机构或社区的实践。而硕士阶段则是培养专门领域的社会工作服务人才,学制为2年。社会工作硕士申请者学士学历专业不限,但需要通过硕士招生考试。而社会工作博士以培养学者或研究人员为主。总的来说,印度各个学校的社会工作学历教育内容和教学大纲有很大差别,没有统一的课程要求和实践模式。

二、美洲国家的社会工作教育历程与现状

(一)美国的社会工作教育历程与现状

美国社会工作教育萌芽始于慈善组织协会开办的暑期培训班,随着培训需求的增加,正规的社会工作高等教育逐渐出现了。1939年,美国社会工作学院协会(AASSW)仅认可硕士研究生为专业社会工作者。1952年,美国的社会工作教育委员会(CSWE)成立,也确认两年的硕士教育是社会工作的最低要求。可以说美国社会工作高等教育是从硕士开始的。而后为了解决一线对实务工作者的需求,到1970年,美国批准开办学士课程,从此学士学位成为社会工作的最低门槛。目前美国有400多个大学和学院提供本科、硕士及博士三个层次的社会工作教育,每年培养8万名以上的毕业生。公立大学承担了大部分教育任务。另外,还有持续教育(Continuing Education)作为补充,主要由机构和社会组织提供。

美国社会工作专业教育体系相对完善,培养层次比较分明。比如本科教育主要是针对直接为工作对象服务的岗位培养学生,其能力培养主要在操作层次。学生必须在高级社工的督导下进行至少400个小时的实习。而硕士教育旨在培养高级实践人才,让学生具备更高的专业服务能力和领导才能,其内容包括形形色色的知识、专业技巧和价值取向。学生在2年内需要完成900个小时的实习,并且研究生教育特别强调精通第二语言,以适合在多个民族间工作。另外,美国拥有全球最好的师资力量和教学资源,目前美国许多大学都提供社会工作博士课程,拥有超过80个博士点,主要培养研究型人才。

（二）加拿大的社会工作教育历程与现状

加拿大社会工作教育的雏形是慈善机构对其工作人员进行的培训，后来由短期培训演变成系统的培训课程。而第一门社会工作专业课程于 1914 年在多伦多大学设立。1972 年课程鉴定的教育标准设立，强调在设立社会工作教育课程的过程中充分考虑双语和宗教因素。加拿大也非常关注土著人问题，1991 年，批准印第安联合学院设立第一门土著居民社会工作课程。到 20 世纪 90 年代，已经有 28 所大学设有社会工作学院或系。

加拿大的教学形式非常多样化，也是其特色之一。简要概括如下：①在职培训，主要面向已具有社会工作教育学历的在职人员。②社区学院教育，类似职业学校，大多属于大专层次的课程，学制一般为 2 年，其课程设置弹性大、适应性广，有成人文化补习、学徒培训、技术教育、职业教育、大学预科（升学教育）、短期培训等；其办学形式多样化，有全日制、半日制、夜校、远程教育等。具有综合性强、灵活性强的特点。③大学教育，现在加拿大已形成社会工作学士、硕士、博士教育体系。具体来讲，学士是 4 年制。取得学士学位后再接受一年的研究生教育可获得硕士学位；如果拥有的是其他专业的学士学位，则需要 2 年，方可获得硕士学位。而博士学位一般也要 4 年左右，培养的是将来从事社会工作教学或研究的人。

三、欧洲国家的社会工作教育历程与现状

（一）英国的社会工作教育历程与现状

在英国，有 78 所综合性的国立大学设有社会工作学院。英国政府高度重视社会工作教育发展，其教育模式也比较多样。

（1）资格教育

1970 年，社会工作教育与训练中央委员会（CCETSW）的成立使得原本的专业性学历教育和职业性资格认证合二为一，成为新的“资格教育”。在英国，社会工作资格教育体系涵盖了本科和硕士两个培养层次，培养内容涉及理论课、方法课、技能课三大类课程。本科生在毕业时还可得到政府颁发

的职业资格证书。硕士生则从社会工作及其相关专业的学生或具备相当资质的其他专业的学生中选拔。

(2)文凭教育

从1989年开始,在CCETSW倡导下“社会工作文凭(Diploma in Social Work)”教育诞生了,并由它取代了以往的社会服务证书和社会工作资格认证。根据规定,社会工作文凭课程只能由学院与社会工作机构共同提供。2003年起,英国的社会工作文凭教育改为三年制的大学社会工作学位课程。

(3)社会工作专业后教育

1990年,CCETSW又发展了新的社会工作专业后教育(Post Professional Education),共分为两类:一是社会工作资格后(the Post Qualifying Award in Social Work);二是社会工作高级资格(the Advanced Award in Social Work),前者相当于学士水平,后者相当于硕士水平。

(二)瑞典的社会工作教育历程与现状

1910年,在政府支持下,瑞典社会工作中央协会(CSA)积极参与组织规划了第一门社会工作教育课程,是提供心理学、社会学、护理学等知识的短期培训。1921年瑞典第一所社会工作学院在斯德哥尔摩成立。1977年斯德哥尔摩大学成立瑞典第一个社会工作系。之后,其他大学纷纷建立起自己的社会工作系,有16所高等院校开设社会工作本科专业,其中10所开设博士层次的课程,形成了本、硕、博完整的高等教育培养体系。瑞典的专业教育体系也非常系统。一是社会工作教育始于其国民教育阶段,在高中就有社会工作课程,主要教授护理知识。二是高等教育阶段,主要是为了满足各类社会服务机构的中高级职员、专业社会工作者的工作需求。三是在其职业教育中,瑞典要求所有社会工作者,必须每年接受由市政府提供的为期4周的再培训。而瑞典社会工作本科教育主要培养应用型人才且具有较强的专业吸引力,每年申请者众多,但成功率只有20%。其本科非常重视实践教育,对学生实习有严格的管理和要求。并且,瑞典高等教育机构和社会工作场所保持着紧密的联系,一方面高教机构经常邀请社工人员为学生讲课,另一方面高教机构还承担着为在职者提供定期或不定期培训的责任。而瑞典的社会工作硕士课程一般为期1~2年，各个学校的研究生课程差异很大。但是因其合理的课程设置和优越的学习条件，瑞典的社会工作硕士教育被认为是比较成功的。不过，也面临着很少学生申请硕士学位的尴尬境地。此外，瑞典社会工作博士课程的学制是2~4年，申请人必须有良好的瑞典语基础。

(三)葡萄牙的社会工作教育历程与现状

葡萄牙是天主教国家，社会工作教育是以慈善事业为中心在特定学校中发展起来的。由于1926年的军事政变，该专业在1935年被制度化。1939年，社会工作以新职业身份获得了教育部的认可，成为学位专业。到1967年，一所公立大学建立了社会工作学位课程，但是又于1971年废止。因此，社会工作学校的培训仍然是当时唯一的社会工作教育系统。在1976年至1979年，葡萄牙引发了一场政治和社会革命，期间，国家允许在公立大学中创建社会工作学士学位。故而1989年，高级社会工作学院的毕业生获得了学士学位。从1935年到1994年，社会工作者的培训主要是在具有传统和此类教学经验的社会工作学校中进行。1995年葡萄牙批准了第一个硕士学位，从1966年开始，社会工作教育被纳入大学和理工学院(公立和私立)教学体系。目前葡萄牙开设了17个社会工作学位课程，研究生教育则更加有限。并且在葡萄牙，由于没有社会工作专业委员会等，对其教育进行标准化和评估是由一家国家高等教育认可机构做的。

(四)西班牙的社会工作教育历程与现状

始建于1932年的社会工作学院，为西班牙培养了第一批专业社工。1999年6月，西班牙参与了《博洛尼亚宣言》的签署，从此与欧洲各国的社工教育进入了相互融合、相互借鉴、相互促进的发展时期。1983年，西班牙开设本科教育，学制为4年；2004年开设硕士研究生教育，学制为2年；2008年，开设博士教育，标志西班牙社工教育已形成较完整的培养体系。目前在西班牙有34所公立大学提供单一的社会工作学士学位。此外，7所大学提供双学士学位课程，将社会工作与社会教育、劳动关系、社会学、手语或职业治疗相结合。而社会工作研究生阶段,硕士生毕业还需要在国家级研究生学习竞争计划中进行专家评估。而博士除了学习本专业知识外,还必须学习其他相关学科的知识,如社会学、心理学、法学、教育学、传播学等。社会工作专业毕业生可以在西班牙的不同领域中工作。

(五)意大利的社会工作教育历程与现状

第二次世界大战后,意大利的社会工作学校开启了社会工作教育快速发展的时期,一直延续到 20 世纪 60 年代。而 20 世纪 70 年代和 80 年代,意大利社会促使社会工作学校和组织提供社会服务,并为在职专业人员组织培训课程。80 年代下半叶,意大利相关法令规定取得学术资格是作为社会工作者的前提,因此,在高中后一直提供 3 年社会工作教育课程的私立学校和公立学校开始停止教学活动。而意大利社会工作教育发展的里程碑是 328/2000 法案与欧洲《博洛尼亚宣言》的签署。意大利引入了全国高等教育改革,在所有大学院系建立了两级学位,本科和硕士学位。目前意大利的社会工作专业教育相对较弱,社会工作课程通常由每年选派的相关学科专家免费教授,并在其作为社会工作者的业余时间内开展教学。在意大利的学术体系中,社会工作被视为一般社会学的子领域,根本没有社会工作系或学院,学生的实习时间也很有限。

(六)俄罗斯的社会工作教育历程与现状

俄罗斯的社会工作教育可以追溯到二十世纪二三十年代;60 年代,苏联大中城市的一些地区就出现了以组织社会工作教育为目标的专职人员;80 年代末 90 年代初,苏联(俄罗斯)社会工作教育获得了飞速发展,国内开始建立社会工作教育服务分支机构。俄罗斯的社会工作教育也有其特别之处:①其理论教学时间较长,西方大学的学士学位课程一般教学时间约 3600 个小时,而俄罗斯则需要 8640 个小时;②学生学习时间较多,西方国家学生每周平均学习时长 16 个学时,而俄罗斯学生则要 27 个小时;③在众多的高校中撰写论文是必不可少的环节和毕业要求,但是在俄罗斯,社会科学和人文科学的口试仍然是最常见的评估学生的工具,而非论文。

四、大洋洲国家的社会工作教育历程与现状

（一）澳大利亚的社会工作教育历程与现状

澳大利亚的社会工作教育起源于20世纪40年代悉尼大学举办的社会工作培训，在80年代开始快速发展。目前，澳大利亚共有25所高校招收社会工作专业本科生，9所高校招收硕士研究生。在澳大利亚，社会工作专业学位也设有荣誉学位制度：一般情况下，学生完成3年本科规定的课程即可毕业，成绩优秀的学生还可申请再读一年，满足条件后，学校会颁发一等、二等或三等荣誉学位。获得该学位的学生在找工作的时候更容易受到雇主青睐，薪水也会略高。另外，获得荣誉学士学位者更容易申请硕士学位。全日制硕士一般读2年，在职硕士一般读4年；博士为4年制。学生毕业后可获得AASW的入会资格，即被批准在澳大利亚当正职社工。一些学校跟澳大利亚职业技术教育学院（TAFE）合作，学生在社工专业的基础上，选一个与社工有关的TAFE课程，学成之后拿到TAFE文凭也可以直接进入相应领域工作。

澳大利亚在社会工作专业教学方面也颇具特色：AASW将“关注多样性”写入社会工作教育规章，要求开设“跨文化社会工作”等课程以培养学生在多元文化环境中工作的能力。同时，“土著研究”也是常设课程，体现了澳大利亚社会工作教育的本土化。另外，澳大利亚还特别重视实践教学方面，要求实习时间不能低于1000个小时。

（二）新西兰的社会工作教育历程与现状

新西兰的社会工作教育始于20世纪50年代。新西兰的惠灵顿维多利亚大学率先开设了社会工作课程。在之后的25年间，该大学一直是新西兰唯一开设社工课程的学校。目前，新西兰共有17所大学和研究机构开设有社会工作课程，其中有5所大学开设有社会工作本科专业，4所大学开设有硕士研究生专业，2所大学开设有社会工作博士研究生专业。新西兰的社会工作本科教育为3~4年制，硕士为2年制，博士为4年制。其中只有本科和

应用型硕士(Applied Master in Social Work)才是成为注册社会工作者的必需专业学位。如果有相关的国内本科学位,也可以申请应用型硕士。该硕士特别针对具有专业实践、督导、管理或政策分析的社会工作者,其课程大纲包括对专业知识的建构、实务技能的训练和研究能力的培养。

五、非洲国家的社会工作教育历程与现状

(一)南非的社会工作教育历程与现状

南非社会工作专业培训始于20世纪20年代,但专业发展较为缓慢。目前南非20所大学都提供社会工作4年制学士学位教育,另外还有2个非大学的机构提供无学位的社会工作专业培训教育计划,不过毕业后也能得到受承认的从事社工的资格。除了大学本科社会工作专业教育之外,所有的南非大学还提供社会工作专业硕士和博士学位的培养计划,最近一些大学还在引进一种专家课程教学工作方案,这个工作方案是培训攻读医疗社会工作、企业社会工作、实验社会工作、社会工作管理等专业的硕士学位学生。目前南非的社会工作教育仍然面临诸多困境。比如缺乏较低层次的培训教育计划;南非社会工作基础理论直接取自北美和欧洲,基本不适应南非当地情况;种族隔离的影响,许多大学实际上都是单一种族的教职员和单一种族的学生。

(二)肯尼亚的社会工作教育历程与现状

肯尼亚-以色列社会工作学院最早于1962年开始正式的社会工作专业教育,后来这个学院被合并进肯尼亚行政学院,并继续培养社会工作者。不过遗憾的是,50多年来,肯尼亚社会工作专业教育的发展还是相对缓慢,目前只有7所大学和2所社会工作训练机构开设了社会工作本科教育。只有1所大学开设了社会工作硕士课程。(截至2017年,在整个东非的布隆迪、肯尼亚、卢旺达、坦桑尼亚、乌干达5个国家里,一共有44个本科课程和7个硕士课程,没有一个国家开设博士课程。)除了学历教育之外,肯尼亚还有一些社区发展中心也在培养社会工作者(一般为2年制的训练课程)。肯尼亚

还为已经在岗的社会工作者提供在职教育，比如肯尼亚行政学院和一些省级的培训中心。除了专业社会工作者的培训，肯尼亚还会为志愿者和社区领袖组织一些特别的培训项目。在肯尼亚，培养一名专业社会工作者价格不菲，因此每年学校培养的社会工作毕业生的数量比较有限。当然，肯尼亚社会工作教育目前本地化程度并不高，教学资源相对缺乏，教师队伍和学生质量都面临不小挑战。

第三节　国际社会工作教育的改革创新与挑战

本节将重点介绍社会工作教育领域在全球化背景下，应对全球化、国际化带来的一系列结果时所采取的一些改革创新措施及在当前教育中面临的挑战。

一、国际社会工作教育的改革与创新

（一）"环境"导向的社会工作教育改革与创新

越来越多的研究结果阐明了环境条件与人类福祉之间深刻而普遍的联系，人类行为与环境的关系是密不可分的，因为环境退化对地球上所有居民的福祉具有破坏性影响。因此，社会工作也将人为引起的环境变化确定为未来重大挑战之一。其追求社会正义和人权的专业宗旨，"人在情境中"的工作理念，以及其个人福祉、团体增能、社区工作等专业技能特征，使社会工作特别适合专业地应对这一挑战。然而，美国对学生、社区从业者和教育工作者的多项调查报告都指出，目前对解决环境问题准备十分不足。相当多的研究也指出希望社会工作范式做出相应转变，比如积极地将环境问题纳入社会工作相关课程，培养学生应对环境问题的能力等。

当前，一些国家已经出现了与环境相关的教育，例如，澳大利亚的绿色社会工作网络。另一些国家开设了选修课程，介绍了一些与环境相关的教育活动或教学方法的例子，或将其并入特定的必修课程，例如，人类行为与社会环境课程。还有一些国家则开展了更加全面而细致的课程实践。

1. 教学内容方面

有研究指出,“环境”导向的课程应该有关于如何进行生物—心理—社会影响评估的内容,其中必须包括有关“如何准备和应对环境问题”的科目,重点讨论“当前国家和国际的环境政策”。这对我们理解和分析每个人(尤其是服务对象)所处的生态环境特别重要,也能促进学生有效地组织和开展相应社会行动,比如围绕环境改变做出政策倡导和实践活动。另外,社会工作对案主生物—心理—社会的评估可以进一步识别案主心理健康的环境决定因素,例如极端温度、光和噪声污染,以及缺乏可能影响心理健康的绿色空间。在进行评估时,学生可以评估案主是否有暴露在危害环境中的问题(例如靠近化工厂、杀虫剂和除草剂的广泛使用等),并为案主提供有关这些危害的心理教育。由于影响社会心理功能的因素范围很广,社会工作教育者可能需要查阅不同学科的文献。比如,社会工作教师可以提供有关生态疗法模型(例如日本预防医学中的“森林浴”),以及对此类模式的证据基础的讨论;也可以在户外校园空间有效地与学生一起进行活动。这些教学内容的改革与创新,将成为学生应对“环境”问题的重要起点。

2. 教学方法方面

实践教学被认为是社会工作最典型的教学方式,因为它强调动手的、真实的学习体验,因此有研究指出这也是将“环境”导向的议题付诸实践的直接途径。通过实践教学增强了学生与其社区、自然世界的联系,他们可以识别社会结构的不平等,并践行其作为当地公民参与社会的责任。另外,以环境为重点实践也有助于让学生沉浸在他们关注的特定问题中,开展可持续的实践。比如学生团队可以围绕他们选择的主题,设计一个社区实践项目,并在学期结束时向其他学生展示他们的实践经验;也可以使用供应链分析方法,帮助学生将他们的日常活动和生存环境以及更大的社会和环境问题联系起来。例如,在让学生追踪分析在连锁时装店购买的廉价 T 恤时,鼓励学生识别其中的环境元素,更易于理解和有趣地说明个人消费的选择与更大的经济、政治和社会系统之间的联系。

3. 课程的整合方面

专业内跨课程的方式更有利于整合相关概念和干预方法,尤其是在社会工作教育者和课程被划分为“临床”和“宏观”实践的情况下。社会工作教育者可以召集跨课程内容和领域的教师分享课程材料和活动，提供有关课程实践之间的联系和反馈，并完善案例研究，以确保学生采用更全面的评估方法，其中应包含环境因素。当然，社会工作教育也可以与其他学科合作，在课程中将人权、环境保护和动物保护等联系起来。例如，社区和组织课程可以与当地社区和周边机构合作解决环境问题。在现实生活中，基于问题的项目可以与其他学科合作完成。来自护理、社会工作、生物学和公共卫生的学生可以专注于评估与城市环境中的贫困和种族有关的水质问题，以及对当地生态系统及其非人类居民的影响。相应地，跨课程的作业应包括相关学科的整合，例如健康研究、经济学、心理学、地理学、生态学、环境研究和政治学。与其他学科合作将有助于提高社区解决环境问题复杂性的能力，并为更可持续的未来做出贡献。

（二）“科技”导向的社会工作教育改革与创新

1. 科技导向的远程社会工作教育

科技的发展，尤其是计算机技术、网络技术等的普及，对社会产生了重大的影响，相较于社会工作实务而言，这些技术在社会工作教学领域的使用更为广泛。最主要的是为人们提供了多元的学习渠道——远程教育，让学生无须到校便能学习，并通过提供信息资源，让教学更为灵活和便捷，以此完善了大学教学或继续教育的路径。科技导向的远程教育，对社会工作教育与终身学习的影响日益剧增。除了高等教育机构包罗万象的专业教学课程之外，许多机构也提供特定的远程教育课程，如儿童保护工作的多媒体训练、批判思考技巧、提问导向的学习、督导、实习安排等主题内容。

学习既是个别性的过程，也是社会性的过程。科技的发展在学习的这两个面向都起了积极的作用。显而易见，透过网络搜集资料有助于个别性的学习过程。为了增强学习的灵活性，他们可以利用音频、视频、网络平台、社交媒体等获取需要的资料。另外，科技也提供了一切可能刺激社会性学习过程的方式，比如学生可以参与聊天群、建立可以同步完成小组作业的网络、利用网络平台来表达他们的意见、组织线上会议、利用社交软件实时互动等。

科技为社会工作教育提供了前所未有的机会，该趋势也将继续发展。因此，在科技导向的远程社会工作教育过程中，尤其是国际社会工作相关的教学过程中，需要特别注意：第一，不管是因为语言还是文化上的差异，远程社会工作教育都应注意在其教材的编撰、课程的开发、内容的传播等方面，保持足够的在地化与系统化。第二，远程学习的资源与实务的方案需要进行转译的，也应考虑到语言和文化意涵上的同步转译。第三，协力合作的重要性。目前的远程教育主要存在于国家内部、较小范围的实践，而国际社会工作很大程度上指向跨越地域和文化界限的社会工作教学，这样的远程教育更应强调多方的协力合作，不但要将相关文化纳入考量范畴，寻求相互合作的可能，还必须重视课程的传播、学生投入、课程评价、使用者参与等各环节间的相互协同。

2. 远程社会工作教育的应用

毋庸置疑，社会工作远程教育已经在全球范围内快速发展并得到广泛应用。在英国、加拿大、澳大利亚、中国、捷克、爱尔兰、威尔士、马来西亚、南非等世界各地都能容易地找到不少证据。以美国为例，远程社会工作教育项目数量也在急剧增加。在 1994 年的一项研究中，11% 的被访者表示他们接受过远程教育，当 1995—1996 年重复这项调查时发现，只有 16% 的被访者接受了远程教育。而 10 年后，美国远程社会工作教育项目出现了急速增长，2006 年代表 CSWE 进行的一项调查发现，52% 的 MSW 教育项目和 41% 的 BSW 教育项目提供远程教育，说明远程教育在社会工作中开始充分整合，特别是在研究生课程中。到了 2015 年，美国的社会工作教育委员会的调查数据显示已有 76.4% 的 MSW 教育项目和 48.9% 的 BSW 教育项目提供在线课程。可见远程教育的发展速度之快。而今就更不必说了，随着网络技术的进一步发展和普及，加上新冠肺炎疫情的影响，远程教育已成为面对面教育的重要补充，占据了社会工作教育的半边天。

以印度的远程教育为例。印度拥有世界上最大的远程教育系统之一，仅次于中国。IGNOU 是印度第一所将社会工作教育带到该国所有州和联邦领土的社会工作学校。它开发了本土自学材料，并使用多媒体方法以印地语和英语开展社会工作教学和培训。IGNOU 为教学和自学提供多渠道、多媒体教学,包括印刷和视听材料、广播和电视广播、面对面的咨询、实验室、电话会议、视频会议、交互式多媒体、手机通信等。IGNOU 还开发了关于土著社会工作的课程材料,包括宣传、网络、公益诉讼、资源调动等,并已包含在 MSW 课程中。IGNOU 社会工作学院还开发了关于宗教和社会工作的课程材料,印度教、伊斯兰教、佛教、基督教等相关内容的社会工作教育和实践知识已被纳入 IGNOU 的 BSW/MSW 课程材料中。除了这些理论知识之外,IGNOU 还编写了名为“社会工作实习和监督”的材料,给出了社会工作实习的详细指引;制定了社会工作实践从业者指南,该指南是印度首次尝试通过远程学习为社会工作教育工作者和主管制定全面的实地工作指南。

3. 远程社会工作教育的反思

远程教育取得重大成功的同时,也面临着许多质疑和挑战。随着全球化经济及市场对于大学造成的压力越来越大,社会工作教育也不得不朝向市场化的方向发展。而远程教育还是一个正在成长的市场,当中有很多的选择性,并存在着许多劣质或不适当的课程。因此,要选择到优质的课程是具有一定困难的。另外,相当一部分的学习资源(如期刊文章、优质课程等)是必须付费的,而无法支付此开销者就会被排除在外,进一步讲,即贫穷的学生、贫穷的服务对象、贫穷的社会工作者只能接受较低质量的资讯。而且全球化商业市场与远程教学的产业化,把学生、教育者视同商品也引发了许多科技、实务、法律与伦理的议题。

远程社会工作教育的主要限制有两点。一是缺乏有效的实地工作实践与监督,二是需要稳定的网络条件与设备支持。前者毋庸置疑,对于社会工作而言实地工作对社会工作者实务能力的培养至关重要且具有不可替代性。在这方面,很多教育机构以定期召开个人和团体会议、严格审查学生实践报告、定期走访学生实习机构等方式来应对远程教育的这点障碍,但事实上成效非常有限。而后者让那些“更弱势”的群体被排除在外,比如部分学生所处的环境没有畅通的网络,有的学生家庭不具备必需的电子设备或无力负担通信费等。这将进一步加剧数字鸿沟与社会不平等。(数字鸿沟是这个时代一个关键的社会正义问题,与数字技术的可负担性和可及性有关。

农村和偏远地区、一些海岛地区、网络不覆盖的地区、无法使用计算机的用户、残障人士、老年人等都是数字包容性低的地区或人群。）

另外，值得关注的是，研究发现，多年来大部分社会工作教师始终认为在线社会工作教育在培养学生成为合格的社会工作者方面不尽如人意。教师们对在线教育的接受度普遍较低，并对在线教育的有效性持负向态度。但面对远程教育的强大发展趋势，教师们如何应对这些挑战成为重要的课题。毕竟远程教育的发展涉及复杂的转型与变革，需要机构的支持和资源，需要相关领导、教师的参与，需要实践专业相应的教学调整，需要利益相关者的充分参与，而这些必要条件的准备远远落后于网络课程的开发。

最后，技术的革新亦影响了人们互动方式的变化，社交媒体也顺势成为当前人们互动的主要网络平台。社交媒体在远程教育中具有重要作用（主要作为教学互动工具），对于社会工作来说，我们还必须关注其对当地社会的重要影响，认识到社交媒体可作为宣传社会正义的重要工具，以发展时代需要的社会工作能力。有研究指出，社会工作者参与媒体活动和运用社交媒体的能力（如基础网络技术、线上沟通技巧、媒体意识、宣传意识、相关法律知识等）已成为新时代该职业的必备技能。而这种迫切需要也为新闻传播学和社会工作专业跨学科合作提供了可能。学者们鼓励教师可在课堂上为社交媒体创造一个机会，既将其作为教学工具，又为未来的从业者奠定必要的知识基础。

二、国际社会工作教育的挑战

（一）专业教育资源不充分、不平衡的挑战

社会工作教育发展普遍情况较好，但是大部分国家和地区都存在一定程度的专业教育资源不充足、资源分布不平衡的问题。比如中国、瑞典等作为社会工作教育发展较快、较好的国家之一，也存在区域性差异、师资力量不足、教学效果有限等问题。而专业教育资源限制对专业教育成效带来的影响在一些经济、社会条件相对落后的国家和地区尤为明显。

一些发展相对落后的国家，比如缅甸、越南、印度等，其社会工作者的需

求量较大,但开设社工专业的学校相对较少,且合格的社会工作专业教育师资严重不足,实践教学基地非常有限甚至缺乏,导致学生在学习教材、实践场地、实践督导等方面都不尽如人意。

而一些领土分布广泛或分散的国家和地区,例如东南亚、西亚、非洲等地区,则存在教学资源分布不均、专业教学普及难度较大的挑战。比如印度尼西亚设有社会工作的学校通常集中在爪哇岛区域,除此以外没有任何非常规的教学方式(如远程教育等)来应对岛屿众多且分散所带来的就学不便问题。而印度开设社会工作专业的学校集中在北部,各学校也面临专业教育投入不足、缺乏专业教学设施、专业研究进展缓慢等问题,且印度的一些教育项目具有较强的商业性,学校可能用学历教育来牟利。

由于各方面教育资源的限制和不足,这些国家和地区的专业教师和学生对其教学满意度也偏低。一项阿拉伯国家的调研发现:社会工作相关教职员工认为他们的教学质量不高,学生素养不尽如人意,专业教学与专业机构之间的关系也很薄弱,师生的专业认同感都很低,另外该专业在国际上的活跃度也非常有限。

当然,为了进一步改善地域限制、资源不足等客观因素带来的影响,很多国家都开始探索“线上教育”的可能性。从新冠肺炎疫情防控期间各国社会工作线上教育的情况来看,这不失为一个很好的“替代性”的教学方法,但是更多研究和调查反映,线上教学虽然有诸多便利和好处,但是其对当地科学技术、网络情况、学生家境条件等都有一定的要求。因此,目前更多的意见是线上教育只能作为线下教育的辅助性手段,毕竟社会工作教育的性质更偏重实践教学和面对面的交流。

(二)教学质量把控与管理上的挑战

从教学质量上看,大部分国家都遭遇了教学质量不如意或教学成效提升困难的瓶颈。这与各个国家教学管理情况、培养目标导向、就业市场定位等因素有关。

在学历教育方面,各高校普遍设置了明确的培养目标、课程内容、毕业要求。但是从现实情况来看,大部分发展中国家及不发达国家和地区,其社会工作专业本科的申请和毕业门槛相对其他专业较低,管理更为松散和困难。首要原因体现在生源上,通过中国、泰国、韩国、菲律宾、缅甸、越南等亚洲国家的相关研究可以推论,社会工作专业学生基本上是调剂而来的,或者社会工作并不是他们的第一选择,大多数学生对该专业课程没有兴趣和学习动力。此外,这些国家对实践教学的质量与过程把控也存在主客观上的不足,导致学生真实的实践时长、实践内容、服务专业性等都无法与美国、英国、日本、中国香港等地的高校相提并论。比如,印度就缺乏全国性的学历教育标准,没有对最低实践学时要求、督导标准、实践地点等方面予以规范,其学历教育"水分"较大。而俄罗斯相比其他国家,更是将社会工作教育重心放在理论部分,实践较少,其毕业生的实践能力也落后于同等水平的国家。因此,这些学校的学生和当地社会对社会工作的认同相对较低。在社会工作研究生的培养上,这里存在类似的例子,且相对于本科生,研究生的管理相对宽松和自由。在韩国,已经在职的社会工作者会选择特殊研究生院的招生计划,他们通过5个学期的课程学习,在没有毕业论文的情况下,同样可以获得硕士学位。类似轻松就能"过关"的现象在社会工作教育中绝不是偶然,恰恰反映出各地急于求成、不顾学生质量不佳的现实。

在社会工作职业资格教育上,培养质量的认证与教学环节的把控更是一个大难题。比如在中国、韩国等正大力发展社会工作的国家,也普遍存在专业教育不充分、偏重理论结果的现象。虽然这些国家都建立了社会工作者职业资格认证标准,但在社会工作者的培养上,重点仍然放在学生备考社会工作资格证考试方面,而非真正培养学生有效地提供与文化相关的社会服务的技能方面。因此,社会工作从业者大部分并不具备足够的社会工作专业能力。另外,快速"制造"社会工作者也会带来行业饱和的问题,比如韩国的社会工作职业已经达到饱和状态,专业学生未来将很难就业。更严重的是这种现象直接影响了社会工作的职业形象和威望,会长时间导致社会工作在专业和行业上的"低社会地位",进而直接影响社会工作的教育评价和发展。

(三)教育本土化及本土教育创新的挑战

随着各地社会工作发展进程的加快和本土化程度的深入,亟须探索更适合当地社会需求和文化特征的社会工作课程，培养能适应当地社会工作职业市场的知能。但是专业教育的本土化和本土教育创新方面，也存在短时间难以逾越的障碍。

一方面，一些国家当地的主流价值观和文化特征对作为“舶来品”的社会工作的本土化具有一定的阻碍作用。比如，一些普遍具有宗教信仰的地区，像泰国、缅甸，人民深受佛教文化的影响，寺庙就起着社区服务中心的作用，就可以为民众提供职业教育、健康照顾、贫困救济、家庭帮扶、孩子辅导等全方位的服务，因此社会工作在这些地区显得“多余”且难以被民众接纳，而社会工作的教育也因此缺乏对本土宗教文化的敏感性和教学素材，难以进行更深入的本土探索。

另一方面，一些民族强烈而单一的民族信念也阻碍着社会工作的本土化和本土教育的探索。比如随着国际移民的增多，韩国特别需要面向国际化的社会工作教育与服务，但大部分韩国人都尊崇“我们的民族和种族是单一的”这一信念，导致韩国人在多元文化的融合度上存在障碍，社会工作在国际化教育方面进展缓慢。虽然近年来该国一直在尝试社会工作教育的国际化探索，但情况与欧洲、加拿大和美国等大不相同。还有，例如对种姓、阶级等制度异常严格的印度，其社会工作教育也亟须探索出适合本土特色的方案，但事实上印度的教育也沿用西方国家的理论与方法，缺乏对于本土社会环境和文化发展脉络的关注，如未将瑜伽作为一项干预服务融入专业实践中。

当然，除了上述主要挑战以外，国际社会工作还面临着如何改善专业理论与实践间越来越大的鸿沟，如何提升学生的专业能力，如何培养学生的专业价值观与认同感，如何解决跨国交流中客观障碍，如何建立更宏观而牢固的全球教育体系，如何平衡国家教育标准与地方实际的差距等难题。

参考文献

[1]程胜利，等. 瑞典社会工作[M]. 北京：中国社会出版社，2012.

[2]黄智雄. 香港社会工作[M]. 北京:中国社会出版社,2013.

[3]民政部社会工作司. 国外及港台地区社会工作发展报告[M]. 北京:中国社会出版社,2010.

[4]欧文·图特维特,劳伦斯·杨. 挪威社会工作[M]. 邹学银,等译. 北京:中国社会出版社,2009.

[5]邵金华. 加拿大社会工作[M]. 北京:中国社会出版社,2010.

[6]杨克. 美国社会工作[M]. 北京:中国社会出版社,2014.

[7]詹火生. 台湾社会工作[M]. 北京:中国社会出版社,2014.

[8]郑永强. 英国社会工作[M]. 北京:中国社会出版社,2010.

[9]Payne M, Askeland G A. Globalization and International Social Work: Postmodern Change and Challenge [M]. London: Ashgate Publishing Company, 2008.

[10]阿雷桑德洛·西科拉,刘蕾,许金菁. 意大利社会工作教育与实践:面临的问题、挑战和关注[J]. 国外社会科学,2019(4):98 - 106.

[11]代娅丽. 香港社会工作教育的启示[J]. 科技信息,2010(5):205 - 206.

[12]范会芳. 中澳社会工作专业硕士实习教育的比较研究——基于文本的视角[J]. 河南工业大学学报(社会科学版),2018,14(6):105 - 111.

[13]光程. 种族隔离政策及其变革的处理——南非社会工作述评[J]. 社会福利,2002(7):50 - 54.

[14]何龙韬,吴世友. 新西兰社会工作教育与职业化的历史与发展[J]. 社会与公益,2019(2):93 - 95.

[15]何雪松,刘仕清. 社会工作教育高质量创新发展的挑战与应对[J]. 西北师大学报(社会科学版),2020,57(3):110 - 116.

[16]何一明,吴世友,吴迪. 马来西亚社会工作的发展及挑战[J]. 社会与公益,2020,11(10):95 - 97.

[17]何依娜. 中澳高校社会工作教育模式对比及对中外合作办学的启示[J]. 社会工作与管理,2017,17(3):33 - 38.

[18]李江英,吴世友. 菲律宾社会工作的发展与挑战[J]. 社会与公益,

2019(6):92－96.

[19]李瑾.浅谈新加坡社会工作发展模式对我省社会工作发展的启示[J].河南广播电视大学学报,2015,28(1):30－32.

[20]李伦.台湾社会工作教育初探[J].社会福利(理论版),2012(3):42－46.

[21]李迎生,韩文瑞,黄建忠.中国社会工作教育的发展[J].社会科学,2011(5):82－90.

[22]李迎生,张朝雄,孙平,等.英国社会工作教育发展概况及其启示[J].华东理工大学学报(社会科学版),2007,22(3):11－17.

[23]林顺利,兰学莉.美国社会工作硕士专业学位培养模式及其启示[J].河北大学学报(哲学社会科学版),2011,36(1):68－71.

[24]刘芳,吴铭,吴世友.土耳其社会工作教育的历史与发展[J].社会与公益,2018(11):95－96.

[25]刘芳,吴世友.缅甸社会工作教育与发展[J].社会与公益,2019(5):93－96.

[26]刘芳,吴世友,胥持艺,等.泰国社会工作教育及职业化发展介绍[J].社会与公益,2019(1):92－95.

[27]柳浪,柳拯.乌干达的社会工作[J].社会福利,2002(5):54－57.

[28]陆德泉.社会发展视角探索社会工作的本土化策略——以南非建构发展性社会工作体系的路径为例[J].中国农业大学学报(社会科学版),2017,34(3):35－45.

[29]栾添,王慧.日本高校社会工作职业教育的发展与启示——以社会福祉士培养课程改革为焦点[J].职业技术教育,2020,41(33):72－76.

[30]罗艳.美国亚利桑那州立大学社会工作硕士项目培养方案探析[J].社会工作,2014(6):133－138＋156.

[31]马烨,任文启.社会工作本科教育的内外机制比较研究——以培养目标与课程设置为切入点[J].克拉玛依学刊,2021,11(3):57－65＋2.

[32]彭华民.中国社会工作学科:百年论争、百年成长与自主性研究[J].社会科学,2017(7):66－73.

[33]彭思敏. 对新加坡社会工作的点滴体会[J]. 中国社会工作,2017(1):54-55.

[34]史臣,原心洁. 专业社会工作本土化与本土社会工作专业化——中国社会工作发展的两种驱动[J]. 社会工作与管理,2019,19(5):76-82.

[35]王爱华. 英国社会工作人才培养模式对中国社会工作教育的启示[J]. 沈阳工程学院学报(社会科学版),2014,10(2):169-171.

[36]王晔安,刘继同. 美国社会工作教育体系的历史、结构、政策与前瞻[J]. 社会福利(理论版),2020(11):26-34.

[37]文国锋. 瑞典社会工作的管理与教育印象[J]. 社区,2002(17):63-64.

[38]文姚丽. 日本社会工作专业人才培养改革与经验借鉴[J]. 中国社会工作,2021(22):44-46.

[39]翁雪,郑广怀. 批判、自主与多元——台湾社会工作教育的发展及其对大陆的启示[J]. 开放时代,2011(6):105-117.

[40]吴迪,吴世友,邵俊彬,等. 印度尼西亚社会工作教育的发展与挑战[J]. 社会与公益,2020,11(12):96-97.

[41]吴世友,刘芳,吴铭. 印度社会工作教育的发展与挑战[J]. 社会与公益,2019(11):93-96.

[42]吴世友,刘芳,吴铭,等. 肯尼亚社会工作教育与职业发展[J]. 社会与公益,2019(3):92-95.

[43]杨帅,蔡政忠,徐若兰. 剖析高级社会工作师专科设置与实训效益——以台湾"专科社会工作师"改革经验借鉴[J]. 社会工作,2012(8):4-9+43.

[44]喻传洋,吴世友. 韩国社会福利(社会工作)及教育的发展[J]. 社会与公益,2019(4):90-96.

[45]袁继红. 香港的社会工作教育对内地的启示[J]. 长沙民政职业技术学院学报,2002(3):20-22.

[46]张威. 现代社会工作:中国社会工作理论与实践的构建方向[J]. 社会工作,2018(4):3-15+110.

[47]张宇,宋洁.韩国社会工作教育中的文化能力问题[J].社会工作与管理,2014,14(6):65－70.

[48]张雨明.日本社会工作专业人才的培养与就业状况对我国的启发[J].科技视界,2014(30):151＋277.

[49]张作俭,周方蓉.挪威社会工作教育[J].民政论坛,1996(5):39－42.

[50]Zimba Z F, Khosa P, Pillay R. Using Blended Learning in South African Social Work Education to Facilitate Student Engagement[J]. Social Work Education, 2021,40(2):263－278.

[51]Alice K J. Increasing Internationalization in Social Work Programs: Healy's Continuum as a Strategic Planning Guide[J]. International Social Work, 2004,47(1):7－23.

[52]Anna S, Nina P. Professionalization of Social Work in Russia: Challenges for Education System[J]. Social Work Education, 2019, 38(3): 347－358.

[53]Ayako S. Social Work Education in Japan: Future Challenges[J]. Social Work Education, 2010,29(8):855－868.

[54]Beth A, Jessica A, Jennifer H, et al. Canadian Reflections on The Covid－19 Pandemic in Social Work Education: From Tsunami to Innovation [J]. Social Work Education, 2020,39:1010－1018.

[55]Claudia D M, Claire G. The Internationalization of Social Work. Emerging Discourses from the Erasmus Mundus Advances Program[J]. Social Work Education, 2019:1－18.

[56]Healy L M, Wairire G G. Educating for the Global Agenda: Internationally Relevant Conceptual Frameworks and Knowledge for Social Work Education[J]. International Social Work, 2014,57(3):235－247.

[57]Ibrahim, Qusai A. Social Work Education in Arab Universities and Educators' Perceptions[J]. Social Work Education, 2017,26(2):1－14.

[58]Ioakimidis V, Sookraj D. Global Standards for Social Work Education

and Training[J]. International Social Work, 2021, 64(2): 161 -174.

[59] John M D, Marie C. The Relevance of Global Standards to Social Work Education in Australasia[J]. International Social Work, 2009:35 -47.

[60]John R B, David O. Teaching Globalization to Social Work Students: In and Out of the Classroom [J]. Social Work Education, 2013, 32 (8): 1061 -1074.

[61]Liz B, Kathryn H, Jane M, et al. Readiness to Practice Social Work in Aotearoa New Zealand: Perceptions of Students and Educators[J]. Social Work Education, 2018,37(8):955 -967.

[62]Lyngstad R. Contextual Social Work and Internationalizing Social Work Education: Two Sides of the Same Story? [J]. Journal of Social Work, 2013,13 (4):400 -418.

[63]Maria I C, Teles H, Silva T P. From Exclusivity to Massification of Social Work Education in Portugal. Limits, Potentialities, and Challenges[J]. Social Work Education, 2019,38(6):689 -706.

[64]Nikku B R, Pulla V. Global Agenda for Social Work and Social Development: Voices of the Social Work Educators from Asia[J]. International Social Work, 2014,57(4):373 -385.

[65]Nonie C D, Lambert E, Terry L. Teaching International Social Work in a Global Classroom[J]. Journal of Social Work Education, 2019:1 -11.

[66]Nuttman-Shwartz O, Ranz R. A Reciprocal Working Model for Fieldwork With International Social Work Students[J]. British Journal of Social Work, 2014,44(8):2411 -2425.

[67]Pérez-Eransus B, Martinez-Virto, L. Social Work Education in Spain: Evaluation and Challenges for a New Generation of Social Workers[J]. Social Work Education, 2010,39(6):750 -764.

[68]Sakaguchi H, Sewpaul V. A Comparison of Social Work Education Across South Africa and Japan in Relation to the Global Standards for Social Work Education and Training[J]. International Journal of Social Welfare, 2011,

20(2):192 -202.

[69] Small E, Nikolova S P, Sharma B B. Cultural Competency in the Global Setting: Are Social Work Students Prepared to Serve in a Culturally Diverse World? [J]. British Journal of Social Work, 2016,47(3):666 -682.

[70] Vishanthie S, David J. Global Standards for Social Work Education and Training[J]. Social Work Education, 2004,23(5):493 -513.

[71]杨文庆.越南社会工作教育的挑战与应对研究[D].南京:南京理工大学,2017.

第五章　国际社会工作实践

新的时代为社会工作实践带来了新的变化,而国际社会工作在回应当前社会问题中具有巨大的潜力,社会工作者已开展多种实践,比如文化敏感和跨文化实践、难民援助、国际救灾、与国际组织合作等。近年来,社会工作的国际知名度也有所提高,社会工作和社会发展全球议程的制定、联合国庆祝“国际社会工作日”等就是很好的证明。鉴于社会工作对社会平等、社会正义和社会发展的贡献,以及社会工作在扶贫、全球化、移民、人权、气候变化等方面发挥的作用,现在似乎是时候思考社会工作应该在促进全球问题的解决和促进人类发展方面发挥怎样的作用了。尽管社会工作实践始终处于“情境中”,但越来越多的跨国专业知识交流和跨国实践成为事实,推动着该行业逐步国际化,哪怕很多时候是受全球性的政治、社会和经济危机的影响。

当然,随之而来的挑战也是社会工作不得不应付的压力,迫使我们思考:当代社会工作如何应对这些复杂而新出现的挑战?社会工作者应具备怎样的能力素养?我们如何才能在更成熟的西方社会工作模式和许多发展中国家实行的以发展为导向的社会工作模式中找到共同点?社会工作又如何在“市场”中实现“专业化”发展?

第一节　国际社会工作实践概述

本节围绕社会工作实践的几大要素,简要介绍国际社会工作实践的定位、国际社会工作实践的范畴、国际社会工作者的结构特征、国际社会工作实践的原则与方法及国际社会工作实践的执行主体。

一、国际社会工作实践的定位

虽然国际社会工作界对“社会工作(Social Work)”的理解有较为明晰的定义,但是在社会工作本土化的过程中,各国和各地区在实践中对“社会工作”都有自己的理解和偏好,对“社会工作者”的专业认知和角色定位也各有不同,从而直接影响社会工作在当地的专业发展与实践。

(一)对社会工作的专业认知

一些国家对社会工作的认知更偏向其专业特质。以美国为代表,美国政府机构、教育组织、工商企业和私人机构对社会工作者都委以重要职位,社会工作人才素质得到了广泛认可。加拿大的定义也比较符合国际世界尤其是西方国家对社会工作的核心认知,不少国家和地区,包括中国、韩国等亚洲国家也有相似的认知。当然,也不是所有的西方国家或发达地区对社会工作和社会工作者都有明确和统一的认知。比如,在英国,社会各方面对社会工作的角色和任务的认识还未达成统一。而德国则强调社会工作的双重社会职能——助人与监督。但总体说来,社会经济状况较好、社会整体发展水平较高、社会工作发展更早的国家和地区,对社会工作的认知更清晰和明确。

另一些国家对社会工作的认知则显得模棱两可,甚至社会工作处于比较“尴尬”的境地。比如,在挪威,为“社会工作”或“社会工作者”找到一个精确的或令人满意的定义并非易事。在文莱、土耳其和非洲大部分地区等社会工作还未得到法律的保护;在孟加拉国、缅甸、阿拉伯国家等,社会工作还未成为独立的职业,社会工作者也很难在其中扎根。而专业形象比较模糊的国家和地区也不少,比如,在马来西亚,“社会工作”一词被翻译成马来西亚语时,是“志愿工作”之意,与国际定义已有差距。再比如,葡萄牙、西班牙、日本、韩国、中国(除港澳台地区)等地的社会工作虽被法律认可、被国家推崇,但其职业界限还不够明晰,专业被认可度也不似美国、新加坡等那么高。要知道,美国的社会工作者普遍有较高的公信力和专业形象,新加坡从社会制度到主流媒体都不遗余力地对社会工作者这样乐善好施的形象进行表彰和宣传,可见其对社会工作的社会认可度。

(二)同盟关系中的专业定位

在社会工作实践中,很多研究与案例都指出服务对象与社会工作者的关系很多时候是“依赖”的关系,他们依赖于社会工作的专业身份,依赖于社会工作的资源联结,依赖于社会工作的“专业干预”……在诸如此类“依赖”的背景下,我们更倡导与服务对象建立一种理想的“伙伴关系”,即形成同盟。因为“依赖”意味着身份的不平等、资源的不对称,有时甚至变现为一种家长作风。而“同盟”意味着建立一种基于平等、相互尊重、一起工作和共同学习的伙伴关系。

研究指出,这种伙伴关系是打破被排斥人群和社会工作者之间僵局的一种有效手段。而与受排斥群体或社区建立同盟关系是一个复杂的经历,亦是一个持续的过程。社会工作者和社会成员需要在这个过程中一起探索、共同努力以实现共同目标的方法,而这通常是以关系不平等为特征的,所以与被排斥的群体或社区建立同盟关系需要创建在一个适当专业而放松的空间,在其中双方可以充分讨论权利关系。最后,建立同盟关系还建议采用热情、支持、非官僚主义的方法,因此,社会工作者应该时刻警惕自己的“特权”地位。

(三)社会工作的角色定位

社会工作虽然日益国际化,但在实践中仍然依赖于“环境”。目前,这种“环境”往往既是本地的,也是全球的。社会工作者在社会力量和个人行为的交汇点上运作。尽管如此,当代社会工作的运作环境是多方面的,涵盖全球、区域、国家和地方。

在大多数西方国家,社会工作承担法定福利角色,具有评估和干预需要的法律权力,而在一些发展中国家,社会工作更多地关注贫困、社会排斥、教育匮乏和资源分配等问题,更多地与人道主义、激进主义和增强权能有关。例如,英国的社会工作更加正规化,具有法定地位,社会工作的名称受到法律保护。社会工作教育以其监管机构制定的标准为基础,社会工作者有权在服务对象危机时采取干预措施。社会工作在大多数欧洲国家的主要作用是提前干预、风险最小化和促进福祉,因此,社会工作已被公认为是一项重要的公共服务,可以说是欧洲社会模式中的一个重要元素。

而在全球大多数发展中国家,社会工作通过社会和政治行动来影响社会结构的变化。例如,社会工作和社会发展全球议程的第一份报告(IASSW,2014 年)表明,社会工作在整个非洲大陆是一项成熟但大多不受监管的职业,尽管一些国家政府已在讨论其正规化发展。另外,在亚洲地区,尤其是在中国和印度,开设社会工作专业的学校的数量正快速增长,已经培养出大量在基层工作的社会工作者。在印度,全球化及其对印度人民的严重影响进一步激化了国内群众运动,助长了更激进的社会工作干预,比如,对因跨国水电项目而流离失所的穷人的大规模支持、对工业事故受害者的支持和促进人人平等的宣传运动等。又比如,印度的一些社会工作学校有社会行动项目,以倡导和改善无组织的建筑工人、边缘化的渔业社区、被贩卖的妇女和儿童、街头儿童的非正式教育和艾滋病毒感染者的情况。但值得警惕的是,虽然边缘人群、弱势群体的风险和脆弱性是社会工作实践背后的驱动力,但这些社会工作的干预很多时候并没有西方社会工作背景下所理解的“法定干预权力”。

二、国际社会工作实践的范畴

(一)国际社会工作实践的基本领域及扩大

根据国际社会工作的产生过程和解决问题的特点,我们可以把国际社会工作实践的领域分为基本领域和拓展领域。国际社会工作的基本领域是指国际社会工作发挥作用的传统领域,服务于有需要的人群和社会领域,对象主要为弱势群体、困难群体等。国际社会工作始终以帮助社会上受到损害的个人、家庭、社区和群体为目标;它的任务是采取各种适当的措施援助那些由于贫困、疾病、冲突,由于个人、家庭或社会群体在经济上和社会环境中失调而陷入困难的人。

随着全球化步伐的加快,不但原已存在于各自内部的问题日益“全球化”,社会工作的对象也更加多样化了。首先是国际移民的大量涌现,世界上每天都有许多移民在不同国家之间流动。其次,随着全球化的进程加快,世界上发生的一些事件、灾难、冲突和战争,也使社会工作的帮助对象变得更加多样化。国际社会工作实践的内容与范围也是丰富多彩的。国际社会工作不再局限于提供福利与服务,还包括建立世界粮食保障和安全系统;妥善处理和安置世界上的难民;国际性救灾、救济和援助,保护妇女和儿童的合法权益,增加他们的福利,减轻对他们的歧视、迫害与折磨;处理社会、人道和文化问题;发展国际合作、工业化和世界贸易、自然资源与生态环境、人权问题、妇女地位、人口与发展、社区福利、教育、卫生及有关问题,防止犯罪、对滥用麻醉品的管制以及许多其他国际问题。在现代社会中,国际社会工作实践的领域还在不断扩大。

(二)国际社会工作实践的重要领域

国际社会工作关注某些最为严重的全球问题,例如饥饿、住房缺乏、身心残疾、家庭暴力与儿童虐待、践踏人权及恐怖主义,并以治疗受害者或寻找预防这些问题的方法来表达关注。下面仅对国际社会工作实践的几个重要领域进行简单介绍。

国际儿童青少年服务是指对未成年人的保护和福利服务,最基本的服务包括对难民儿童、流浪儿童的救助,对受虐儿童的援助,对儿童的受教育权的保护,以及救助童工、对沾染不良行为的少年儿童的帮助等。另外,儿童青少年发展也是国际儿童青少年社会工作的重要内容。

国际老年人服务是社会工作的传统领域。最基本的服务包括老人家庭服务、医疗保健服务、社会适应服务、老人救助服务等。另外,老人发展与社会参与也是国际社会工作的重要内容。

残疾人士是因肢体或智力等生物器官缺失或功能不足而基本生活发生困难者。国际社会工作针对残障人士开展康复服务。康复服务是通过物理治疗和精神康复,提高残障人士的技能,并创造环境帮助他们参与社会生活和融入社会。另外,帮助有劳动能力的残障人士就业,对残障人士实施法律援助也是国际社会工作的重要内容。

妇女社会工作是以妇女为服务对象的社会工作，是针对全球所有女性开展的服务，包括对所有女性的保护，反对对女性的伤害和歧视，通过女性能力建设、家庭和社区良好氛围的建设、发展女性的社会支持系统等，促进女性的社会参与。针对特殊苦难妇女开展的服务有：为难民妇女提供服务，包括避免武装袭击和其他形式暴力的伤害；免受不适当的长期拘留；赋予难民妇女社会经济权利；提供食物、住所、衣服和医疗等基本物品。

移民在许多意义上是一种全球现象，它存在于全球各地。移民工人、流离失所者、寻求庇护者、被贩运者等的处境往往使他们很容易受到虐待、剥削和不人道待遇。社会工作者针对移民开展的服务有：离开原籍国前的培训服务、国（境）外就业服务、移民回国服务等。

地区发展包括一系列综合性的长期的发展项目，社会工作者在地区发展（社区发展）领域开展的服务有：社区教育、基本卫生保健、居民能力建设、地方创收计划、小微信贷银行、以社区为基础的福利项目、自助团体、培育社区领袖等。社会工作者在帮助居民选择发展项目、进行社区规划、发展社区教育与社区卫生适应等方面发挥着关键作用。

反贫困是人类在共同发展过程中所面临的共同难题，反贫困社会工作是为保障贫困群体基本人权和发展的工作。社会工作者在反贫困领域开展的服务主要有：参与社会政策建设；发挥专业优势，帮助贫困人群制订减贫计划；同当地政府、非政府组织一起从事减贫活动，为贫困群体提供有效的资源链接，等等。社会工作者在全球反贫困实践过程中发挥难以替代的重要作用。

冲突后重建过程的某些方面与社会工作的传统专业领域密切相关。国际社会工作者在冲突后重建领域的许多方面都能够提供服务，如：人道主义援助、交战各方之间的和解、为遭受战争创伤的人提供心理社会项目、加强社区关系和提高社会凝聚力、重建社区，以及建设更强大、更和谐的多文化社会。

除了上述领域，国际社会工作还包括跨国企业社会工作、军队社会工作、民族社会工作等。

三、国际社会工作者的结构特征

（一）数量结构

一些国家社会工作人才占比较大，因此与其社会服务需求之间的差距较小。比如美国社会工作者队伍十分庞大，一项研究统计，在美国约 500 人就有一位专业社工。据美国政府的统计，从 2012 年到 2022 年的十年间，社会工作者总人数达到 72.15 万人，其增长率高于美国其他职业的平均就业增长率，尤其是医务社会工作者就业人数的增长率独占鳌头，高达 50%。另根据英国国家社会照顾委员会的统计，英国现阶段包括社会工作者在内的社会照顾工作者达 150 多万人，其中注册社会工作者人数在 100 万以上。而在德国，在公立型和自由型社会服务机构中工作的社会工作者、社会教育学工作者、教育工作者、心理工作者的总数超过了德国所有汽车行业的人员总数，亦是比较庞大的一支队伍。

一些国家社会工作需求极大，专业人才紧缺。比如，在意大利，截至 2012 年 9 月 30 日，意大利有 40065 名注册社会工作者，即每 10 万中仅有 63 人。在中国，相比中国香港地区每万名民众拥有约 13 名社会工作者，内地虽然各省市之间相差较大（比如沿海地区和内陆地区），但平均每万名民众只拥有约 1 名社会工作者，其中还包含部分民政系统、社区中仅仅考取了社会工作者资格证书的工作人员。可见社会工作专业人才缺口巨大。另外，研究显示澳门地区平均每年对社会工作者的需求人数为 76 人，而澳门本土社会工作院校每年培养的毕业生才 80 ~ 90 人。

从数量变化速度上看，一些国家的社会工作人才增长速度较快。其中中国大陆最为惊人，数据显示，2018 年，中国社会工作者职业水平考试报名人数首次突破 40 万人，到 2021 年就超过了 82 万人；2021 年年底全国社会工作人才总量则超过 157 万人，可见其增速惊人。这与中国政府和政策的支持密不可分。而同属亚洲的日本，三大“福祉士”（类似社会工作者）的注册人数在过去 20 年大幅度增加。社会福祉士的注册人数从 2000 年的 18517 人增长到 2019 年的 233517 人；精神保健福祉士的注册人数从 2000 年的

4169 人增长到 2019 年的 85122 人；作为需求最为旺盛的介护福祉士则从 2000 年的 175676 人增长到 2019 年的 1624829 人。据研究预测，2025 年医疗和社会福利行业从业者数量需求将会突破 930 万人。

另外，部分国家人才增长速度不快，但已能较好覆盖其社会需求，甚至有的地区专业人才呈饱和状态。比如，瑞士的专业社会工作者约占全国总人口比例的千分之三。新西兰 2006 年人口普查统计全国共有 13170 名社会工作者，其中外来人员约占三分之一，注册社会工作者约为 6000 名。到了 2017 年，其注册的社会工作者有 6633 人，其中外来人员已经超过三分之二。而韩国截至 2018 年 11 月，发放社会福利师资格证（一级、二级、三级）的总数为 1017553 件。其中，一级社会福利师 146017 件（14.35%），二级社会福利师 857973 件（84.32%），三级社会福利师 13563 件（1.33%）。在韩国，这一职业早已达到了饱和状态。

（二）性别与年龄结构

纵观国际，社会工作者群体在性别和年龄上具有普遍性特征。一般从事社会工作的女性占大多数（七成左右），以青年为主，年龄主要分布在30～50 岁。

具体地，一些研究数据显示：在美国，绝大多数（62%）注册社工的年龄介于 30～50 岁，77% 的是女性，男性只占 23%。在加拿大，大约 80% 的社会工作者和 75% 的社区与社会服务工作者是女性。在英国，社会工作者的平均年龄为 35 岁，女性占比为 80% 左右。在挪威，大多数社会工作者是妇女。在日本，社会工作师合格人数中女性占 60% 以上，男性占 30% 左右。在中国香港地区，男、女社会工作者的性别比约为 1:2.3。在韩国，男性社会福利师约占 26%，女性社会福利者约占 74%，年龄集中在 20～50 岁。在肯尼亚，社会工作女性从业者占 63.9%，男性占 36.1%。申请入读社会工作学校的学生也大多是女性（占 71.2%）。在孟加拉国，由于社会工作不是一个独立的职业，大量女性从业者除了本职业之外，还参与了志愿社会福利工作的各个方面。

（三）学历结构

总的来说，大部分国家和地区的专业社会工作者都具有专科及以上学历和社会工作专业背景，但各个国家和地区之间又略有差异。

社会工作学历素养最高的要数美国，其 90% 以上的社会工作者都是硕士及以上学历。在英国、德国、新西兰等欧洲国家和中国、日本、韩国、新加坡等亚洲国家，大多数社会工作者接受过高等教育，具有相关专业背景，比如社会教育学、社会工作、社会福祉学、社会政策、心理学或教育学等专业的背景。

而有的国家和地区则无法达到较好的专业水平，如泰国、缅甸、菲律宾、马来西亚等部分东南亚国家。一项马来西亚社会工作从业群体的研究显示，只有 43% 的受访者获得了社会工作者协会颁发的职业证书；在持有执业证书的人群中，有 14% 的人拥有与社会工作专业相关的教育背景。2007 年，有数据表明该国有 10% 的社会工作者接受过社会工作培训。同样在肯尼亚等非洲国家，只有 1% 的社会工作从业人员的最高学历是社会工作硕士学位，此外，25% 的人拥有社会工作学士学位，16% 的人只有社会工作从业资格证书，8% 的人取得的是与社会工作无关的其他资格。一部分原因是其目前社会工作专业教育的培养能力还不够，只有一所大学培养社会工作硕士人才。另外，由于政府资金不足，很多学校无法开办更多社会工作研究生课程。

四、国际社会工作实践的原则与方法

毫无疑问，社会工作已经看到全球化的危害及其对社会问题的影响，这要求社会工作应及时做出相应的改变，探索更能针对当前社会环境、适宜解决当前问题的实务理念与方法。在这方面，目前已有研究提出了一些见解，认为国际社会工作实践更强调以下原则与方法。

（一）参与

这里的“参与”主要侧重“社会工作者的参与”而非传统理解的“案主参

与”。“参与”反映了一个发展和进步的过程,是一个积极导向的举动。这里的“参与”不是线性的,而是环形的。同时,“参与”意味着运动,意味着某种程度的“失控”;“参与”也意味着“失去中立”,表明立场。因此,基于“参与”原则的方法与要求“保持专业距离、区别个人与专业界限、情感分离”的方法相矛盾。

具体来说,“参与”是一个复杂的概念,表现在情感(或情绪化)、同理心(或道德)、智力(或知识)和行为四个不同的层面。第一,情感层面,意味着社会工作者将他(她)的情绪带入正在完成的工作中。也就是在与服务对象建立个人关系的过程中社会工作者需要进行情感投资,而这种情感投资对我们服务的个体和社区都很重要。第二,同理心层面,要求社会工作者参与被排斥个体或社区时需要对其处境和痛苦具有同理心或者进行道德认同,换句话说,需要采取明确的道德立场去反对那些排斥,从而给那些被排斥和边缘化的群体更多的支持。第三,智力或知识层面,要求社会工作者成为“知情的参与者”,因为诸如社会排斥等问题,它们是一种高度复杂的社会现象,欲根除它意味着社会工作者需要具备相应的知识与技术基础,从而才能与这些群体一起长期工作。第四,行为层面,这是参与的社会工作实践需要的“实际的、工具性的”维度。参与式的实践表现出高强度性,需要能够触发行动,照亮心灵,激发希望。所以,参与原则意味着高强度的工作,意味着具有包容性和密集性的行动,意味着即使没有立竿见影的效果也要坚持不懈。

(二)倡导

倡导是社会工作实践的一项重要原则和方法,常用来促进政策改变,或减少多重剥夺,或促进社会融合等。一般地,倡导的目的是帮助被边缘化的人和社区发声,支持他们表达他们的主张和忧虑,并计划和实施有效的工作策略来帮助他们对抗那些社会排斥和不公正。总的来说,倡导也是一个有很多层面的综合性概念,诸如,倡导可以指试图通过加强公民参与来改变政策或影响政府和国家的决定,以促进集体目标或利益。倡导也意味着采取联合行动以改变那些影响人们生活的政治、经济、政策或资源分配决策。

社会工作者应采取积极措施,让倡导过程的受益人——个人、家庭或社区——在倡导活动中发挥积极作用,包括参与整个倡导过程的规划、执行和评估等。而倡导的形式非常多样,通常以宣传活动为主,包括公共教育、影响公众舆论、动员群众、政策设计、游说行动、政策实施和监督、法律宣传、研究问题并提供建议等。倡导策略通常会随着时间而发展,活动和期望的结果会迅速变化。

五、国际社会工作实践的执行主体

(一)政府部门

毋庸置疑,当地政府是大部分(几乎所有)国家重要的社会工作执行主体之一。无论是发达国家还是发展中国家,在社会工作的发展中政府都起着重要作用,担任了重要角色,只是不同国家和地区政府功能的发挥情况有所不同。在很多国家和地区,比如英国、中国、东南亚诸国等,大部分社会工作者都受当地政府的统筹管理,政府是推动社会工作运转的关键枢纽,社会工作是政府向社会提供的公共服务产品,政府认可社会工作在解决社会问题、提升人民生活福祉上的作用,并将其看作国家社会福利体系中非常重要的一个环节。

(二)非政府组织

非政府组织(NGO)或社会组织则是社会工作最主要的执行主体之一,也是社会工作实践重要的组织环境。一个地区的社会工作发展得好与不好和当地是否有足够而多样化的社会组织不无关系。比如在英国,有40多万个社会组织,他们活跃于法律、劳工、战争、公共设施等各个领域。在美国,约有100万个社会组织,遍布全国,服务范围十分广泛。在瑞士,700多万人口中,就有各类社会组织10万多个。在德国8000多万人口中,各类社会组织达40多万个。在中国大陆地区,截至2018年年底,全国省级、地市级及县级社会工作行业协会共计867个,社会工作服务机构近10000家,而这些数据还在增长。社会组织不仅广泛存在于社会服务、医疗卫生、文化教育等传统公共服务领域,新世纪后更日趋活跃于环境保护、急难救助、社区重建、社会融合等新兴领域,与社会工作的服务范畴广泛重合。

当然,很多情况下,政府与非政府组织是协同合作的关系。社会工作的实践往往通过政府购买服务来实现。在很多国家,政府都有自己的福利项目计划,一部分由社会工作部门或政府主导的社会工作机构来执行,另一部分政府则会购买非政府组织尤其是社会工作机构提供的服务,双方通过签订协议达成服务的共识。可以说社会工作越发成为一个综合的服务体系,是由政府、社会组织、志愿团体等共同组成。

第二节　国际社会工作实践的制度保障

一、国际社会工作认证制度

总体来看,社会工作职业资格的获取和认证主要有三种方式:一是由检定单位,或专业机构,或政府相关部门,对于申请者进行专业审核,若合格则给予专业认证,准予使用“专业头衔”;二是通过考试或申请方式获得相应职业资格执照,获得专业上的“法律保护”,未领取执照者就不能从事社会工作专业活动;三是通过相对简单的注册流程成为职业人员,通常只要符合某些基本资格即可向特定的机关注册。在三种取得专门职业认证的方式之中,以执照考取最为严格,其次是资格认证方式,最后是注册制度。其中大部分国家和地区的社会工作都采用考试和审核认证的方式进行社会工作资格认证。

从各国和各地区社会工作者的资格认证制度来看,不同国家和地区对于社会工作者资格的取得有其不同的规定,例如美国、加拿大、日本、韩国、中国台湾地区、中国大陆地区等主要采取考试制度以获得社会工作职业资格,而英国、中国香港地区、新加坡、德国、新西兰等地则单纯采取注册制度。

(一)社会工作职业考试制度

考试制度在不同的国家和地区也不尽相同,具体如下:

在韩国,社会福利师的资格主要分为一级社会福利师和二级社会福利师,其资格认证结合了资格考核和考试两种手段。具体地,二级社会福利师需要完成指定的10门必修专业课(包含120个小时以上的实习认证)及4门选修专业课后方可取得认证;一级社会福利师则需要在取得二级资格的基础上,通过国家统一的职业测试来取得资格认证。由此,韩国的社会福利从业人员多集中在二级资格(中级)水平。

中国大陆地区和中国台湾地区,都主要采取考试的方式获得资格认证。两个地区对报考资格都有具体而明确的要求。比如中国大陆地区要报考助理社会工作师(初级),需满足以下条件之一:取得高中或者中专学历,从事社会工作满4年;取得社会工作专业大专学历,从事社会工作满2年;社会工作专业本科应届毕业生(包括已经取得社会工作专业本科及以上学历、学位的人员);取得其他专业大专学历,从事社会工作满4年;取得其他专业本科及以上学历,从事社会工作满2年。若要报考中级或高级社会工作师则有更加严格的要求。

在日本,也必须先通过国家资格考试,方能登记注册成为社会工作师。社会福祉士(社会工作师)的取得途径相当多元,可以简单概括为4种:①在4年制大学修完指定科目后毕业的人;②在2年制(或3年制)短期大学修完指定科目毕业,并在指定机构从事2年以上(或1年以上)咨询援助实务的人;③在社会工作短期培训机构(6个月以上)毕业或修业完毕的人;④在社会工作一般培训机构(1年以上)毕业(结业)的人。社会工作师国家资格考试根据不同的培养层次、修业年限、科目修读选择情况等会增加相应的条件。另外,日本社会工作师国家资格考试特别注重实务经验,并将在儿童领域、高龄者领域、残障者领域的实务经验作为资格申请的重要条件。

在这些国家,社会工作者的考试通过率一般都不高,基本不超过30%,但丝毫不影响考生的报考热情。

(二)社会工作职业注册制度

在英国,“社会工作者”是受当地法律保护的一种职业名称。从2005年开始,英国政府开始要求所有社会工作者进行注册。新的注册制度具有强制性,英国规定:没有注册登记的人,即使从事的是社会工作实务,也不可称自己是社会工作者。而获得专业社会工作者资格的唯一途径就是在高等教育阶段学习,取得职业资格。所有在校本科生、硕士生均可注册登记,有效期为7年。对于在职社会工作者,注册机构需要根据申请表审核其实务工作年限和教育背景,通过审核者,注册有效期为3年,但重新注册有继续教育的要求。另外,英国对低于本科学历的注册者还有额外的要求。

新西兰于2003年成立了社会工作者注册局,并建立注册制度。在新西兰社会工作者注册是一项自愿的制度,未注册的社会工作者不能称自己为"注册社会工作者"。其注册的条件包括五个方面的内容:一是拥有一个被承认的新西兰社会工作学历;二是确定一个社会工作者是否是合适的人选;三是胜任社会工作服务;四是胜任为毛利族和其他不同的伦理和文化群体提供社会工作服务;五是实务经验。社会工作者注册制度也规定如果社会工作者的实务经验被认为足以抵偿没有拥有被认可的学历资格,也可以获得注册。所有的注册社会工作者都需要五年重新注册一次,其中从事实务的注册社会工作者需要每年获得一个实务资格证书。

在加拿大,同样只有经过注册的社会工作者,才可以自称"注册社会工作者"。社会工作者注册局不是政府部门,是政府按照条例聘请的专门机构。一方面,加拿大各省《社会工作者法案》规定了成为注册社会工作者的具体条件,尽管各有不同,但一般都包括:在经认证的社会工作机构工作满一定小时数;通过特定测试;性格要求;工作或实习督导的推荐信;无犯罪记录证明等。另一方面,社会工作作为一项职业,受到政府和社会的普遍重视,良好的社会信任度使其被很多机构和部门列入可以作为担保或保证人的职业之一。注册社会工作者在机构中一般担任专业和管理工作。

中国香港地区与大陆和台湾地区有所不同,主要采取注册制度,自1997年开始,香港对社工采取强制注册管理。其注册的资格有二:一是持有社会工作者注册局认可的社会工作学位或文凭;二是非持有社会工作学历或文凭,但正担任社会工作职务,且在某一期间内获取认可的社会工作学位或文凭者。香港的注册制度主要基于认可的文凭或学位,社会工作一经注册后,只要每年缴交费用又无触犯法律或守则,就可延续其注册地位。

（三）综合认证制度

美国比较特别，其社会工作资格认证可称为"双轨制"：一为州政府颁发的职业执照，二为美国社会工作者协会颁发的资格证书。

美国社会工作执照制度具有强制性，通过考试获取。目前美国除少数例外，社会工作者都必须通过执照考试，获取执照资格，方可在本州开展与所参加的执照考试相对应的社会工作。可考取执照类型主要有五个层次：社工准学士学位层次执照、社工学士层次执照、社工硕士层次的执照、高级通才社工师、临床社工师。五个层次依次由低级到高级，对学历背景、实务经验等的要求各不相同，考试内容也不一样。除上述执照之外，还有独立私人执业执照（PIP）、独立社会工作者执照（LISW）、注册专家临床社会工作者执照（LSCSW）、注册临床社会工作者执照（PSW）、助理临床社会工作者执照（ASW）等一些州自设的执照资格。执照制度由各州政府统一实施。

美国社会工作职业资格认证制度是非法律层面的，其中以美国社会工作者协会的认证项目最具代表性。该协会的认证包含五种不同的标准：①学会认证社会工作者（ACSW）；②持证临床社工师（QCSW）；③临床社会工作学位标准（DCSW）；④学会认证本科社会工作者（ACBSW）；⑤学校社会工作专员（SSWS）。除此之外，美国临床社会工作审查委员会创立了委员会认证学位临床社会工作（Board-Certified Diplomate in Clinical Social Work），它不同于美国社会工作者协会的临床社会工作学位标准（DCSW），是一项独立的认证标准。经过多年的努力，目前美国 50 个州都推行了社会工作执照或职业资格认证制度，这些职业水平资格的专业学位、工作经历、领域贡献等申请条件都要比执照考试的高。

总体来看，各地的社会工作者认证制度，不论是注册还是考试并没有悬殊的差异，只是依据各国和地区的法规制度或者文化传统而有不同的设计。但由谁来主导制度运行，却是其中需要特别注意的关键点，在英国、美国等国家的制度中，是社会工作专业组织主导考核；在日本、中国大陆等国家的制度中，是以国家和行政主管部门主导考试。从这些国家和地区的社会工作专业制度发展史中可以发现，主导者不同所导致的专业发展状况及面对的问题也不同,这也让我们思索社会工作的发展没有好与坏,只有适合与不适合。

二、国际社会工作岗位制度

(一)社会工作者的从业条件

社会工作的专业门槛与职业条件往往与学历层次和专业背景挂钩。各国对社会工作岗位都有自己的或严格或宽松的职业门槛。在社会工作发展较好的国家,对社会工作的职业门槛有较严格和明确的要求。相比之下,其他国家和地区对其入职的要求则相对模糊。

比如在美国,社会工作岗位的最低要求是取得学士学位,不过硕士学位是大多数岗位的普遍要求,学历越高,待遇越高;其岗位技术技能要求越高,待遇越高。另外,社会工作岗位还有全职和半职之分,两者的比例通常在3:1。而在加拿大,各省对社会工作者的入门标准有所差别:在学历要求上,多数省份把专业本科学历作为加入社会工作协会或者成为注册社会工作者的条件;有的省则规定社会工作者需要经过认证后才能从业,也可以选择注册,经获准后成为注册社会工作者。总之,两国的制度比较相似,其各种政府和非政府服务机构都根据自身特点,对相关的岗位或从业条件提出了明确要求。在政府举办的社会福利机构中,很多岗位都要求有社会工作专业背景。在医院等卫生机构中, 由于医务社会工作的特殊要求,社会工作岗位都是由具有硕士学位的人来担任。

在英国,没有注册登记的社会服务人员是不被官方认可的,并且一旦在职业岗位上有过失,就无法得到社会工作行业协会或相关组织的支持。其基本的从业条件是必须获得3年及以上的大学社会工作学位。在新西兰,社会工作实务人员必须持有 Annual Practising Certificate (APC)才能合法地从事社会工作。新西兰本地还有很多职业培训机构来帮助专业的社会工作者进行具体的技能培训和相关领域的初、中、高级专业资格考试培训。在葡萄牙,社会工作服务也主要由该领域的毕业生承担。

在新加坡,政府对于社会工作者资格有严格的要求。拥有鉴定证书除了需要社会工作大学学历之外，还必须拥有全职社会工作经验满 1 年以上，以及至少 80 个小时的培训时间、1000 个小时的监督实习和 2 名推荐人。同时，还增加了临时社会工作者资格鉴定，不需要相关的培训与监督实习时间，资格鉴定的有效期为 2 年，需要至少 60 个学分的持续专业教育。另外，新加坡社区发展、青年和体育部所属的儿童照顾中心和家庭服务中心也要求从事社会工作服务的工作人员必须具有社会工作训练背景，有的部门还专门为社会工作者设立了每月 150 新加坡元的岗位津贴以吸纳有资质的专业人才。在中国香港地区，社会工作者除了必须通过社工理论知识课程的考试外，还必须在督导下完成 800 个小时的社会工作实习。

（二）应对新的国际问题

全球化已经影响了所有社会，并产生了社会工作者需要解决的诸多“新”问题，例如对移民工人的剥削和人口贩运问题，社会环境的恶化和对健康的影响问题，跨国婚姻中的家庭暴力和纠纷问题，国际移民的适应与福利问题，贫困地区的救助与医疗服务问题……但是，还有更多的国家和社会并没有意识到全球化带来的诸多影响和社会问题的严重性。比如，日本作为全球性问题比较突出的代表之一，当地社会工作还没有很好地解决与全球化有关的问题，而厚生劳动省似乎也并未意识到社会工作者在解决上述问题中的重要作用。

另外，一些共性的国际难题，比如贫困问题、公共卫生危机干预、环境保护等，社会工作的参与度和作用发挥也是有限的。以贫困救助工作为例，在一些发展中国家，比如中国、印度、菲律宾等，协助政府和人民消除贫困是社会工作最重要的工作之一，社会工作者也通常进入偏远地区、贫民窟、街头等为需要的家庭和个体提供直接的服务与支持。但是，正如许多西方国家的反贫困经验一样，社会工作在社会救助和反贫困工作中更多关注困难人群的表层需求，而忽视了贫困和边缘化所带来的社会层面的深层问题。同时，社会工作者的话语权和倡导在社会制度制定和社会政策施行方面也很微弱。因此，诸如这类国际性问题或较大的社会性问题，社会工作“被看得见”的作用和效果并不如社会工作自身预期的那样好。这也让社会工作的职业认同与社会认同之间存在不小的差距，在面向越来越紧迫的国际“新”问题中，社会工作是否会被当地社会给予足够的信任，并获得足够的社会支持，在不同国家可能会有完全不同的结果。

（三）社会工作者的岗位设置

社会工作者的岗位设置主要有两种：一种是来自政府部门的岗位设置（可谓公务员），一种是相关机构（包括政府和非政府背景的社会服务机构）的雇佣。当然也有极少数的私人或个体营业者。

在美国，40%左右的社会工作岗位由政府提供，其他多由独立的或承接政府项目的大型机构提供。而大约90%的岗位是在社会服务与社会福利领域，并且绝大多数是一线工作。美国社会工作岗位范畴非常广，是其他行业无可比拟的，比如社会工作岗位可能出现在公共代理处、私营企业、医院、诊所、学校、疗养院、公安部门、法院等各种场所。在加拿大，据统计，74%的社会工作者受雇于健康与社会服务行业，19%受雇于政府部门，受雇于私营事务所的社会工作者数量相对较少。在英国，有三分之一的社会工作者直接受雇于各级社会工作部和社会照顾委员会，其余三分之二则是为私人或非营利机构服务的。英国的院舍照顾和居家照顾领域就业的注册社工最多，超过50%的比例。

在中国大陆地区，截至2018年年底，各地在城乡社区、相关事业单位和社会组织等共开发设置了38.3万个社工专业岗位，全国社会工作服务站已建达到5.1万个。虽然中国政府提供和购买了诸多社会工作岗位，但社工并不是公务员身份。中国台湾地区的社会工作者分布在非政府组织的超过半数。中国香港地区的社工也大都从属于各个社会服务机构。香港的社会工作专业组织分为两大类，一类是隶属于社会福利署的部门机构，另一类是非政府的专业服务机构（约占总数的3/4以上），这些组织承担着香港80%左右的社会服务工作，是香港社会工作的主体力量。在中国澳门，社会服务团体、医院、学校、相关政府部门都设置了专门的社会工作岗位，为社会工作专业人才提供了广阔的就业空间。

另外，在西班牙，许多社会工作者受雇于公共社会服务系统，而有些社会工作者倾向于在特定的第三部门领域工作，比如协助解决残疾、消费、无家可归、严重排斥等问题。在澳大利亚，社会工作者大多受聘于公共部门，分布在联邦政府、州和地方政府各个层次的社会服务、健康和矫正服务部门，承担一线社工实务和社会工作的管理、政策策划等工作。公益类社会组织也是澳大利亚社会工作者就业的一个重要部门。在孟加拉国，社会工作实践也主要是在公共、非营利和营利机构中进行。

相比之下，以下国家来自政府背景的岗位设置比重较大，尤其是福利国家。在英国，超过 90% 的社会工作服务人员受雇于各级政府的公共服务部门，其余相当一部分社会工作服务人员受聘于志愿服务组织，只有极少数在私营部门工作。在挪威，社会福利办公室成为社会工作者的最大雇主，也成为普通挪威人最可能进行社会工作咨询的地方。对挪威的社会工作人员来说，这意味着他们的工作已经具有了很浓重的行政色彩，而且，现在更多地受规章制度的影响。在意大利，10 个社会工作者中有 9 个是公务员，自由职业者几乎不存在。市政府雇用了近一半的社会工作者。还有新西兰的社会工作者有一半工作于政府所属的公共机构，一半工作于非政府机构。新西兰社会发展部所属的儿童青少年和家庭服务、司法矫正服务、毛利人服务等成为社会工作者工作的重要领域。新加坡的社会工作者也有大约一半工作于政府的公共部门，在政府所属的儿童中心、家庭中心、医院、监狱等机构都有大批的社会工作者从事一线服务。

最后，特别的是，南非的社工实践主要在两个重要的互相联系的体系中开展，一个是正统的社会福利体系，由国家组织并由国家提供资助。正统社会福利体系中的社工实践分为 7 个领域，这个体系由政府机关和志愿人员构成。另一个是非正统的社会福利体系，它通常与一种反种族隔离、支持民主的理念联系在一起，没有政府财政援助。这种非正统福利体系用以抵制种族隔离政策，它包含两个主要的社会团体，一个是与反种族隔离组织相联系的社会工作服务体系，一个是在教会的帮助和支持下发展起来的社会工作服务体系。相比正统的体系，后者所雇用的社会工作数量较少。

三、国际社会工作薪酬制度

社会工作行业的薪酬水平从大部分国家的情况来看处于中等，当然主要还看社会工作者在当地的社会声誉和认可度,以及社会工作者自身的资格水平。总之较多的社会工作研究显示社会工作的薪酬低于社会工作者的实际付出。下面是小部分国家社会工作者的薪资状况。

在美国,社会工作者年收入高于普通职业。但是不同的职称和资质薪酬待遇也有较大差异。以学士学位起步的社会工作者年薪一般在3万~4万美元,硕士学位年薪可达4万~5万美元,少数经验丰富的私营从业者和高级管理人员的年薪可高达10万美元。不同领域的社会工作者薪酬也有差别,比如资料显示,在儿童、家庭和学校领域社会工作者的年收入均值在4.6万美元以上,医疗领域的社会工作者年收入均值在5.4万美元以上。

在加拿大,社会工作者的收入相当于中产阶级。一般来说,一线社工年薪大约是3.5万加元;在政府举办的福利机构工作的一线社工,年薪可达4.5万加元;社会工作的主管、督导,年薪可达6.5万加元以上。而另一些研究指出,加拿大社会工作者的收入比较低,其年收入要低于其他的服务工作者。

在澳大利亚,社会工作者的薪酬待遇处于中等水平,其年薪起薪一般在4.2万澳元,与护士专业的本科毕业生起薪相当;初级社工年薪为5.5万~5.8万澳元,与护士相当,高于初级讲师;中级社工年薪约为6.5万澳元,相当于副教授;高级社工最高年薪为15万澳元,远高于大学教授。至于在非政府服务机构从业的社会工作者,其薪酬一般略低于政府雇用的社会工作者。

在新西兰,2005年的统计数字显示,社会工作者的年薪平均为4.8万新西兰元,高于幼儿教师的3.2万新西兰元、特教教师的4.5万新西兰元。

中国香港地区社会工作者的薪资水平较高,持有文凭、学位学历的注册社工每月起薪约为1.6万港币,而高级社工月薪可达5万~6万港元。中国大陆地区薪资水平相对港澳台地区较低,各省市间差距也较大,一般初级社工的薪资水平在每月3000~6000元不等,资质越高、职位越高薪资水平越高。

在新加坡,刚毕业的社会工作者的平均年薪为2.4万新加坡元,具有10年工作经验的社会工作者的平均年薪为7.2万新加坡元,而新加坡国民的平均年收入为3.15万新加坡元。

四、国际社会工作财政拨款制度

无论在哪个国家,社会工作的发展或多或少都与国家财政挂钩,社会工作的本质也和国家福利政策分不开。因此,从各国社会工作的资金来源来看,政府财政是主要来源。而政府财政支持社会工作发展主要有以下两种方式:

一种是由政府直接举办机构提供社会工作服务,政府直接给予财政拨款,如澳大利亚、新西兰、新加坡、英国等国家政府所属的老年福利机构、残疾人福利机构、儿童福利机构、家庭服务机构、学校、医院、监狱等。2007 年的数据显示:新西兰政府财政投入已经占到社会工作经费来源的 75% 左右,澳大利亚政府财政投入已经占到社会工作经费来源的 70% 左右,新加坡政府财政投入已经占到社会工作经费来源的 60% 左右。虽然受经济形势影响,很多国家现在在福利服务上的支出有所削减,但社会工作的主要经济来源还是政府财政。从德国社会组织的经费 70% 来自政府,瑞士社会组织的经费 90% 来自政府就可见一斑。

另一种是由政府购买社会组织提供的社会工作服务,例如中国、美国、越南等国家。据中国的数据显示,2018 年各地社会工作资金投入 61.12 亿元,其中,上海、广东资金投入超过 14 亿元,北京超过 5 亿元,天津、江苏、浙江、河南、重庆超过 2 亿元。虽然在购买社会工作服务总额上各有不同,但是中国社会工作的主要资金来源于政府财政。

第三节 国际社会工作实践的变化与挑战

经济全球化和后现代主义思潮逐渐成为世界潮流。社会工作的未来发展既会受到经济全球化的制约,也会受到后现代主义社会思潮的挑战。本节将在此背景下,从社会工作出发谈一谈其变化与挑战,以共同探讨国际社会工作实践的未来。

一、全球化背景下社会工作实践的变化

经济全球化不但影响各国经济的发展,而且影响社会方面的演化。社

会工作自然也避免不了这种影响。根据相关研究分析,在经济全球化背景下,社会工作将会有以下变化。

(一)社会工作核心价值与实践原则的变化

全球经济衰退对许多国家的个人、家庭、社区和社会都造成了伤害,加深了对被排斥人群的社会孤立、依赖、多重剥夺和污名化,并辐射到了他们的年轻一代。比如,全球金融危机正在加剧社会排斥的进程,穷人仍然甚至更加贫穷和被排斥,全球金融危机进一步限制了他们进入主流社会的机会,这些机会包括在获得更优质的诸如基础教育、医疗保健、安全用水、卫生设施和住房等服务上。同时,它也扩大了社会服务的需求量,恶化了社会工作者本身的工作条件。例如,工作量的增加会加剧社会工作者的压力,增大对其心理健康产生负面影响的可能性,并破坏从业者的工作与家庭生活平衡。

这些变化,促使人们要尽快重塑社会工作的核心价值与方法论原则。有研究指出社会工作应该更加突出“参与、平等、赋权”等价值观来应对当前的变化,并主张改革传统的社会工作方法,以帮助个人、家庭、团体和社区面对危机的影响,并采取必要的行动来维护他们的福祉。举个例子,要帮助他们克服社会排斥带来的一系列问题就可能需要大量的以“参与”为基础的社会工作实践。比如英国的社会工作正在将实践活动的核心定位为反歧视和促进个人与社会发展的赋权。

(二)社会工作实践范式的变化

毫无疑问,与早期纯粹个人主义的焦点相比,社会工作实践已经有了一个向更宏观和集体立场的显著转变。因此,社会工作的实践范式也相应地发生诸多变化。

首先表现在实践视角上,无论是否是所谓的“国际社会工作者”,都应具备“国际的”“全球的”视角来开展实践。比如在微观层面上,社会工作者应考虑到“社会问题的全球化”和“全球性问题”对服务对象问题的影响,并且处理起问题和需要时也可以在“非传统地方”寻找资源。在更宏观的层面,社会工作组织可以通过开发新形式的合作来提供跨国界的服务,这可以增加现有干预策略的数量,增强其有效性。

其次表现在实践方法运用上。越来越多的社会工作实践倡导个别问题通过合作或集体行动的方案来解决,比如更加批判性地参与政策制定、实施和评估,以权威和批判性的方式参与媒体互动,更多支持服务对象参与和发声,采用团体或社区工作的方法……另外,实践方法也更强调“案主参与”“自我倡导”“公民权利”等概念。比如自我倡导小组、支持小组、赋权小组、自助小组、互助团体等团体工作方法的广泛应用就是很好的佐证。

(三)社会工作运行机制的变化

全球化产生了排斥和不安全感,而新自由主义思潮下的解决方案则缩减了福利供给,将“市场原则”纳入其中。国家已成为购买者,委托独立、自愿、非营利和商业部门的一系列供应商提供服务。这种转变将政府部门和志愿部门都吸引进“市场”,而“帮助他人”则成了一种“商品”。然而,服务购买者和服务提供者之间的职责和义务划分并未削弱政府相关部门的重要性和权威。

事实上,政府部门作为出资方,往往在确定购买“谁”的服务、购买哪些服务,以及需要服务提供方达成怎样的效果等方面发挥着关键作用。并由“合同”详细规定了相关的一切,约束服务提供方需要对其行为和结果负责。换句话说,社会工作的运行机制在原来的“需求导向”中增加了“合同约束”机制,要求社会工作不得不考虑服务的“预算”“工作效率”“服务产出”“看得见的成果”等,还要注重“开发社会服务的市场”以保证机构的正常化和可持续运作。

还有一些组织,尤其是与跨境移民有关的组织,甚至为了走得更远,将自己转变为跨国运营机构。这在欧洲城市已经产生了新的社会工作运作形式。它不仅保障了跨境移动的服务对象的完整跟进,还允许社会工作者自己跨地点工作,并与具有相似民族或种族和语言背景的服务对象建立联系。社会工作组织本身演变成跨国运营结构。

(四)社会工作实践角色与能力的变化

在许多政府部门和官方机构中,官僚主义的社会工作已经取代了传统社会工作,社会工作者不得不将其作为服务提供者的角色让给志愿服务和商业部门,他们则转向行为控制和监督管理的角色。当然,在“购买服务”的前提下,监管也是必要的,以保护出资方和接受服务方的利益。因此,如前所述,购买者必须设法通过合同规范和监督等手段来确保已经达到商定的目标。这就意味着:绩效目标必须以可衡量的形式设置;必须明确投入和产出,并计算成本;必须有“证据”证明“物有所值”;明确所有参与方的角色和责任;监测和报告机制足够到位……

这种组织服务交付方式的改变意味着社会工作者越来越多地成为“项目经理”和“会计师”的角色,他们将大部分时间花在电脑、键盘和文字功夫上,而不是直接与服务对象接触与合作。此外,对以上提到的诸如“投入和产出”进行操作、衡量、成本计算及评估等工作,意味着以前综合的服务的交付已经变得支离破碎,“量化的结果”取代了更多经验判断和过程陈述。相应地与文案写作、项目管理、财务预算、公共关系、营销宣发等符合“市场”需要的知识与技能将成为这会工作者的必修内容。

总的来说,一方面,社会工作陷入了全球化和新自由主义的浪潮中,当前的市场化和经济衰退的情境让社会工作不得不思考如何利用越发有限的资源为更多的“服务对象”提供所必需的服务。另一方面,社会工作也正在发展“专业实践”,旨在包括广泛的边缘化群体,以消除他们的污名化,并为其赋权。

二、国际社会工作的实践困境与挑战

要开展国际社会工作互动,相对容易操作的是在学术或教育层面,一直以来国际上也持续着这样的互动。但多年的经验表明,理想中“国际社会工作”进展依然缓慢:一来,那些经济、社会环境相对落后的国家参与国际交流的机会和可能性本就更小,其学术研究等在国际上的影响力也更弱。亚洲、非洲、阿拉伯国家、南美洲等第三世界国家的部分研究可以证实以上观点。二来,在社会工作知识与方法的传播上,占主导地位的传播者还是英美国家,而亚洲、非洲、中美洲、南美洲的第三世界国家更多作为接收者,很多曾是英美国家殖民地的国家和地区,比如东南亚国家、非洲国家,早期的社会工作发展都不可避免地出现了照搬照抄英美模式的做法，直接导致社会工作的“水土不服”。因此，可以说这种社会工作原理与方法论的传播，其实是“单向”输出，甚至一定程度上抑制了适合本土需要的社会工作的出现与发展。因此，国际社会工作不仅仅是专业社会工作在全球范围内的传播，还涉及与当地环境相关的实践的发展。粗浅地来说，目前国际社会工作实践还面临以下挑战。

(一)难以解决的分歧

当前，尽管加强了国际社会工作的交流与互动，但各国和各地区社会工作者在一些重要的议题上仍存在严重分歧，而对于该行业在这些问题上应该采取什么立场，几乎没有一致意见，对于国际社会工作的性质以及专业人士对课程和社会工作实践国际化的承诺存在分歧，在什么是国际社会工作、国际社会工作实践应包含哪些内容等重要概念上也存在不确定和争议。尽管许多社会工作者强调加强国际经济、政治和文化融合可以带来积极作用，比如全球社会工作的身份认同等，但也有相当一部分人对其持高度批评的态度。而对于专业是否应该主要致力于补救、激进或发展形式的实践，也存在不同的意见，因为这个问题与社会工作在全球发展中国家的适用性特别相关，也与工业国家有关。最后，社会工作者在社会工作价值观的普遍性和国际主义是否是该行业在寻求应对全球化力量时应采取的理想立场的问题上也存在分歧……这些分歧和问题对国际社会工作实践构成了挑战，并且它们大都不太可能很容易地达成共识或被解决。

(二)制度环境与生存压力

无论在哪个地区和社会中，相对稳定的政治环境和一定的经济基础是社会工作安身立命的根本前提。在当前一些政治、社经环境欠佳的国家，这一点显得尤为关键。比如亚洲一些国家，尤其是东南亚，当地的政治环境和当局对社会工作的态度直接影响社会工作的发展与功能发挥。例如缅甸经历了将近 50 年的军队政府统治和英国殖民统治，因此社工教育中不能提到“政治”“人权”等可能削弱军政统治的议题。马来西亚在 2018 年政府更迭后,《社会工作者法案》仍未得到当局政府积极的回应,社会工作是否被"承认"也并不明朗。在中国、俄罗斯,当地政府对社会工作的支持程度、功能定位、专业性质等也有决定性的影响,且社会工作主要依赖政府的购买服务。

另外,社会的经济发展状况也直接影响社会工作的发展。比如在东南亚、非洲、中东等地区经济社会发展比较落后的国家,社会工作的发展在各方面都严重受限。就算在一些发达国家和经济社会条件较好的国家,比如英国、瑞典等福利国家,其经济状况的持续低迷也直接影响当地政府对福利性服务的财政预算,进而直接影响社会工作服务的购买。

(三)本土化的困境

首先,在社会工作专业形象的认识方面存在这样的困境:大部分国家虽然都承认社会工作应该是社会福利体系的重要组成部分,但是社会工作是否是一个独立的部分,是否具有特殊的专业角色和作用,是否应该像英美国家那样受到权威的专业认可……都是不明晰的。这种模棱两可的专业认知在第三世界国家的大部分民众的认知中显得尤为突出。他们更多地将社会工作和志愿工作混为一谈,且这种情况并没有因为时间的推移而得到相当的好转。

其次,社会工作的本土融入难免遭遇当地文化价值的冲击,尤其是具有宗教信仰的国家。比如东南亚国家普遍深受佛教文化的影响,且寺庙承担了大部分"类社会工作"的工作,因此这些国家的民众大多难以接纳来自西方的社会工作,一是认为没有必要,二是对"殖民主义"有了一定的警惕。另外,一些国家对自己的文化、习惯有非常坚持的认知,比如中国的亲缘关系、菲律宾的家族文化、马来西亚的互助传统、韩国的单一民族理念……这些都让民众对求助持有"保守"态度,不习惯向"第三方"或"专业组织"表达需求并寻求帮助。因此,社会工作的嵌入一开始是非常难的,而且这个本土化过程会相当漫长。

再次,社会工作作为社会福利体系的一部分,其本土化避不开与当地政府的合作。当前,几乎没有哪个国家的社会工作能避开政府部门而得到好的发展,更多的是越来越依赖当地政府的资源和支持,不论是发达国家还是发展中国家,也无论是资本主义国家还是社会主义国家,这种直接或间接的依赖都不可避免。可想而知,社会工作在每个国家的本土化结果将受到当地政治、社会形态的重要影响而具有“特殊性”,而“不同”的社会工作形态对社会工作的“国际化”和“统一性”发展是否有利,还需要更多考量。

最后,必须指出的是,在社会工作本土化过程中,还有诸多的具体的障碍和问题,而这些细小的地方恰恰是各个国家的差异所在,恐难找到可复制的经验,但又环环相扣决定着社会工作本土化的成败,所以,各个国家都需要进行漫长而持续的自我探索。

(四)实际工作中的障碍

虽然社会工作的国际交流与互动是有益的,但也存在许多现实困难和挑战,尤其是从国际社会工作实践的角度来看,主要有以下挑战:

第一,语言与文化交流上的客观障碍。语言是一个意料之中的显性障碍,对社会工作的双方(社工和服务对象)都有相当高的要求。同样,不同的风俗习惯、主流价值观以及不同细微文化差别也容易产生分歧和冲突,特别是不同的道德伦理、宗教信仰特别容易在“保密”“自决”“专业关系”等社会工作实务过程中带来负面影响。因此,可以说要开展国际社会工作,国际社会工作者除了要有相应的文化适应力和敏感度,还需要一些冒险的勇气和担当的精神,敢于承受种种困难和结果。

第二,跨境工作上的风险。首先,一般情况下社会工作者本身就要直面大量的本土难题,那么他们是否还有足够的经历和能力处理国际性问题呢?其次,国际社会工作服务意味着社会工作者可能要跨境工作,进入另一个陌生的社会情境,社会工作者必然需要做好十足的前期准备,在工作中需要克服交通、食宿、适应、背井离乡、突发事件等多方面的困难,社会工作是否需要异常强大的胜任力呢?最后,社会工作很可能面临服务对象来自不同文化和国度,如何才能确保我们的服务是准确且适宜的呢?可能还有很多不确定。

第三,统一实践标准的难题。我们开展国际社会工作实践,基于什么具有共识性的标准,应该是首先需要确定的问题,否则所谓的国际社会工作可能很难被更多的文化和社会所承认。但值得我们深思的是，所谓的“国际社会工作实践标准”就真的好吗？我们努力地促进社会工作的“共性”以实现国际化、全球化，这样的趋势本身就值得批判。越来越多的人意识到，建立共同的专业目标、价值伦理、专业知识和实践方法是应该的，但是，不同的社会情境中社会需要和社会问题是完全不同的，程度亦不同。源自英美国家的理论与方法论在更多的社会是难以落地和被实践的。所以，在实践标准的设立上，虽然国际社会一直在努力寻求国际与本土的平衡，但这样的平衡恐怕很难实践。

以上只是最容易被想到的困境与挑战，但绝不限于这简单的几点，因为国际社会工作本身就注定了困难重重，国际社会工作实践的发展还任重而道远。

参考文献

[1]程胜利，等. 瑞典社会工作[M]. 北京：中国社会出版社，2012.

[2]黄智雄. 香港社会工作[M]. 北京：中国社会出版社，2013.

[3]李培林，王春光. 当代中国社会工作总论[M]. 北京：社会科学文献出版社，2014.

[4]民政部社会工作司. 国外及港台地区社会工作发展报告[M]. 北京：中国社会出版社，2010.

[5]欧文·图特维特，劳伦斯·杨. 挪威社会工作[M]. 邹学银，等译. 北京：中国社会出版社，2009.

[6]邵金华. 加拿大社会工作[M]. 北京：中国社会出版社，2010.

[7]杨克. 美国社会工作[M]. 北京：中国社会出版社，2014.

[8]詹火生. 台湾社会工作[M]. 北京：中国社会出版社，2014.

[9]郑永强. 英国社会工作[M]. 北京：中国社会出版社，2010.

[10]郑杰榆，张莉萍. 台湾社会工作实践与督导培养探析[J]. 社会工作与管理，2014，14(3)：92－97＋102.

[11]阿雷桑德洛·西科拉,朱利奥·西托尼,刘蕾.国际视野中社会工作政策比较研究[J].国外社会科学前沿,2020(5):52-58.

[12]柴定红.社会工作专业认证:美国经验及其在我国应用的反思[J].湖北社会科学,2014(11):53-58.

[13]高春兰.韩国社会工作职业资格制度及其对我们的启示[J].当代韩国,2008(1):65-69.

[14]光程.种族隔离政策及其变革的处理——南非社会工作述评[J].社会福利,2002(7):50-54.

[15]郭锦蒙,韩央迪.建制化与专业化:瑞典社会工作的发展经验及其启示[J].社会工作,2021(2):69-82+109.

[16]郭景萍.全球化背景下的社会工作[J].广东社会科学,2005(2):88-92.

[17]何欣.英国社会工作的发展与服务特色[J].中国民政,2016(12):59-61.

[18]何一明,吴世友,吴迪.马来西亚社会工作的发展及挑战[J].社会与公益,2020,11(10):95-97.

[19]胡杰容.制度环境与社会工作专业发展:澳门的实践与借鉴[J].社会工作,2019(2):30-39+109.

[20]季庆英,任益炯,陆杨,等.美国的社会工作职业资格认证制度[J].中国社会工作,2017(18):62-64.

[21]李海荣.社会服务:香港经验及启示[J].甘肃行政学院学报,2013(5):28-39+73+126.

[22]李江英,吴世友.菲律宾社会工作的发展与挑战[J].社会与公益,2019(6):92-96.

[23]李瑾.浅谈新加坡社会工作发展模式对我省社会工作发展的启示[J].河南广播电视大学学报,2015,28(1):30-32.

[24]李伟,杨彩云.市场化与社会工作的"去社会化"——基于美国社会工作的考察[J].社会工作与管理,2019,19(5):38-45.

[25]李迎生,李冰.走向系统:近十年来中国社会工作政策发展的轨迹

[J]. 社会科学,2016(12):74 – 83.

[26]刘芳,吴世友. 缅甸社会工作教育与发展[J]. 社会与公益,2019(5):93 – 96.

[27]刘芳,吴世友,胥持艺,等. 泰国社会工作教育及职业化发展介绍[J]. 社会与公益,2019(1):92 – 95.

[28]柳浪,柳拯. 乌干达的社会工作[J]. 社会福利,2002(5):54 – 57.

[29]陆德泉. 社会发展视角探索社会工作的本土化策略——以南非建构发展性社会工作体系的路径为例[J]. 中国农业大学学报(社会科学版),2017,34(3):35 – 45.

[30]彭思敏. 对新加坡社会工作的点滴体会[J]. 中国社会工作,2017(1):54 – 55.

[31]王秀江. 香港、上海社会工作者职业资格制度比较研究[J]. 长沙民政职业技术学院学报,2006(2):1 – 5.

[32]王秀玲,陈承新,林海. 美国、加拿大和瑞典的社会工作[J]. 国外社会科学,2008(6):84 – 88.

[33]魏爽. 美国社会工作执照考试分层制度对我国社会工作专业人才培养的启示[J]. 北京联合大学学报(人文社会科学版),2016,14(2):112 – 118.

[34]卫小将. 国际社会工作发展路径的回顾与前瞻[J]. 学术论坛,2014,37(12):96 – 101.

[35]文雅,Wendy Thomson. 加拿大社会工作的发展、现状及挑战[J]. 社会工作,2014(1):81 – 91 + 153 – 154.

[36]文姚丽. 日本社会工作岗位设置与专业资格体系[J]. 中国社会工作,2021(16):44 – 46.

[37]温颖娜. 香港社会工作管窥之一:教育与注册[J]. 社会工作(实务版),2011(2):52 – 53.

[38]吴迪,吴世友,邵俊彬,等. 印度尼西亚社会工作教育的发展与挑战[J]. 社会与公益,2020,11(12):96 – 97.

[39]吴世友,刘芳,吴铭. 印度社会工作教育的发展与挑战[J]. 社会与

公益,2019(11):93－96.

[40]吴世友,刘芳,吴铭,等.肯尼亚社会工作教育与职业发展[J].社会与公益,2019(3):92－95.

[41]吴水丽.香港——社会工作专业化、职业化[J].社会福利,2007(1):18－20.

[42]吴亦明.香港的社会工作及其运行机制[J].社会学研究,2002(1):69－80.

[43]肖慧欣.日本社会工作师国家资格考试制度及其启发[J].福建医科大学学报(社会科学版),2020,21(2):26－30.

[44]谢晓啸.澳大利亚原住民社会工作研究的发展及启示[J].都市文化研究,2019(2):145－157.

[45]徐荣.日本医务社会工作实习教育对我国的启示[J].社会福利(理论版),2018(2):15－22.

[46]杨金蔚.社会工作证照制度比较与借鉴[J].南方论刊,2017(12):36－37.

[47]杨克.美国社会工作的职业发展状况分析[J].青少年研究与实践,2016,31(1):78－84.

[48]喻传洋,吴世友.韩国社会福利(社会工作)及教育的发展[J].社会与公益,2019(4):90－96.

[49]余建华.社会工作服务:美国经验及其对中国的启示[J].社会工作(学术版),2011(6):17－19.

[50]袁广盛.中、美、日社会工作发展之比较研究[J].社科纵横,2012,27(7):33－34.

[51]张孟见,刘伟.发达国家或地区社会工作发展的经验研究[J].经济与社会发展,2015,13(4):99－102.

[52]张威.国家模式及其对社会政策和社会工作的影响分析——以中国、德国和美国为例[J].社会工作,2016(3):33－46＋125.

[53]张应钱.中国社会工作服务领域刍议——以港澳台地区社会工作服务领域为例[J].南方论刊,2015(10):36－38.

[54]张作俭. 浅议瑞典社会工作督导[J]. 社会工作,2014(4):87-92+154.

[55]赵玉峰. 澳洲社会工作(上)[J]. 中国社会工作,2017(7):55-56.

[56]Strier R. Responding to the Global Economic Crisis: Inclusive Social Work Practice[J]. Social Work, 2013,58(4):344-353.

[57]Dominelli L. Globalization, Contemporary Challenges and Social Work Practice[J]. International Social Work, 2010,53(5):599-612.

[58]Dominelli L, Hoogvelt A. Globalization and the Technocratization of Social Work[J]. Critical Social Policy, 1996,16(47):45-62.

[59]Dominelli L. Internationalizing Professional Practices: The Place of Social Work in the International Arena[J]. International Social Work, 2014,57(3):258-267.

[60]Gray M. Dilemmas of International Social Work: Paradoxical Processes in Indigenisation[J]. Universalism and Imperialism, 2005,14(3):231-238.

[61]Gray M. The Myth of Global Social Work: Double Standards and the Local-Global Divide[J]. Journal of Progressive Human Services, 2008,19(1):61-66.

[62]Guat-Tin N G, Timothy S. Globalization, Indigenization, and, Authentization in Social Work[J]. Asia Pacific Journal of Social Work and Development, 2006,16(1):1-5.

[63]Hong P Y, Song I H, Glocalization of Social Work Practice: Global and Local Responses to Globalization[J]. International Social Work, 2010,53(5):656-670.

[64]Ibrahima A B, Mattaini M A. Social Work in Africa: Decolonizing Methodologies and Approaches[J]. International Social Work, 2019, 62(2):799-813.

[65]Jones D N, Truell R. The Global Agenda for Social Work and Social Development: A Place to Link Together and Be Effective in a Globalized World[J]. International Social Work, 2012,55(4):454-472.

[66]Martinez-Brawley, Emilia E, Zorita, et al. Moving Away from Globalization and the "Flattening" of Social Work: Preserving Context in International Efforts[J]. European Journal of Social Work, 2016,19(5):650 -663.

[67]Micheal L, Sandra E, John G R. International Migration and Social Work: A Review of the Literature[J]. Journal of Immigrant & Refugee Studies, 2011,9(1):38 -56.

[68]Midgley J. Issues in International Social Work: Resolving Critical Debates in The Profession[J]. Journal of Social Work, 2001,1(1):21 -35.

[69]Ornellas A, Spolander G, Engelbrecht L K. The Global Social Work Definition: Ontology, Implications and Challenges[J]. Journal of Social Work, 2018, 18(2): 222 -240.

[70]Palattiyil G, Sidhva D, et al. Reclaiming International Social Work in the Context of the Global Agenda for Social Work and Social Development: Some Critical Reflections[J]. International Social Work,2019, 62(3): 1043 -1054.

[71]Penna S, Paylor I, Washington J. Clobalization, Social Exclusion and the Possibilities for Global Social Work and Welfare[J]. European Journal of Social Work, 2000,3(2):109 -122.

[72]Pugh R, Gould N. Globalization, Social Work, and Social Welfare [J]. European Journal of Social Work, 2000,3(2):123 -138.

[73]Sophie W, Mieke S, Dirk G. Thinking and Acting Globally and Locally: Developing Transnational Social Work Practices in Belgium[J]. Transnational Social Review, 2017,7(2):143 -157.

[74]柴定红.英美社会工作专业化模式及其对中国的启示[D].天津:南开大学,2009.

[75]杨文庆.越南社会工作教育的挑战与应对研究[D].南京:南京理工大学,2017.

第二编

DIERBIAN

特定领域国际社会工作

第六章　地区发展国际社会工作

发展是人类社会的永恒主题,是确保各国人民过上美好生活,推动人类进步的根本保障。无论是对国家还是对整个世界而言,发展与贫困、冲突、流离失所、移民、人权、经济全球化、气候变化、经济衰退等很多问题都密切关联。虽然国际社会工作者应广泛参与全球发展事务,在解决发展领域的诸多问题中发挥关键作用,但鉴于本书主要关注发展中国家的发展问题,本章主要讨论国际社会工作在地区发展(社区发展)层面的理论与实务。本章主要基于以下三点考虑:一是在发展中国家从事发展领域工作的大多数社会工作者都专注于地区发展实践;二是国际社会工作专业知识被广泛应用于地区发展,当然,这并不是否认国际社会工作专业知识在宏观层面的应用;三是地区发展并未引起社会工作者以外的其他人的充分关注,尽管今天国际社会对地方社区组织和协会的重要性和"社区主导的发展"有了越来越多的认识。出于以上这些原因,我们在讨论发展中国家的发展议题时,把重点放在了地区层面的发展。但是,我们不应假定地区发展只与发展中国家有关,在发达国家,地区发展已成为社会工作理论和实践的重点。在本章中,我们首先对发展中国家从宏观发展援助转向"赋能"为目标的地区发展的背景进行概述,在分析地区发展内涵的基础上,提出地区发展国际社会工作的实务模式,并介绍国际社会工作参与地区发展的关键项目和策略。

第一节　地区发展的提出及概念内涵

一、地区发展提出的背景

(一)二战以来发展中国家主要的发展路径

第二次世界大战结束以来,世界逐渐形成以美苏两大强国相互对峙为特征的两极格局,这导致了国际发展援助的产生并推动了它的发展。两大阵营的发达国家出于冷战的需要,除了要加强自己势力范围内国家的军事力量,还要在经济上使这些国家富强起来,因此都加强了对自己势力范围内欠发达国家军事上和经济上的援助。1947 年,美国实施"马歇尔计划",对被战争破坏的西欧各国进行经济援助,协助其实施重建,西欧国家很快实现了经济的快速发展。美国通过对西欧国家进行资本、技术和设备的输出,成功将其纳入美国的全球经济体系。

另一方面,大多数发展中国家刚从殖民地与半殖民的桎梏中解放出来,经济上仍然处于贫困与落后的状态,人口增长过快和经济发展缓慢成为制约这些国家发展的主要障碍。对于这些发展中国家来说,仅靠自身条件和努力是很难实现控制人口和加快经济增长速度的目标的,因此,接受外国的无损于本国政治、经济独立与主权原则的发展援助显得十分必要。其中,"马歇尔计划"的成功实施使得国际社会认为通过加大对发展中国家的发展援助力度,能够快速地推动这些国家的经济发展。

不可否认,一些发展中国家经过国际援助和自身的努力迅速发展起来。但是大多数受援对象,尤其是非洲南部的大部分国家在经历了长时间的援助以后,不但没有得到应有的发展,经济反而停滞甚至倒退,贫困人口不减反增,而且对援助产生了不同程度的依赖。这是因为发达国家对受援国提供援助的主要目的是加强与受援国的政治经济关系和带动本国输出,托达罗(1997 年)总结了捐助国提供援助的目的为:捐助国提供援助主要是因为这样做符合它们的政治、战略或经济自身利益。一些发展援助的动机可能是出于帮助不幸者的道德和人道主义愿望(例如紧急粮食救济计划),但没有历史证据表明,在较长一段时间内,捐助国援助其他国家时,并不期望得到相应的利益(政治、经济、军事等方面)。

(二)可持续发展理念下地区发展的提出

20 世纪 80 年代以来,许多发展中国家开始意识到长期接受外国发展援助的弊端,从援助到可持续发展的战略转型,通过对需要救助者的援助,使他们达至策略上自决、经济上自救和生活上自助的良好结果而最终走向自立(《世界银行 1984 年度报告》)。许多发展中国家提出了“自力更生,摆脱依附”的发展目标,其发展呈现出以下新趋势:首先,强调一国的发展主要依靠自身的力量,而不是捐助者主导的发展,外部援助机构与援助对象更多的是合作。第二,人们认识到一体化发展的必要性,经济增长和发展离不开政治发展,宏观层面的发展也离不开当地的文化、政治、社区关系和其他现实。第三,发展必须注重包容性增长,因此必须以权利为基础,以减贫为基础,并符合长期发展目标。

自可持续发展思想成为世界主流发展理念以来,外国援助项目大幅度减少,地区(社区)发展成为发展中国家发展的重要方式。这种发展方式强调发展的可持续,回应“推动社会公平”的战略性需求。地区发展的核心理念为:建立全新的发展观,从事地区发展的社会工作者应转变自身的观念、态度和行为,社会工作者不再过分追求基于分析和理性的规划,而是真正进入社区,和当地人一起,去交流、倾听、感受和理解,和他们一起学习、一起工作,这样才能够达到真正的自我赋能和赋能于人,逐步培育出人们的主人翁精神。地区发展项目的核心价值由提供物质和服务转向如何在援助中激励受助者的自我能力提升,使他们最终走向自立,参与到自我推动发展的进程中。因此,社会工作者应注重内部资源的动员和行动,通过提升个体、机构和社区能力,让受益者成为主动参与者。正如联合国的一份报告(1971 年)中所指出的那样:“经过大约 20 年的联合国支持项目,社区发展作为一种引导发展中国家社会和经济变革的力量已经获得了普遍认可。”许多国家很早就建立了大规模的社区发展项目,如韩国、坦桑尼亚、印度和墨西哥。不过,地区发展主流的方法是由政府布置任务，其他方执行，检查指标达成的情况，也就无法精细到达所有弱势人群。地区发展项目的实施还存在过分强调自上而下、过于理想化、工作人员与社区居民缺乏信任等问题。

二、地区发展的内涵

相比于宏观层面由国家机构进行的自上而下的发展，地区发展是指微观层面自下而上的发展，这种发展被看作是对宏观层面发展造成的不平衡影响的补充或纠正。地区发展的重点是社会中的个人、家庭和社区，因此，本书将个人、家庭和社区视为社会中一个独立的部门，与社会的其他三个部门一起构成了社会，并且构建了一个社会模型（见图 6.1）。

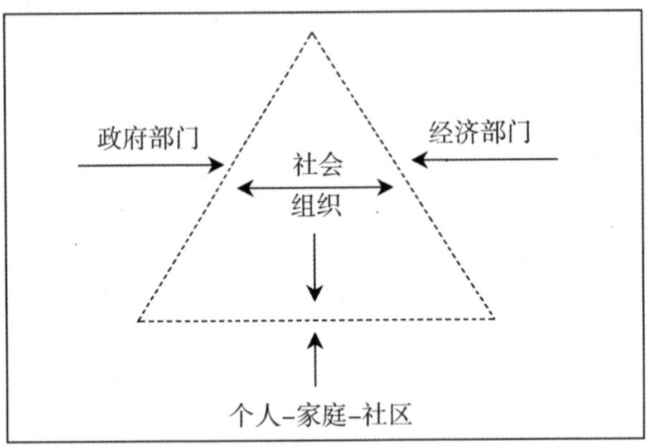

图 6.1　社会模型

在这个模型中，社会包含四个部门：第一部门是经济部门或企业，以盈利为主要目的，在市场环境中遵循市场原则，配置资源，创造财富。第二部门是政府部门，通过税收形式从第一部门得到资金，用于解决社会公共事务，满足社会的公共需要，使社会获得基本的平衡与和谐。第三部门是社会组织（非营利性组织/社会公益组织/公民社会/市民社会），是指不属于第一部门和第二部门的其他所有组织的集合，它独立于政府和私人部门之外，以实现公共利益为目标，强调非营利性、志愿性的合法组织，如世界卫生组织，关注支持不发达国家和地区的卫生与健康问题。第四部门是地方，即个人—家庭—社区部门。

在这个社会模型中，四个部门之间的关系被描述为一个三角形，三角形的基础是个人—家庭—社区部门，最终是人构成了一个社会最重要的资源，个人、家庭和社区层面的能力建设显得尤为重要。三角形的其他两边分别是经济部门和政府部门，三角形内的空间就是社会组织。社会组织与三角形的所有三面都相互作用。大部分组成部分来自个人—家庭—社区部门，因为当地组织聚集在一起，形成了广泛的、社会范围内的协会和组织等。另一些组成部分来自经济部门，并直接对其做出贡献，如工会和雇主协会等。还有一些部分则来自政府部门，或者至少直接参与政府部门，如政党和公务员工会等。

第二节　地区发展国际社会工作的理论和方法

国际社会工作者应基于社会工作的专业价值理念和职业伦理，用综合视角的方法考虑地区发展问题，掌握地区发展国际社会工作的实务方法，在全球发展实践中发挥重要作用。

一、综合视角考虑发展问题

综合视角要求从全球视角、人权视角、生态视角、社会发展视角来看待和解决发展问题。

（一）全球视角

人类生活在同一个地球村，各国相互依存、命运与共，发展是人类面临的共同使命。因此，国际社会工作在从事地区发展实践时应考虑全球因素，将服务对象视为国际社会的重要成员，他们以各种方式对世界做出独特的贡献，值得在国际社会中获得适当的地位。

（二）人权视角

人权视角为国际社会工作在发展领域的实践提供了价值和权利基础。

基于人权视角,所有人都拥有发展的权利,并享受与人类意义相一致的生活方式和生活标准。因此,国际社会工作者应采取一系列行之有效的手段和方式,确保公民过上一种体面的生活,从而促进全体人民共享改革发展成果、实现共同富裕的目标。

(三)生态视角

生态视角引导我们关注人类赖以生存的自然环境。人与自然存在共同的生态利益,应把人类发展与维护生态环境结合起来,在保护生态环境的前提下寻求社会发展,在发展的基础上改善生态环境。国际社会工作者在实施地区发展项目时,首先应确保发展项目的实施在生态上是负责任的和可持续的。

(四)社会发展视角

社会发展视角遵循以人为本的价值观,认为社会发展是有计划的社会变革过程,目的是结合经济发展的动态过程促进全体人口的福利。基于社会发展视角,地区发展项目的实施应旨在让贫困群体分享社会发展的成果。一个有效的全面发展计划总是优于一个扶贫计划,因为后者只针对那些贫困的人。然而,一个普遍的现实是发展过程往往会绕过社会的贫困阶层,就像印度用于扶贫的资源很大程度上绕过贫困阶层传递到了富人阶层。

二、地区发展国际社会工作实务重点

(一)国际社会工作介入地区发展的六个层面

在讨论地区发展国际社会工作实践的内容之前,首先有必要对"地区"一词的含义进行界定。在社会工作领域,早期学者通常将地区视为社区的同义词,因此,未将地区发展与社区发展进行严格区分。关于地区的含义,Uphoff(1986)认为构成地区(社区)的要素和基本单位包括地区(一组具有合作或商业关系的社区)、社区(一个相对独立的社会经济居住单元)、群体(一组具有自我认同的有共同利益的人,既可以是一个小的居住团体,如一个小村庄或社区、一个职业群体，也可以是某个种族、种姓、年龄、性别或其他群体）、家庭以及个人。接受上述对地区的概念界定，地区发展国际社会工作应围绕个人、家庭、群体、社区、社区社会组织以及地方政府机构六个层面进行。

地区发展国际社会工作实践的第一个层面是个人，地区发展国际社会工作首先应满足社区居民的个人需求。这是因为个人是构成地区（社区）的第一要素和基本单位，家庭、群体、组织和社区等都由个人组成。个人的能力水平、态度、价值观等是影响地区（社区）发展的关键。对于发展中国家来说，在经济还不够发达的情况下，无论是城市社区还是农村社区，都存在着相当多的贫困户，以及因受到虐待和社会排斥而在生理、心理和社会的某一方面受到损害的人，这些人是社会工作的主要对象。另外，地区发展社会工作还应关注个人福利，向所有人提供机会，鼓励所有人都参与地区发展进程。

地区发展国际社会工作的第二个层面是家庭。“家庭经济”作为一种重要的经济组织形式，对推动社区的可持续发展具有重要价值。目前，发展中国家的许多地区发展计划都将重点放在家庭这个基本单位。家庭层面的项目包括有关计划生育和家庭公共卫生措施（如家庭卫生）的项目、家庭经济方案和家庭改造方案等。这些方案关注所有家庭福利，有时针对特定类别的家庭，主要是在地区（社区）层面进行。譬如，在家庭层面实施有条件的现金转移援助项目，这类项目通常由捐助机构直接向家庭提供现金转移援助，通常作为粮食援助的替代方案。目前，家庭现金转移援助项目已经在巴西取得了较好的实践成效，在赞比亚也被国际发展部作为一项发展援助战略广泛采用。

地区发展国际社会工作实践的第三个层面是群体。群体是人们以一定方式的共同活动为中介而组合成的人群集合体。在社会学中，对于群体的内涵曾有很大的争议，社会学家尚未对群体的定义达成共识。我们可以根据不同的分类标准，将群体划分为不同类型，既可以根据宗教、民族、种族、种姓或其他类似属性等进行群体划分，也可以根据阶级、职业分组或年龄来确定不同群体。虽然人们认同的群体或他们感到有归属感的群体，可能存在于任何地方,但当这些群体构成重大社会划分的基础时,它们就成了实践者关注的重要层面。国际社会工作者们在从事地区发展社会工作实践时,应关注特定群体的特征及其多样性需求,即使最终目标是构建社会凝聚力。目前,地区发展社会工作实践中有许多以群体为重点的地区发展项目,包括关于印度的低种姓群体、发展中国家的街头儿童,以及中国香港地区和其他地方的移徙女工等特定群体的项目。

地区发展国际社会工作的第四个层面是社区。社区一直是地区发展的重点,尽管如前所述,社区的概念长期以来一直是一个争论的话题。我们采用了一个宽泛的社区定义,包括地区(一组具有合作或商业关系的社区)以及社区(一个相对独立的社会经济居住单元)。从 20 世纪 60 年代开始,发展中国家开始开展社区发展工作,而同一时期对当地农村发展的高度重视都把社区作为重点。许多发展国家尝试在所有村一级部署社区工作者,如印度和印度尼西亚。一些非政府组织也参与到社区发展工作。

地区发展国际社会工作的第五个层面是社区社会组织。培育发展社区社会组织对于地区发展国际社会工作实践具有重要意义。社区社会组织是在社区内成立和主要在社区活动的民间组织,代表其成员行动并对其成员负责的组织,并参与发展活动。这些组织最初在社区成立,同社区其他政府组织保持密切联系,以增强它们在地区治理或经济部门的权力。在地区从事发展工作的社会工作者应注重培育社区民间组织,发挥其在促进社会资源整合、提升社区文明程度、完善社会服务功能,以及促进社区繁荣与稳定方面的重要作用。

地区发展国际社会工作的第六个层面是地方政府机构。地区经济发展与地方政府行为有十分紧密的联系。地方政府作为公共权力机构,具有市场力量所不具有的合法强制力,能够持续地向社会提供公共物品,在地区发展中发挥着不可替代的重要作用。目前,全球的地方政府在参与地区经济发展活动中都努力地增加就业,扩大地方税基的范围,提高居民的生活质量。在一些发展中国家,社区发展是政府直接推动的结果。因此,地区发展国际社会工作应重视建立社区、社工机构以及政府之间良好的合作关系,充分发挥地方政府机构在地区发展中的重要作用。

（二）国际社会工作介入地区发展的两个关键策略

国际社会工作介入地区发展的两个关键策略是补救性服务和发展性服务。

1. 补救性服务策略

补救性策略是指社会工作者面对服务对象在已经遭受侵害或者失去防范意识的情况下，对其做出的补救性反应的社会工作方法，其目的是通过这种方法重塑服务对象的防范意识，让服务对象重新走向正常社会生活。针对已经发生的问题、处于困境中的个人、家庭和社区，国际社会工作者应聚焦问题本身，为其提供有效的社会补救服务。如对于已发生强奸、性骚扰等人身安全问题的农村留守妇女，社会工作者应该积极开展补救性社会工作服务。社会工作者在尊重服务对象、保护个人隐私、接纳、不批判等专业价值指导下，通过个案咨询、会谈、心理疏导、人际关系调适等干预手段，帮助服务对象减轻心理压力和担忧、正确认知所发生的事件、明确当前所处的情况和面临的问题，协助服务对象发现主要需求，探寻解决问题、满足需求的办法，并逐步实施。社会工作者在服务过程中可以争取获得当地村委会、妇联组织、派出所警察等资源的帮助。补救性社会工作介入是一种有效和必要的方法，旨在解决已经出现的问题。目前，在发展中国家的许多地区，面临着前所未有的诸多困境和挑战，这也形成了社区再发展的主要障碍。地区发展社会工作者应协助服务对象发现主要需求，探寻解决问题、满足需求的办法，促进社区的发展。不过，补救性社会工作往往基于人们对自己情况的评估，对那些已经出现的问题采取补救性措施，而忽视了找到问题的根源所在，可能会导致问题没完没了地出现。

2. 发展性服务策略

发展性策略是指社会工作者在社会工作专业理念的指导下，依据科学理论，通过运用各种专业方法和技巧，帮助服务对象增强社会功能，预防问题行为及不利处境的发生。发展性服务策略旨在从根源上解决问题，杜绝类似问题再次发生。譬如，随着城市化进程的发展，许多发展中国家社区管理的范围扩大，城镇人口越来越多，尤其是外来人口，情况越来越复杂，使得地区管理当中的安全问题进一步凸显出来。为有效消除犯罪诱发因素、减少针对农村留守妇女发生的各种犯罪隐患,社会工作者针对可能面临的问题而开展社会工作服务,包括对农村留守妇女开展人身安全意识教育、自我权利保护以及相关安全知识教育。在具体开展服务的过程中,充分挖掘和利用当地优势资源是关键,“能力型”或“领导型”留守妇女一般具有较高的文化水平、人际沟通能力较强,有参与村里集体事务的积极性。社会工作者应借助她们的力量和资源召集、组织村里的留守妇女,针对人身安全问题,通过结对帮扶和建立教育小组、支持小组、互助小组等,对留守妇女进行人身安全意识和知识教育。总之,从社会发展的角度来看,发展性服务策略从关注问题转换到关注“问题”中的能力,服务方案的设计也应从以问题为中心转换为以能力为中心。

第三节　地区发展国际社会工作实践

发展领域是国际社会工作的核心领域,国际社会工作者在地区发展社会工作的探索与实践中,积累了丰富的工作经验和大量的工作案例。地区发展国际社会工作实践主要涉及识字课程、小学教育、基本卫生保健、基础训练和能力建设、地方创收计划、小微信贷银行、以社区为基础的福利项目、自助团体和促进自力更生、培育社区领袖,以及建立和发展地方组织,综合社区发展计划,等等。

一、识字课程

识字属于基础教育的重要组成部分,识字能力是阅读和写作的基础。对于许多发展中国家的欠发达地区来说,部分成年人不识字,这部分群体很多都处于社会底层,没有更多的能力去支付重新学习的成本(经济成本和时间成本);另一方面,教育水平低又严重限制了他们进一步自我发展的能力,如此就形成了一种恶性循环。为解决这种群体性问题,国际社会工作者在许多地区开设了识字课程。

案例:巴布亚新几内亚的识字课程

巴布亚新几内亚开展的识字课程建设取得显著成效。该项目聘请了西方专家设计扫盲计划,使用西方社会工作者来培训当地领导人。然后支持这些地方领导人在村一级建立和开办扫盲课程。这个项目成功的秘诀在于识字学习方法的设计,以及对当地领导人的培训和支持。也就是说,在一个充分响应当地文化、社会经济现实和人民愿望的项目中采用了最好的识字发展方法。

二、小学教育

研究表明,小学教育投资的回报是无可争议的,而且远远高于高等教育(世界银行,1991 年)。通常情况下,政府作为基础教育的主导者,应承担供给责任。然而,在许多发展中国家,政府没有足够的资金来提供普及的小学教育。对于地区发展来说,小学教育直接关系着经济和社会发展所需要的劳动者的素质。因此,从事地区发展工作的社会工作者针对小学教育进行了大量的社会工作实践。

案例:中国的小学

希望工程是中国青基会发起倡导并组织实施的一项社会公益事业,其宗旨是资助贫困地区失学儿童重返校园,建设希望小学,改善农村办学条件。该项目利用捐赠的资金,包括当地社区官员和其他人的参与,特别是招募中国青年基金会的成员作为外联工作者,帮助贫困地区大量失学儿童重返校园。希望工程自 1989 年 10 月实施以来,至 2004 年 15 年间累计接受海内外捐款 22 亿多元,资助 250 多万名贫困学生上学读书,援建希望小学 9508 所,在每 100 所农村小学中,就有 2 所是希望小学,培训希望小学和农村小学教师 2300 余名。希望工程实施以来,以协助政府普及九年义务教育和扶贫攻坚为宗旨,坚持“雪中送炭”的原则,通过救助因家庭贫困而失学的儿童继续小学学业、建设希望小学等措施,提高了贫困地区小学适龄儿童的入学率、巩固率、升学率,降低了辍学率,改善了办学条件,提高了办学质量,成效显著。

三、基本卫生保健

目前大多数发展中国家的医疗服务覆盖范围有限。居民能获得基本的医疗保健对地区发展是至关重要的。因此,地区发展社会工作者帮助社区建设一个基本的医疗中心显得十分必要。同样重要的是,社会工作者需要对当地社区进行有关卫生服务方面的教育,并与其他专业人员合作,确保社区所有目标人群都能获得健康照顾和社会服务,确保社会福利政策能够有效执行。地区发展社会工作者应至少接受一些基本卫生保健和公共卫生方面的基础教育,了解健康因素和健康标准,以及如何最大限度地保证居民身体健康。

案例:斯里兰卡的基本卫生保健

斯里兰卡经济相对落后,在一个极端贫困的地区。考虑到健康对穷人实现创收和脱贫至关重要,由当地政府倡导实施了一项把健康纳入当地社区的公益项目,主要服务对象为困境母亲,关注的是健康教育。社会工作者与地方政府合作,在大约两年的时间里,针对服务对象开展了许多健康宣传和教育活动,成立了农村妇女发展协会,开展互助小组等,鼓励社区对自己居民的健康负责。

四、基础培训和能力建设

在发展中国家的许多地区,当地人意识到自身的知识和技能不足,适应社会的能力较差,渴望学习新的知识、提高某些技能以改变现状。面对社区居民的学习需求,地区发展社会工作者可以开展以下几种服务:一是社会工作者自己为服务对象传授知识和发展技能;二是聘请外来专家,为服务对象开展相应的知识讲座和技能培训;三是发掘当地资源满足服务对象需求,例如联系政府部门,为服务对象开展与农业、林业、营销等相关的培训。在部分地区,社会工作者可能会与社区讨论在当地建立成人教育中心,并不时组织各种课程。

案例:韩国的能力建设

韩国的一所社会工作学校在城市地区建立了一个社会福利中心,是一个关于能力建设的项目。虽然社会福利中心以“综合城市服务”的方式提供各种服务,并有几个目标,但是能力建设是诸多目标中的关键目标。能力建设主要包括以下几种能力:地区层面的管理能力;对参加日托项目的孩子的母亲进行职业培训;父母适应城市环境的能力,包括性教育、育儿和计划生育;青年领袖培训;为当地社区领袖提供领导力培训。

五、地方创收项目

社会工作者在许多发展中国家的社区开展了帮助居民进行经济创收的项目,满足居民的基本需求,如保健服务、营养食品、儿童服装和学校书籍,以及充足的住房。经济创收项目的主要服务内容包括:为社区居民寻找提高作物产量的更好的耕作方法,培训和雇用当地人,提供人们可以用来创收的信贷,以及土地改革等政策措施。服务活动的开展既可以在个人和家庭层面上进行,也可以在小团体和社区层面上进行。

案例:菲律宾的住房改善计划

在许多与住房改善相关的创收项目中,菲律宾的住房改善计划是一个成功的例子。在这项由政府发起的计划中,第一个目标是通过与合法使用权、区域设施和个人住房质量相关的行动来升级贫民窟。同时,向居民展示了如何在很大程度上建立以家庭为基础的初始资本企业。食品加工、简单服装制造和自动售货是最常见的企业,有时需要技能发展项目和短期贷款。研究发现,住房状况的改善是使一系列创收活动可行的关键。该项目由一个包括建筑师、工程师和经济学家在内的团队管理,但在社会层面上似乎很薄弱,其后果我们只能猜测。

六、信贷计划或人民银行

信贷计划或人民银行在地区发展的不同层次得到了广泛应用,原因主要有两点:一是人们无法从大型银行等正规机构获得信贷,因为他们没有抵押品,被视为不良风险;二是如果人们想要改善自己的生活,就经常需要少量资金。信贷计划基本上是为穷人设计的,至少在亚洲背景下,通常以女性为目标。它们包括大型知名计划,如孟加拉国的乡村银行。20 世纪 70 年代,经济学家穆罕默德·尤努斯在孟加拉建立格莱珉银行,将穷人获得信贷视为一项基本人权,主要目标群体是那些被排除在小规模无抵押和低息贷款之外的贫穷妇女。此后,在许多发展中国家,资金少、没有员工、覆盖少数村庄的小型信贷计划得到推广。这些小型信贷计划基本上是为穷人设计的,将目标直接锁定在个人和农户上,能够满足穷人的小额贷款需求。社会工作者主要的服务内容有:帮助当地人与实施小额贷款计划的其他人保持联系,帮助当地人参加关于小额贷款主题的研讨会,以及促进小额贷款计划的实施。在这些信贷计划中,有一些用于贷款目的的初始资本投入。人民银行与信贷计划的不同之处在于,通常没有启动信贷计划的初始资本金。鼓励当地人定期储蓄,通常是小额储蓄,并将储蓄存入银行。他们有权在提交可接受的创收方案的基础上,依次从累积资本中借款。另外,人民银行鼓励成员之间互助,分享关于实现储蓄和有效使用少量资本的想法,也会培训成员关于财务方面的基本技能,如简单的簿记和财务计算等。

七、以社区为基础的福利项目

针对一系列社会需求,包括残疾、艾滋病毒/艾滋病、吸毒成瘾、心理健康、孤寡老人、儿童保育和青少年犯罪以及艾滋病孤儿,国际社会已经制订了许多成功的社区福利计划。大多数社区福利计划是在当地社会工作者的努力下产生的,或者在实施过程中以各种方式让当地社会工作者参与进来。社会工作者在社区福利计划的实施过程中扮演着关键角色,在实践中遵循社区为本原则,强调社区成员是社区福利计划实施的主要参与者。社区教育是社区福利计划的重要内容,社会工作者应掌握社区教育技巧,服务内容包括传播知识,动员群众参与社区事务等。对于国际社会工作者来说,还应善于应对当地的偏见、歧视和恐惧,因为这些偏见、歧视和恐惧往往植根于强大的文化信仰体系。

案例:印度尼西亚以社区为本的医疗保健

印度尼西亚成功实施了一项以社区为基础的医疗保健计划。根据这个医疗保健计划,儿童基金会为每个村庄提供一套营养急救包。这些包里面包括体重秤、生长图表、用于控制腹泻的口服补液盐、维生素 A 和铁补充剂以及免疫包。在印度尼西亚卫生部的协助下在大约2000个村庄实施了该计划,由当地母亲负责执行该方案,从当地母亲的反馈来看实现率达到80%至98%,项目实施成效显著。一项评估结论表明,村庄营养水平的改善有一半来自这个项目。

八、培育社区领袖

社区居民领袖是社区的重要力量,在社区服务与社区活动中起着示范引领、榜样影响的作用。国际社会工作者在开展地区发展工作的过程中,应不断发现并培育社区居民领袖,使其成长为能够协助社区居委会开展工作的得力助手。大多数地区发展国际社会工作的实践表明,相对于各个地区常住人口的基数而言,他们所拥有的社会工作人员数量明显偏少,社会工作者只有培育社区领域才能为自己"减负",提高其工作效率和服务质量。由于使用当地人员符合自力更生、赋权和社区参与等原则,因此,不断地发现并培育社区居民领袖成为地区发展社会工作的关键。国际社会工作者通常会从若干村庄或社区挑选合适的人选,对他们定期进行领导力方面的培训,使其在自我成长的同时,能够承担更多的社会责任,并持续参与社区事务。

案例:所罗门群岛的领导力培训

在所罗门群岛,一个教会开办的领导能力培训计划招募乡村青年参加为期两年的领导能力培训课程,只要他们在申请时得到社区和家庭的支持并得到证明对村庄的承诺。课程内容包括英语、农业的各个方面、基础木工和机械,目的是发展对当地社区有用的技能,并加强鼓励毕业生致力于整个社区的进一步发展的态度。许多实践培训是在小组基础上进行的,以鼓励他们关注自己村庄内的小组项目。学员还可以自行管理培训中心的日常杂务(如种植和准备食物),并参与财务管理,进一步提高技能水平,造福于他们的社区。最后,该计划还为毕业生在他们所在的村庄至少一年一次的随访提供持续指导和支持。

九、建立和发展地方组织

国际社会工作者在从事地区发展社会工作过程中,建立和发展地方组织是工作的重要内容，工作重点可能是推动建立新的地方组织或机构，也可能是加强现有的组织或机构，这取决于不同地区组织或机构的发展程度。理想的情况是，当地居民充分认识到地方组织或机构的性质和重要性，并积极地参与到地方组织或机构的建立和发展中。当地社会工作者可以做很多事情来促进上述情况的实现。譬如建立社会组织培育基地、为社会组织从业人员提供培训等。

案例：玻利维亚社会经济发展中心

玻利维亚社会和经济发展中心（DESEC）是一个地方发展协会，作为一个私营部门项目发起，以帮助农民。基层地方机构也叫中心，是农民集体解决问题的自愿组织。当一个地区有几个中心时，每个中心选举区域联盟的代表。它们还为国家一级的机构提供代表。经济和社会保障部提供技术服务、住房建设、保健服务和农业服务，并得到国家组织的支持。这些中心向小农和无地劳动者开放，通过地方选举安排领导人，政府提供财政资助。这项倡议被评价为“杰出”。

十、地区综合发展项目

前文笼统地介绍了地区发展国际社会工作实践的诸多案例，国际社会工作者在从事地区发展实践的过程中，不应简单套用成功案例的做法，而应基于当地文化系统、需求概况、社会政治结构等现实情况采取具体的策略和方法。在情况许可的情况下，从事地区发展的机构和社会工作者往往倾向于采取全面综合的地区发展方案，关注社区发展的所有方面，旨在从整体上促进社区发展。

案例：菲律宾西内格罗省地区发展项目

西内格罗省位于菲律宾内格罗斯岛的西部和北部，北临维萨鄢海，东接塔侬（Tanon）海峡和东内格罗斯省，西向班乃（Panay）海湾和吉玛拉斯（Guimaras）海峡，南朝苏禄海。西内格罗省素有“菲律宾的糖碗”之称，制糖业是全省经济的顶梁柱。20 世纪 80 年代中期菲律宾经济陷入停顿，西内格罗省的制糖业也遭受重创，种植园主在甘蔗业无利可图的情况下，放弃了种植甘蔗，转而从事更有利可图的产业，因此许多当地居民失去了生计。1988

年,阿基诺政府推出了一项土地综合改革计划,试图通过解除国家精英对闲置土地的集中控制来最终解决农村的贫困,促进经济恢复和发展。

随着土地综合改革计划在菲律宾的全面推广,西内格罗省解除了种植园主(国家精英)对闲置土地的集中控制,对未使用的土地进行重新分配,使大多数农村家庭受益。西内格罗省还推行了"以工换粮"计划以解决制糖业衰退带来的贫困问题,是一个基于地区发展的大型综合区域发展计划,计划为期五年。由联合国世界粮食计划署(World Food Programme)提供的"以工换粮"计划对于解决该省的贫困问题至关重要,该计划旨在为穷人支付服务费用,而这些穷人构成了当地社会经济发展所需的劳动力。计划由来自不同学科的 18 名年轻毕业生组成的团队运营,项目的具体实施由各地区的地方执行机构负责,其成员包括政府机构、非政府组织和人民组织。该计划旨在实现西内格罗省各地区的综合发展。各地区在实施计划的过程中,通常由各地区的地方执行机构负责项目的制定,并在团队的支持下实施,团队合作至关重要。遵循社区参与原则,项目实施者在确定需要或有可能实施以工换粮计划的地方,修建学校或诊所、修建小型水坝和灌溉系统或建立稻田网络时,将招募当地穷人在指导下工作,并通过"以工换粮"计划支付报酬。

到计划实施的第四年,西内格罗省已经有 63 个项目点和更多的具体项目,该省的基础设施,包括学校、诊所、铺路、灌溉系统等都得到了极大改善。地方政府的职能转变为以人民为中心,地方政府与当地社区团体密切合作,以相对非正式的方式在"数量大得多的地点"为当地穷人提供服务。许多非政府组织和人们组织也积极参与该计划,为当地穷人提供相应服务,对于促进地区社会经济发展起了重要作用。

为详细了解该计划在社区层面的具体执行情况,下面将分享一个社区社会工作案例。在西内格罗省的一个高原地区,有 9 户家庭响应土地综合改革计划,他们通过租约的方式取得了部分高地土地的耕作权,租期为 25 年,并有权再续签 25 年。租户很快增长到 25 户,这些家庭开始了社区建设的工作。他们得到了一名非政府组织工作人员的帮助,这名工作人员作为社区发展工作者与当地人们一起工作了一年多。实践证明,社区社会工作者对于社区发展的作用至关重要,因为这些家庭的能力有限,对于如何利用土地和建设社区知之甚少。在社区社会工作者的帮助下,这些家庭逐渐制订了由一系列具体项目组成的社区计划。他们建造了一座大坝和一个小型灌溉计划,为稻田引水。有了这种灌溉,他们发展出了一个集约化的种植区,生产水稻、蔬菜和鲜花,卖给沿海平原上的人们,还有一部分区域用于林业,目的是恢复该地区的生态平衡。对于这些家庭来说,完善由一系列具体项目组成的社区计划是一项浩大的工程,知识和技能缺乏尤为突出,因此社区社会工作者为这些家庭进行了大量培训和教育,事实证明,这种培训和教育十分必要。在社区计划实施的初期,这些家庭之间经常发生一些小摩擦,出现信任危机,后来人们逐渐学会了合作,共同建设社区。这很大程度上得益于社区社会工作者的帮助和地方执行机构团队成员的定期访问与帮助。在社区计划实施的第三年,这些由贫穷和边缘化家庭构成的集合已经发展成为一个繁荣的社区。社区的大坝成为区域灌溉系统的核心,土地生产力提高,数千棵小树点缀着重新造林的地区,孩子们都上学了。毫无疑问,该社区建设成效显著。

综上,西内格罗省的地区发展综合计划是十分成功的。该项目坚持社区参与、自力更生和可持续性原则,以社区居民参与为重点,围绕社区发展,采取了一系列有效的举措,包括将团队和社区社会工作者作为项目的催化剂;以人为本的社区办法;社会动员,特别是穷人社会动员的基本战略;注重教育、培训和能力建设;强调创造收入等。当然,该计划的成功实施还得益于较好的宏观政治经济环境。

参考文献

[1]Daley-Harris S, Awimbo A. New Pathways Out Poverty[M]. Sterling Heights: Kumarian Press, 2011.

[2]联合国开发计划署. 人类发展报告[M]. 纽约: 牛津大学出版社,1993.

[3]UNDP. Human Development Report: 20 Years On: Pushing the Fron-

tiers of Human Development[M]. New York: Oxford University Press, 2010.

[4]Hoogvelt A. Globalization and the Post-Colonial World[M]. England: Palgrave Macmillan, 2001.

[5]Pawar M S, Cox D R. Social Development: Critical Themes and Perspectives [M]. New York: Routledge(Chapters 1 -3), 2010.

[6]Stoesz D, Guzzetta C, Lusk M. International Development[M]. Boston: Allyn & Bacon, 1999.

[7]Todaro M, Smith S C. Economic Development[M]. 11th ed. New York: Prentice Hall, 2012.

[8]UNDP. Hunan Development Report: Growth for Human Development [M]. New York: Oxford University Press, 1996.

第七章　冲突后重建国际社会工作

历史上，全球充满了各种战争，这些战争在 1914—1918 年和 1939—1945 年的两次世界大战中达到了高潮。近几十年来，国家之间的战争明显转向了在国家边界内进行的内战。战争通常导致平民伤亡、财产和环境受到不同程度的破坏。过去的几十年里，在冲突和冲突后局势中，社会工作者和其他人道主义工作者与红十字会、宗教组织和其他非政府组织合作，参与了前线士兵的康复工作，而后又协助他们重新融入家庭和社区，并帮助许多有创伤经历的患者。此外，越来越多的人正在参与全面的和平运动，而一些非政府组织和社会运动则在联合国和各国议会进行游说，以实现一个更加和平的世界。

冲突后重建过程的某些方面与社会工作的传统专业领域密切相关。特别是为遭受战争创伤的人提供心理社会项目，利用社会工作的临床专业知识重建社区，这是社区发展的一个具体应用。尽管近年来社会工作在冲突和冲突后局势中的参与大幅增加，但所有迹象表明，迄今为止的贡献仍然有限。基于综合视角，国际社会工作者在冲突后重建领域的许多方面都能够提供服务，如交战各方之间的和解、加强社区关系和社会凝聚力、重建社区以及建设更强大、更和谐的多文化社会。本章重点探讨冲突后重建领域的国际社会工作实务。

第一节　冲突与和平问题概述

冲突及其所有后果，以及冲突后重建，尤其是社区重建，是国际社会工作的关键方面，越来越多的社会工作者正在参与其中。然而，这是一个困难且危险的领域,社会工作者需要了解现代冲突的性质和冲突后工作的挑战。

一、现代冲突的特点和影响

(一)现代冲突的特点

近几十年来,冲突变得更加普遍,性质也发生了变化,这与第二次世界大战和朝鲜战争等有所不同。在苏联和南斯拉夫解体之前,几乎所有重大武装冲突都发生在发展中国家。

自1989年以来,全球冲突数量的增加主要是冷战结束以来内战的增加。冷战似乎通过美国和苏联的行动和影响,阻止了一些潜在的冲突局势发展为暴力。联合国教科文组织报告说,自1945年至2006年,全球共发生了150起冲突,造成2000万人死亡,6000万人受伤,其中80%是平民。2012年全球共发生18场战争。导致冲突的原因非常复杂。显然,一个主要原因是种族和宗教多元化的国家越来越不被一方或多方所接受,有时会为独立或一定程度的自治而进行暴力斗争。例如,人们会想到塞浦路斯、东帝汶、斯里兰卡、埃塞俄比亚、印度尼西亚的亚齐和前南斯拉夫。在其他情况下,敌对民族或其他群体之间的紧张关系由来已久,当一方试图取得对另一方的主导地位时,战争随即爆发。一个或多个国家对另一个国家事务的干涉也并不罕见,阿富汗、伊朗和伊拉克就是一个例子。最后,很明显,开发的性质通常也是一个因素。当发展不平衡、无法或不愿克服贫困,或导致治理不善时,就容易爆发冲突。

现代冲突的特点是:虽然冲突主要由内部战争组成,但在许多方面都是全球性的。具体表现为:第一,冲突的普遍存在使其成为一种需要各国应对的全球现象。第二,冲突的原因包括全球社会和经济机会的分配,以及公平、社会正义和人权。第三,对现代冲突的反应是全球性的,涉及预防彻底冲突、结束冲突、确保和平、提供人道主义援助和参与冲突后重建的活动需要国际社会的良好协调。第四,为应对冲突和冲突的后果,必须依靠包括社会工作在内的帮助专业的综合全球资源。现代冲突的特点决定了社会工作者们应基于全球视角,共同讨论和解决现代冲突问题。当然,他们也需要国际社会的支持,不仅是金钱和物质上的支持,还需要专业的支持,涉及特定知识、发展技能和改进培训。

(二)现代冲突的影响

由于经济全球化的发展使各国之间的联系日益紧密,现代冲突的影响已经不局限于当事国之间。现代冲突(尤其战争)带给人类的危害是多方面的,具体如下:①造成人类生命的损失,以现代战争为例,自 1945 年以来,据估计已有 2200 多万人战争死亡,其中 84% 是平民;②引起国家间、民族间的仇恨;③造成人们身体上的伤残或心理上的创伤,对发展中国家的人民来说更是如此,他们构成了战争受害者的大多数;④对冲突国或者地区经济造成巨大破坏。

二、冲突后局势和冲突后重建议程

让受冲突影响的国家重新崛起对全球稳定和全球经济的发展具有重要意义,近几十年来国际社会在冲突后重建方面做出了巨大的努力,形成了一个关于冲突后局势分析的模型(见图 7.1)。同时,国际社会还构建了一个综合的冲突后议程(见表 7.1),对冲突后重建要完成的主要任务进行了概述。冲突后局势分析模型和冲突后议程为社会工作者参与冲突后重建提供了行动指南。

(一)冲突后局势:一项分析

冲突后局势分析模型是研究冲突后局势的重要工具,该模型由三个部分构成。模型的第一部分由两个重要的相关因素构成,分别是冲突发生的地点和当时的国际环境,这两个因素有助于国际社会确定冲突的性质、规模和影响,并进一步决定冲突的应对方式。显然,世界上的某些地区,如巴尔干半岛和中东,被认为比许多其他地区(如非洲部分地区)具有更重要的战略意义。如果冲突发生在政治或经济敏感地区,其解决方案将受到广泛关注。当然,国际关系也将在解决冲突过程中发挥重要作用,某一国对冲突和冲突后局势的反应往往受到冲突外部因素的驱动。

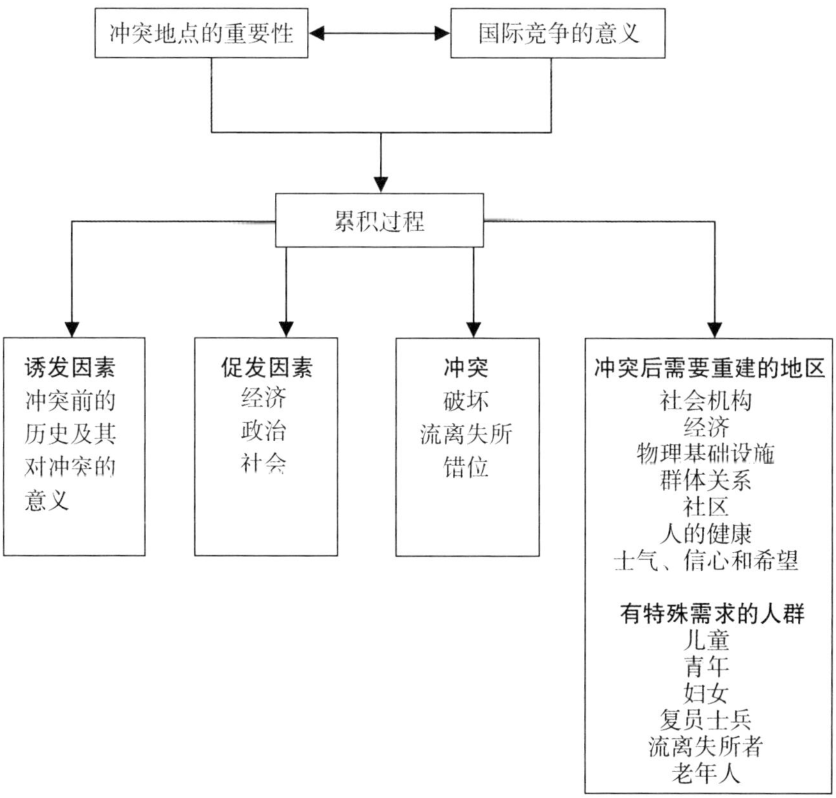

图 7.1　冲突后局势分析模型

表 7.1　冲突后议程

A. 临时政府或行政当局的临时维持和平行动
执行和平协议
流离失所者的返回和重返社会
—与东道国社会的关系
—恢复产权
—提供福利必需品
士兵复员和重返社会
—与平民和敌对势力之间的关系

续表

—提供福利必需品 调解 —对被控犯有危害人类罪的人的起诉 —真相与和解委员会
B. 全面解决人民福祉问题 个人和家庭的迫切需要 —避难所,通常涉及更广泛的财产问题 —粮食援助,融入自力更生的供应 —健康、教育和社会服务 有特殊需求的人群的即时需求,包括儿童、青年、妇女、老年人、残疾人、复员士兵和流离失所者 —具体的教育和卫生服务 —特别住宿安排 —咨询和康复服务 社区的迫切需要 —社区意识 —互助安排 —创收活动 —重建社区联络点 社会的迫切需要 —法律和秩序、警察部队和法院系统 —政治生活选举和治理 —物理基础设施——道路、桥梁等 —经济体系包括银行、信贷、市场、投资等
C. 各级冲突的根源,包括诱发和促成因素 以有助于为社会持续发展奠定坚实基础的方式开展的所有活动

显然,世界上的某些地区,如巴尔干半岛和中东地区,被认为比许多地区(如非洲部分地区)具有更重要的战略意义。如果冲突发生在政治或经济

敏感地区,其解决方案将受到广泛关注。当然,国际关系也将在解决冲突过程中发挥重要作用,某一国对冲突和冲突后局势的反应往往受到冲突外部因素的驱动。

模型的第二部分涉及冲突本身,冲突被视为一个累积过程。冲突的产生是由诱发因素和促发因素共同造成的。诱发因素是指存在于冲突发生之前能够反映冲突起源的因素,这些因素在过去可能没有得到妥善处理,因此很容易重新出现。关注冲突前的历史及其意义对解决冲突的根源至关重要。促发因素是指引起冲突的直接因素,包括经济因素、政治因素、社会因素等。通常情况下,冲突是多种因素共同作用下发生的。除了分析诱发因素和促发因素,还应关注冲突本身,冲突使所有相关方都产生了成本,譬如破坏、流离失所和错位。冲突不仅导致生命、居住、生计来源、基础设施,以及机构等被广泛破坏,还导致个人、家庭、社区,以及社会的解体。

模型的第三部分为冲突后局势所呈现的需求领域。模型确定了冲突后重建的七个需求领域,包括社会制度、经济、物理基础设施、群体关系、社区、健康,以及士气、信心和希望。当然,在实际操作过程中,每个方面的相对重要性和顺序会有所不同。下面将逐一介绍冲突后重建的七个方面。

1. 社会制度

在冲突过程中,当事国的社会制度总是受到严重破坏,法律制度和政治制度首当其冲。因此,冲突后建设的首要任务是恢复当事国国家机构的管理职能、完善各种社会制度,譬如重建警察部队和监狱设施、银行系统,以及卫生和教育系统等。

2. 经济

冲突对经济的破坏是极其严重的,主要表现为:失业率极高、粮食生产和分配混乱、人们参与创业的意愿和能力较低、社会经济机构无法运作等。因此,发展科技和教育、采取比较宽松的人口政策、鼓励投资,以及为经济发展计划创造有利环境等对于经济重建至关重要。

3. 物理基础设施

物理基础设施是以钢筋、水泥、砖石、钢结构以及其他工业材料为主体构建的基础设施,冲突后应尽快恢复道路设施、桥梁设施、电力设施、水利设施、港口码头,以及满足民生为主的房地产和市政服务等物理基础设施。

4. 群体关系

群体的资源都是有限的,而资源的稀缺性与资源需求的多元化、资源需求的无限性所造成的个人、群体之间有限资源的争夺是群体冲突形成的重要原因。因此,重建群体间和群体内的关系具有根本意义,应鼓励群体以和平的方式解决彼此间尚存的争端。

5. 社区

社区重建通常受到重视,因为对大多数人来说,社区是他们生活的主要场所。重建社区是一个缓慢而艰苦的过程,主要建设内容包括重建家园、公共设施和基础设施、创收机会和粮食供应系统,还应重视社会凝聚力建设。

6. 健康

提升人们的健康水平是重建工作的核心,冲突不仅会给人的身体带来伤残甚至死亡,还会给人的心灵留下创伤,冲突过后的地区,人们很难在短时间内完全恢复健康。因此,应重建卫生服务系统,提升人们的健康水平。

7. 士气、信心和希望

社会重建最终还是要靠人民,因此,重建人们的士气、信心和希望是重要的。

另外,有特殊需求的人群往往需要专业工作者提供专门服务。下面将逐一进行介绍:

①儿童。冲突中断了儿童的重要发展阶段,冲突后儿童面临创伤、营养不良、在教育和智力发展方面落后等问题,因此,他们有吃饱穿暖、心理疏导、上学等需求。

②青年。大多数年轻人的教育因冲突中断,由于没有什么技能,他们将面临不确定的未来。一些年轻人因经历、目睹涉及自身或他人的实际死亡,或受到死亡的威胁,或躯体完整性受到威胁后,导致其出现个体延迟和持续的精神障碍状况,需要治疗。

③妇女。冲突结束后,许多妇女发现她们在社会或经济上仍未被接受其一家之主的地位。她们得不到支持,在非常困难的情况下照顾年幼的孩子和年老的长者。

④复员士兵。士兵中的许多人是被迫参与冲突的，冲突结束后，他们不仅失去了与家人的联系，还面临生计危机。因此，他们需要适应冲突后的环境，融入社区以及解决生计问题。

⑤残疾人。因战争致残的人包括身体残疾者、精神残疾者、情感障碍者和受创伤者，这些人在冲突后往往被边缘化，因为他们似乎无法为重建做出贡献，并且容易成为社会的负担。虽然康复是这些人所需要的，但在冲突后的现实中，这种服务往往被视为一种奢侈。

⑥流离失所者。重返家园的流离失所者面临诸多困境，譬如当地人的敌意、家园被毁、食物匮乏和就业机会缺乏等。无论具体情况如何，重建家园是他们的首要需求。

⑦老年人。许多老年人在冲突中失去生命，对于那些在冲突中幸存下来的老年人，他们面临没有或几乎没有家庭支持、没有资格获得援助、无法享受保健和护理设施等困难。对于这些老年人来说，经济保障需求是基本需求。

当然，关于模型中概述的许多具体需求领域，无论是确定需求的性质还是制订满足这些需求的计划，都需要专业的知识和技能。因此，所有需求领域都需要一定程度的有针对性的干预，最好是由该领域的专业人员进行干预。某些类别的人在冲突后有非常具体的需求，也需要专业工作者提供专门服务。

（二）冲突后议程

采取综合方法（Comprehensive Approach）应对冲突后局势得到了学术界与业界的广泛关注，综合方法意味着接受一系列目标，这些目标将共同支持和促成冲突后国家，特别是发展中国家的重建与发展。尽管综合方法是一种合乎逻辑的方法，但这种方法在实践中往往很难操作。譬如，如果救援机构的目标是紧急食物救济，他们可能仅仅重视为冲突后重建地区的人们提供数量充足的食物，而忽略了食物的品质、营养价值和可持续性。同样，如果国际社会的目标是不惜任何代价实现和平，譬如以妥协换取冲突后重建地区的暂时和平，从而阻碍重建的其他目标的实现。不过，虽然综合方法要付诸实践十分困难，它仍然可以作为分析问题的重要方法。国际社会基于这种方法制定了综合的冲突后议程（The Comprehensive Postconflict Agenda）（见表7.1），称为和平建设任务，在理论界得到了广泛认可。和平建设任务包括十几项不同但相互关联的任务：加强现有机构的能力；举行自由公正的选举；监督和促进人权；建立解决侵犯人权行为的机制；建立一个强大的公民社会；使战斗人员复员；清除地雷和未爆弹药；改革安全服务；恢复教育和卫生设施；援助受战争影响的儿童；恢复农业生产；重建有形基础设施；此外，还应让流离失所者有效和可持续地融入当地社会。下面将具体阐述冲突后议程所包含的一系列任务。

A任务为临时政府或行政当局的临时维持和平行动，包括四项具体任务：执行和平协议；处于临时状况的人需要返回家园或在其他地方以半永久性的状况定居；处于分散、流动状态的武装部队人员应开始平民生活；交战各方之间的敌意必须至少在初步和解的层面上得到解决。如果不能对这四种情况中的任何一种做出适当的反应，就有可能危及整个重建进程。

B任务为全面解决人民福祉问题，包括三项具体任务：满足个人和家庭的迫切需要，包括为其提供住所、食物、个性化援助、健康、教育和社会服务；满足社区的迫切需求，包括社区意识、互助安排、创收活动、重建社区联络点等，在现有资源允许的情况下，以社区需求为基础的应对措施往往是最有效的，对于可持续满足个人需求也至关重要；最后，满足社会的迫切需要，包括建立法律制度、完善政府治理、重建物理基础设施、恢复经济体系等。

C任务为解决冲突的根源，包括诱发因素和促成因素。如果冲突前的政治、经济或社会制度存在严重缺陷，以至于社会凝聚力受到损害，那么社会的重建必须确保它最终会沿着有利于社会所有群体的长期福祉以及他们之间和谐关系的路线进行。

综合的冲突后议程包含一系列任务，这些任务是相互联系、相互依存的关系。因此，在运用该议程开展冲突后重建工作时，社会工作者不应仅关注某一个或者某几个任务的完成，而应基于综合方法，针对一系列任务制订一个综合性干预计划。此外，综合方法还强调在长期目标的基础上开展重建工作，把重建目标与民族或社会的长期发展目标相结合。采取综合方法进行冲突后重建工作，意味着从根源上解决冲突问题，正如联合国难民署指出的那样，重建过程的主要目的是避免“重新创造”最初导致冲突的条件。当然，这样做将面临巨大挑战，因为仅仅应对冲突的直接后果就已经是一项重大任务，如果还要解决冲突根源，从而使冲突在未来不太可能再次发生，这样做的成本可是惊人的。然而，我们不应低估采取综合方法进行冲突后重建给世界带来的长期稳定的全球意义。

第二节　冲突后全面议程与社会工作服务

一、用综合视角考虑冲突后重建问题

冲突后重建受到全球、区域、国家和地方等不同要素的影响，在教育、生计、健康、卫生等方面主张人道主义的援助，同时需要提供可持续的解决方案。正如联合国所倡导的那样，我们努力保护和帮助难民，但我们的终极目标是为难民找到能够重建生活的解决方案。综合视角要求我们看待和解决冲突后重建问题将全球视角、人权视角、生态视角和社会发展视角的观点融入其中。

（一）全球视角

在全球化浪潮席卷社会生活各领域的时代，种种迹象表明，不同民族、不同文化、不同宗教之间的碰撞、摩擦乃至对立、冲突，已然成为影响世界稳定的重要因素。由此引发的危机，对人类生存与发展都带来了严重威胁，从而造成冲突后重建工作也不再是单一国家独自面对的，例如世界银行、国际货币基金组织和联合国等国际机构在解决世界范围内的冲突后重建问题中担任着重要角色。冲突的发生与冲突后重建离不开全球因素，我们只有在全球建立广泛的合作伙伴关系，推进资源整合、优势互补，才能在确保提供人道主义救援的同时，为冲突后重建寻找可持续的解决方案。

（二）人权视角

人权视角为冲突后重建领域的实践提供了价值基础。在一定程度上，

冲突的发生是人权遭到剥夺和破坏的表现。国际社会工作者在冲突发生后,为难民、境内流离失所者和无国籍人士提供的救助和灾后重建工作体现了对全球人类人权的尊重和重视。同时,国际社会工作者是以实现人的价值为工作目标,因此在为受害人群提供服务时,会综合考虑该人群的特征,做到将人权的实现和地区重建工作结合起来,帮助受到冲突影响的服务对象过上有尊严的生活。

(三)生态视角

生态视角引导我们更加关注我们所生存的自然环境。随着科学技术的发展自然环境与人类社会出现了难以调和的矛盾。"环境冲突"的问题也越来越明显,例如在非洲的尼日尔河沿岸的一个城市,因为气候变化导致居民争夺水资源和草场引发的暴力冲突,被人们比喻为一个尘土飞扬的"大型流离失所者营地"。在世界其他地区,同样因为生态环境问题导致的暴力冲突而陷入困境的事故仍然在继续。在生态视角的指导下,国际社会工作者在参与冲突后重建工作后,将会更加关注可持续发展和因地制宜的因素,确保将重建工作与生态环境保护结合起来。

(四)社会发展视角

社会发展视角强调社会工作实践要从社会发展的角度来理解个人成长,并将个人成长与社会改变结合起来形成一种整合视角。社会发展视角遵循以人为本的价值观,认为人是不断成长和变化的。在冲突后重建领域,国际社会工作者对遭受伤害的个人、家庭、社区提供支持与服务,帮助他们脱离危险,恢复健康的身心状态,同时在宏观上通过社会倡导,促进社会结构的调整和优化,促进人与社会的和谐发展。由此可见,国际社会工作者在冲突后重建领域中对受害人群的身心健康、生计发展和关系重建方面发挥着重要作用。

二、采用发展性策略进行人道主义援助

相较于系统地支持发展中国家经济和社会发展的长期性发展援助,人

道主义援助是在战争、武装冲突和自然灾害等紧急情况下以拯救生命为目标进行的临时性响应。人道主义援助主要包括紧急粮食援助、物质援助、援助协调、保护和支持服务、难民和流离失散者援助等形式。基于综合视角，国际社会工作者在参与人道主义援助时，不应局限于狭义的救济援助，而应将发展维度引入人道主义援助活动，以人的能力发展为本，为援助对象提供各类救助服务，寻求社会政策与经济政策的协调发展。首先，我们有必要讨论狭义的救济办法和发展型援助方法之间的区别(见表7.2)。

表7.2　狭义的救济办法与发展型援助方法的区别

狭义的救济办法	发展型援助方法
零碎的	全面综合
解决手头的问题	关注全球和本地问题
面向救济的行动	在适当考虑人权和生态的情况下行事
补救性	发展性
捐助者主导	援助者主导
迅速行动	行动缓慢
快速	超时
不承认失败	接受失败
症状焦点	引起关注
回归常态	鼓动变革
短期	长期
物质	非物质与物质
消极被动	积极主动
不挑战权力	挑战权力
非参与式	参与式
以项目为中心	以程序为中心
规定的和技术的	非特定的和态度的

发展型援助方法重视能力救助而非仅仅是生活救济。受救助者也是宝贵的人力资源和社会财富，也有提升自我能力、摆脱贫困的诉求和愿望，不能单纯依靠政府救济而生存和生活，应成为救助行动的积极参与者，实现助人自助，自强自立。该方法逐渐被社会工作者运用于人道主义援助领域。例如，一些援助项目采取以工换粮的方式运作，在项目的决策和实施阶段，强调当地人民为主要参与者，重视对救助对象的能力救助而非仅仅生活救济。

三、应对冲突后局势的策略

从冲突后的环境入手，国际社会工作者应采取一些与冲突后环境相关的特定类型的发展策略，尤其是那些与传统社会工作技能相一致的策略，主要包括加强人民能力的策略、重建社区和公民社会的策略，以及促进创收举措的策略（见表 7.3）。

表 7.3 应对冲突后局势的策略

加强人民能力的策略
● 建立卫生设施和服务 ● 建立各种教育和儿童/青少年保育设施 ● 建立社区支持中心 ● 提供创伤后和其他康复服务 ● 建立培养和自助小组 ● 提供领导力和准专业培训
重建社区和公民社会的策略
● 促进社区发展 ● 全面加强和解和社区关系 ● 使家庭能够重建家园或建造替代住所 ● 让社区成员参与设施的重建和运营 ● 促进地方机构建设 ● 加强地方社区和民间社会组织

续表

促进创收的策略
● 让那些有土地的人重新开始生产 ● 促进基于社区的市场和信用体系 ● 在地方一级建立以工换粮的重建企业 ● 尽可能多地雇佣当地人参与重建工作 ● 提供与短期就业机会一致的培训

当然，上述策略在应用于应对冲突后局势时，与应用于一般社会发展局势或减贫方案有本质上的不同。上述策略的实施显然将受到冲突造成的破坏程度、人们士气低落和精神创伤的程度、冲突对抗的程度与持续性，以及现有资源等因素的影响。其次，当地可利用的外部资源数量直接影响社会工作者和人民是否能够实现既定目标。最后，当地资源库在不同情况下会有很大差异，这取决于冲突是发生在一个相对发达的国家，如前南斯拉夫，还是发生在人力资源开发水平相对较高的国家，如斯里兰卡，抑或一个相对不发达的国家，发生在如阿富汗、老挝。

然而，在任何情况下，社会工作者的出发点都必须是对局势的分析，包括冲突对特定地区和人口的影响、当地可用资源的范围、外部援助的潜在可用性，以及国家和区域层面的发展。只有进行了分析之后，机构才能确定他们能够提供的项目的总体性质。虽然这是应对形势的合乎逻辑的方法，但现实可能会导致截然不同的结果。现场救援人员告诉我们，他们抵达当地时已经竭尽全力，试图回应被救援者提出的要求。可大门一打开，他们就被淹没了。几年后，他们会说，他们从来没有时间来评估形势和制订计划。然而，这不是一个可以接受的借口。虽然冲突后往往是混乱的局面，且有着非常苛刻的需求，但要有效地应对需求，始终需要制订一个深思熟虑的计划，尽可能快地实现最大的效率。

应对冲突后局势的部分问题在于大多数方法都没有经过很好的设计，社会工作者往往在退出前的相对较短时间内以危机模式运作，主要是为了自己的健康和保护。虽然采取的总体战略本身值得赞扬，但其结果是很少有社会工作者甚至机构,积累一些经过评估的专业知识和战略,然后将这些知识提供给该领域的新来者。此外,在利用所有现有知识的同时,我们还需要从各种背景下的社会发展中吸取经验教训,并将这些经验教训应用到任何冲突后局势的现实中。

第三节　冲突后国际社会工作实务的关键领域

社会工作者和其他专业人员在进行冲突后重建社会工作时,应关注几个核心活动领域,包括心理社会项目、重建社区以及参与和平建设与和解工作。但这并不意味着社会工作者不应该参与冲突后工作的其他方面。

一、提供心理社会项目

战争的毁灭性影响已经成为贯穿人类历史的一个持续主题。我们今天更加意识到这一点,也许是因为有更多的战争,更多的人,尤其是平民受到影响。社会工作者如何为创伤受害者提供心理社会项目,下面将做具体阐释。

(一)对创伤受害者的反应

如何应对创伤受害者的问题,换句话说,转向一系列有帮助的心理社会项目。然而,在我们讨论一些具体建议之前,有两点需要注意:一是迄今为止,在冲突后的局势应对中,关于这个话题的经验和研究仍然相对有限;二是非常重要的一点,即我们必须非常谨慎地将西方实践应用于发展中国家的大多数冲突后局势应对中。有了这两个注意事项,我们再来看看建议的计划。

1. 治疗

让本土社会工作者来判断治疗方法的相关性。所谓的"谈话疗法(如心理治疗和精神分析)"在非西方世界可能提供不了什么,"谈话疗法的使用"牢固地植根于一个人作为一个独立的个体的概念,能够在与特定社会环境相对隔离的情况下自我转变。

在非洲和东方的许多地方，大多数治疗直接涉及其家庭成员，有时涉及更广泛的社区。如果一个人的康复与更广泛社区紧密相连，那么将其痛苦个人化可能没有多大帮助。换句话说，冲突后的有效治疗在很大程度上受当地环境的影响。

一些社会工作者提到了团体治疗，在团体治疗中，一群患者相互分享他们的经验和见解。对于个体患者来说，这似乎意味着他们并不孤单，并使他们能够思考其他人如何处理类似情况。正如许多人所建议的那样，简单地谈论创伤经历也可能有治疗作用，而不是把它们封闭起来，为自己在某种意义上对所发生的事情负有责任而感到羞愧，为谈论正在经历的某些症状而感到尴尬，或陷入自我并避免社交接触。

2. 参与重建进程

社会工作者通常会提到与其他人一起参与重建任务对受创伤者的好处。虽然这些好处是间接的，但它似乎包括与他人一起工作的社会经验、努力工作的疗法，使人至少能暂时忘记过去，以及通过专注于重建自我、家庭、社区和国家的未来培育希望。例如，在莫桑比克，重建的实际体力工作——建造房屋和种植田地被认为对个人和社区的冲突后康复尤为重要。通过简单的生活和工作过程，人们自己就是“再次以良好方式生活的活生生的证明”。将重建当地基础设施的工作作为康复的指标，对参与者具有深远的个人意义。

3. 调解和解决冲突倡议

虽然调解将在后面的章节中讨论，但我们应注意其与愈合过程的相关性。许多学者认为，这是治愈过程中的关键一步，包括有意识地原谅暴力和虐待的实施者，使人能够摆脱愤怒等负面情绪，并开始向前迈进。然而，还有一个共同的方面，恢复一个值得信赖的社区对创伤后应激障碍（PTSD）患者的治疗效果最好。

4. 基于社区的方法

本书经常强调以社区为基础的方法的重要性。与战争有关的精神创伤的治疗应该去机构化，强调基于社区的战略，利用现有的人力和物力资源。这种策略的目的是减少心理治疗带来的耻辱感。同样，主要关注个人心理社会康复的方法不应取代对更广泛的社会、政治和经济重建的关注，与战争有关的创伤不应被视为个人遭受的伤害，而应被视为一个或多个过程，影响家庭、社区和社会各个层面的组织。

在实践中，有许多方法可以解释基于社区的流程。调解的工作、受创伤者参与重建以及团体治疗都属于这一类，社区重建也是如此。

5. 传统治疗师、宗教组织的参与

人们已经强调了从外部强加评估和应对程序的危险。在此之下，学者们强调了确定本土对创伤和压力的反应的重要性，并试图动员这些反应来支持冲突后的愈合过程。人们表达痛苦的方式受到其特定文化背景的显著影响。例如，在莫桑比克，当地社会机构和治疗师已经为人们的痛苦提供了有意义的解释和管理痛苦的特殊机制。在该国，专门研究战争创伤的传统治疗师在重建破碎的生活中发挥了关键作用，并且教会因其促进调解、提供宽恕、帮助成年人和儿童重申重建进程的作用而受到认可。

外部专业人士并不总是容易信任传统治疗师和当地宗教团体，但重要的问题是，相关人员信任谁，而不是外部工作者信任谁。

（二）心理社会康复的五个阶段

一般认为人们的心理社会康复是一个过程，在此过程中将经历五个阶段。第一阶段是“建立安全感”，任何治疗的关键都是消除危险，并用安全的基础取代它。第二阶段是“社区化和丧亲之痛”。社区化，即在安全的环境中与他人分享创伤经历、感知、由此产生的情绪和反应的行为，以及对损失的哀悼，这是治愈过程的重要组成部分。第三阶段是“重建信任和信任能力”，健康的心理和人际关系的关键是重建人们的信心和承诺。第四阶段是“重建个人和社会道德”，治愈心理社会创伤需要重建主题（什么是正确的）的概念，并重建个人行为准则和社会伦理。第五个也是最后一个阶段是“重新融入和恢复民主话语”，一个健康的社会是一个接受各种社会因素融合的社会。

二、重建社区

在重建社区方面，有三点是无可争议的。第一，从人类发展和人类福祉的角度来看，社区在社会运作中发挥着关键作用，因此，认为重建社区将在冲突后重建议程中发挥基本作用是合乎逻辑的。第二，重建社区在社会工作专业范围内反馈良好，并从早期就开始了对社区发展的关注。第三，人们普遍认为那些在冲突中受过创伤的人，会在重建过程中受益，但对于大多数人来说，这必须是在当地社区这一级，并非包含所有人。然而，现实情况是社区重建并未引起人们的充分关注。

冲突后局势的现实表明，虽然各国政府和国际机构制定了恢复和重建政策，但各社区已经在试验自己的恢复进程，指望平民等待上级指示如何进行重建是不现实的。至关重要的是，恢复进程中的其他行动者应认识到这些自我产生的计划的重要性，并与它们合作，而不是强加给它们认为更有益的东西。在冲突期间，社区会在各种方面受到不利影响。成员逃离、被杀害或被征召入伍，家庭和其他系统被打乱，个人受到了创伤，一些人放弃了希望，社区资源遭到破坏。显然，许多人发展了新的应付技能，发现了内在的保留，人们有时在对目前的困难情况做出强烈的相互依赖反应时紧密地联系在一起，但在克服逆境和重建强大、健康的社区方面仍有一场长期的斗争。如果这一过程不及早开始，那些有能力这样做的人就会离开，前往复苏更快、机会更大的城市，或者甚至在有可能的情况下移居国外，从而进一步剥夺社区的重要人力资源。许多社区将在经济复苏中落后几个月或几年，挑战在这种环境中启动社区发展项目是可行的，他们希望可以积极地参与更广泛的重建进程。接下来的问题是，这些社区发展计划是由什么组成的，它们需要什么样的工作者？我们如何确保这种状况成为普遍的现实？我们建议在可行的情况下采取以下社区重建策略：采取措施确保社区积极参与尽可能多的重建项目；在尽可能多的重建项目中建立以社区为基础的组成部分；确保采取一切可能的步骤，促进人民和社区的康复；了解活跃的社区在做什么，承认他们的行为，并尽可能将其纳入更广泛的计划；了解哪些社区不活跃，评估原因，鼓励非政府组织实施适当的项目来纠正这种情况；将一些基本资源提供给需要重建的社区，并协助他们参与自己的重建工作；鼓励为地方领导人举办关于社区重建的培训讲习班，包括信贷计划、创收机会和成立地方组织等。这些策略可由参与社区重建进程的政府机构、非政府组织或个别社会工作者执行。

三、参与和平和解进程

国际社会工作者仅仅对冲突的后果做出反应是不够的,还应积极参与到和平和解进程中。在冲突的局势中促进冲突双方和解是国际社会工作的重要内容。国际社会工作必须寻求和平,以防止未来的冲突,并建立和谐和有凝聚力的社会。社会工作者如何参与和平和解进程,下面将做具体阐释。

(一)通过共同的任务达成和解

经常提出的一项战略是鼓励以前交战的团体成员在重建进程中共同努力。梅纳德研究发现,救济和发展项目可能具有建立信任的属性。直接的身体参与康复活动是朝着社区的未来迈出的相对安全的一步。有学者研究发现,重要的是参与这样的活动:冲突的双方对所发生的事情共同承担一些责任。最后,解决冲突、战后重建和民族和解的任务应该在理想情况下一起进行,冲突各方通过共同努力解决和重建来实现和解。

(二)鼓励宽恕的策略

诺雷尔和瓦尔兹认为,宽恕的能力可以通过几种方式来培养:通过增加受害者对侵犯者处境和条件的了解,可以促进这种行为;通过受害者真诚地希望结束这场大祸、挺身而出打破暴力循环来实现;也可以通过受害者的信仰或精神信仰。无论如何,重要的是社区成员要培养一种原谅那些他们认为是施暴者的能力。这不是一个容易的过程,也不是一个快速的过程,但社会工作者的参与可以促进这个过程向前发展。

(三)冲突解决策略

解决冲突的重要性是显而易见的,提供帮助的专业人员通常在这一领域有相当丰富的经验。为了促进冲突的解决,作者建议在这个过程中培训社区领导人,并为此目的组织社区。尤其重要的是要建立可以进行群体间对话的环境。

1. 教育策略

联合国难民事务高级专员办事处强调“教育促进和平、解决冲突和人权”,建议将和平与人权部分纳入广泛的教育范畴,并举例说明坦桑尼亚的教育促进和平案例研究。关于人权教育,本书强调需要关注支撑人权的价值观,鼓励责任和权利并重的思考。

2. 从业人员的日常工作策略

第一,倾听个体。允许遭受暴力的受害者一遍又一遍地讲述他们的故事是很重要的。这减轻了他们经历的创伤。这也可以通过建立受害者可以互相讲述他们的故事的环境,鼓励以小组的形式为基础,创造一种“同伴咨询”的环境。第二,维护种族。个人和族裔群体需要在与其他族裔妥协之前,对自己维持族裔的能力感到安全。政治和宗教领袖忽视,甚至有时贬低种族。但种族对大多数参与者来说很重要。第三,鼓励同情和关注。快速行动往往是不可持续的。富有同情心的从业者需要与他们的同事一起感受或承受,同时避免对受害者产生过度认同。第四,寻求传统的和解模式。在文化内部以历史悠久的方法来促进冲突的解决和各方之间的和解,寻求、尊重和提升这些过程将加强文化内部的和解。

(四)构建有凝聚力的和谐社会

在和平与战争或冲突的领域中,重点显然应放在有助于建立和谐关系、维持和平,从而防止冲突的战略实施方面。它既是一种预防方法,也是一种发展方法,当社会寻求以促进社会凝聚力的方式发展(一个持续的进程)时,确实应把重点放在后者上。

实现社会凝聚力(或社会一体化、社会和谐)的关键目标是确保社会在所有方面和各级都充分包容。正如社会发展世界首脑会议所指出的那样,社会一体化的目标是创造“一个人人享有权利和责任的社会”,在这个社会中,每个人都可以发挥积极的作用。这样的包容性社会必须建立在尊重所有人权和基本自由、文化和宗教多样性、社会正义、脆弱和处境不利群体的特殊需要、民主参与和法治的基础上。大多数社会的多元化性质有时给不同群体在实现和保持和谐与合作以及平等获得社会所有资源方面带来了问题。在法治范围内充分承认每个人的权利并没有得到充分的保障。自联合国成立以来,这种对人道、稳定、容忍和公正社会追求的记录更是好坏参半。

澳大利亚一位学者从澳大利亚的多元文化政策的角度回顾了有关社区关系的文献,并得出一些结论。他确定了四种广泛的干预办法:①通过自愿和非正式活动,或通过教育和住房政策,鼓励个人之间的联系;②群体代表,包括种族压力和代表特定社区的利益集团,个人代表和促进榜样;③促进团体间合作,包括社区教育、通过媒体传播正面信息,以及传播国家团结或公民身份等上级目标;④颁布可受审判的权利,如平等机会、平权行动和合同遵守立法,以及反宣传立法。有三种特殊的干预策略最有可能成功:改变规模、分布和可用于种族压力和利益集团的资源,以及增强个人代表性,共同形成一种代表性战略;把榜样和上级目标结合起来,构成大众传媒运动的基本组成部分,以改善社区关系;社区教育为以当地社区为基础的干预策略提供了基础。

许多实践者和学者得出结论,加强少数民族自下而上的方法也非常重要,前提是一个强大和有凝聚力的民族(种族、宗教)或其他组织能够更好地参与更广泛的社会。虽然最后提出的这些战略是在诸如建立在大规模移民基础上的西方社会发展起来的,但需要评估这些战略对多元的、冲突后的发展中社会的适用性。

现代战争的影响是巨大而广泛的,影响范围广泛,包括受冲突影响最终返回家园的士兵和他们的家人;平民陷入冲突,不得不在冲突的可怕后果中生活几十年;冲突对流离失所者人数的影响,这些人作为难民和庇护保护者分散在全球各地;冲突对大多数国家的经济和政治的影响;媒体对冲突局势持续和生动的监测对许多观众产生的影响。社会工作者需要对现代冲突有一定的了解,包括它的起因、程度和性质,特别是它对全球人民福祉的影响,并且积极参与到冲突后重建工作中。虽然在这一领域社会工作者应该做些什么已经越来越清楚,但是冲突后重建领域属于国际社会工作的一个新领域,社会工作者以相对较大的规模参与冲突后重建的历史还比较短暂,尽管该领域的社会工作经验的范围一直在稳步扩大,但这些经验很少被记录下来,甚至很少用于制定适当的干预策略。希望越来越多的社会工作者参与到冲突后重建中，譬如在预防和补救两个层面促进地区和平，通过和解项目和提高社会凝聚力的方案，帮助冲突受害者应对冲突后创伤，重建家园等。

参考文献

[1] Balgopal P R. Social Work Practice With Immigrants and Refugees [M]. New York: Columbia University Press, 2000.

[2] Cox D, Pawar M. International Social Work: Issues, Strategies, and Prgrams[M]. New Delhi: Vistaar Publications, 2006.

[3] World Bank. The World Bank's Experience With Post-Conflict Reconstruction[M]. Washington D C: Author, 2011.

[4] World Bank. World Development Report: Conflict and Development [M]. New York: Oxford University Press, 2011.

[5]2021 年全球人道主义概览. 联合国网站[EB/OL]. (2021 12-01). https://news.un.org.

第八章　反贫困国际社会工作

贫困自人类出现以来就一直存在,消除贫困是我们全人类共同的使命。尽管各国对消除贫困纷纷做出了承诺,许多国家和地区在减贫方面也取得了重大进展,但是在许多经济基础薄弱、社会保障体系不完整的发展中国家,贫困问题仍然是一个顽固性的社会难题。从历史溯源来看,济贫帮困是社会工作的一个传统领域。1601 年英国颁布《伊丽莎白济贫法》,之后德国开始实行“汉堡制”,这是一种对济贫事务进行管理的制度。这些法律制度的出台为社会工作者开展济贫实践提供了良好的政策环境。并且,从社会工作的功能来看,促进全人类的共同发展是专业的最终目标,反贫困是人类共同发展过程中所面临的共同难题,社会工作者在反贫困实践过程中能够发挥难以替代的重要作用。综合视角包括全球视角、人权视角、社会发展视角和生态视角四个维度,该方法指导下的反贫困社会工作将反贫困事业看作全人类共同携手,为保障贫困群体基本人权和发展的工作,最终的目标是实现整个人类社会的发展,同时保障人与环境的可持续性发展。本章首先对贫困的内涵和国际反贫困实践进行简要介绍;其次,运用综合视角来考虑反贫困问题,着重介绍反贫困国际社会工作的实务知识;最后,结合案例,分析国际社会工作者在扶贫工作中常用的方案和策略,并总结了几种典型的反贫困国际社会工作实践。

第一节　贫困与国际减贫策略

贫困是一个复杂的概念,本节主要阐明贫困的含义及其复杂性,并对国际减贫策略进行简要介绍。

一、贫困的含义与类型

(一)贫困的含义

贫困是一个很难定义的复杂概念,其定义几乎不可避免地取决于人们所认为的贫困的主要形式。换句话说,如果贫困主要是从收入水平、人类总体状况、基本需求或能力的角度来看待的,那么这一现象也就有了相应的定义。贫困本身就是一个动态性的、社会性的、历史性的概念,从其内涵来看,经历了收入贫困——能力贫困——权利贫困的过程。总体来看,贫困的内涵是不断地拓宽和延展的。

1. 收入贫困

作为社会生活中的一种经济现象,传统意义上的贫困指的是物质生活的匮乏,个人或者家庭的收入难以负担起一定数量的货物和服务来维持个人及其家庭的生活必需的一种状态。人类最开始对于贫困的理解主要是基于物质层面的,物质资源的匮乏不足和收入水平不高是人们对于贫困的最初认知。经济学家萨缪尔森认为贫困是一种生活状态,人们没有足够收入以至于无法维持基本的生活。[①] 亚当·斯密指出,一个人是贫困者还是富有者,需要看他在多大程度上拥有着生存所需要的基本物品,即他拥有着多少的物资资源决定了他是否属于贫困行列。英国学者奥本海默(1946)认为:“贫困是指物质上的、社会上的和情感上的匮乏,它意味着在食物、保暖和衣着方面的开支比平均水平要少……贫困使人们失去构建未来的机会,夺取了人们享受生命不受疾病侵害、拥有良好的教育、安全的住所和长时间的退休生涯的机会。”收入水平确实是最能够直观反映生活水平的,许多国家依然以收入水平来作为衡量贫困的标准。其中,一部分原因是收入水平相对容易确定和衡量,另一部分原因是它与发展中的经济主导作用相一致,还有一部分原因是它接受不同区域、国家和其他边界的贫困水平在一定程度上的可比性。许多贫困调查通常使用确定的贫困线来确定贫困人口的数量和

① 保罗·萨缪尔森,威廉·诺德豪斯. 经济学[M]. 第19版. 于健. 译,北京:人民邮电出版社,2012:658.

特征，使用贫困差距（人们收入与贫困线的距离）来确定贫困的严重程度。随着对于贫困问题的认知不断深入，学者普遍认为收入不能作为判断贫困的唯一依据。

2. 能力贫困

从能力的角度来看待贫困并不常见，但当贫困干预战略基本上被视为使人们能够在自力更生的基础上取得进步时，这种看法是相当有意义的。最早将“贫困”与“能力”相联系是世界银行在《1990年全球发展报告》中提出的，将贫困定义为“缺乏达到最低生活水准的能力”，[①]而不再是缺乏实现最低生活水准的物资，这表明对于贫困的认知已经从物质层面上升到能力层次。系统提出能力贫困的是阿玛蒂亚·森，他指出对贫困的衡量应该引入能力参数，改变仅仅依靠收入和资源的单一观念，并且认为贫困的本质不是简单的收入水平低下，缺乏去获取收入等资源的能力才是真正导致贫困的原因。[②] 因此，能力贫困更加强调从内部主观去寻找致贫原因，则在反贫困层面更加强调贫困者的内生动力，对于反贫困政策具有创新性的重要意义。

3. 权利贫困

20世纪70年代英国学者汤森认为，贫困是一个被侵占、被剥夺的过程，社会环境中的一部分人不知不觉就被排除在主流社会的外围。[③] 这使得学者们开始进一步扩大对贫困的认知，贫困不再仅仅停留在物质资源的层面，它包含了物质上、社会上和情感上的多种匮乏。1999年，阿玛蒂亚·森在原有的理论基础上进一步扩展指出，“贫困是一种可行能力被剥夺的状态，造成贫困的原因不仅仅是能力的缺失，也是权利的缺失”。这也是阿玛蒂亚·森在贫困问题研究方面的再次延伸，由内生能力原因扩展到外部排斥的客观原因。权利贫困认为，贫困本身就是正当权利被侵占、被剥夺的过程，正是产生这种排斥的效果，使得人们在社会中失去了那些正当的机会。

---

① 世界银行. 1990年全球发展报告[M]. 北京：中国财政经济出版社，1990：73

② 杨成波，王磊. 简论阿玛蒂亚·森能力贫困理论及对完善中国低保制度的启示[J]. 生产力研究，2010(5).

③ Townsend. Poverty in the kingdom：A Survey of the Household Resource and Living Standard[M]. New york：Allen Lane and Penguin Books，1978：38.

联合国开发计划署在《1997 年人类发展报告》中提出了人类贫困的概念，认为贫困不仅仅是缺乏收入的问题，它是一种对人类发展的权利的剥夺。人类贫困指的是缺乏人类发展最基本的机会和选择——长寿、健康、体面的生活、自由、社会地位、自尊和他人的尊重。这一定义强调贫困所具有的多元化性质，包括收入水平、人类和社会发展基本情况，如教育和卫生条件、妇女和男人的社会地位和福利、全体公民参与发展过程的能力。联合国开发计划署还创造了用于度量人类贫困的指数 HPI（Human Poverty Index），它由寿命、读写能力和生活水平 3 个维度构成。寿命用 40 岁以前死亡的人的百分比来测定，读写能力用有读写能力的成人百分比来测定，而生活水平则用获得医疗服务的居民的百分比，获得安全饮用水的居民的百分比以及 5 岁以下营养不良的幼儿的百分比三个指标来测定。因此，减少人类贫困不仅需要增加收入，增加和利用物质或资本，还应该增强贫困人口的资产基础，改善教育和卫生条件，消除性别、民族、年龄和残疾等原因造成的不利影响，防止这些因素加剧贫困，避免贫困人口无法参与经济发展过程。

（二）贫困的类型

1. 绝对贫困与相对贫困

无论贫穷是否被视为与全球因素、发展进程、人口类别或其他现象密切相关，所有类型的贫穷在两个重要方面都有所不同。首先，任何类型的贫困都可以是绝对的或相对的。绝对贫困，特别是在全球范围内考虑贫困时，绝对贫困可以被定义为完全缺乏满足最基本生活水平所需要的资源和手段。它代表着悲惨的生活条件，缺乏在社会中发挥作用的基本能力，以及严重不安全和脆弱的生活状况。绝对贫困的特点是缺乏食物、衣服和住所。这种贫困的特征在各地之间是相同的。

相对贫困的定义因地而异，因为它取决于一个人所生活的社会和经济环境。当人们缺乏实现最低生活水平所需要的手段和资源时，相对贫困就存在，而最低生活水平在一个人生活的社会或社区中被认为是正常的。例如，在世界许多地方，室内水暖被认为是富裕的标志，但是在工业社会中，室内水暖被认为是理所当然的，而在家庭中的缺席则被视为贫困的标志。

2. 农村贫困与城市贫困

伴随着人类社会的快速发展和城市化进程的加速，城市贫困和农村贫困大量存在。

(1)农村贫困

全球贫困的大部分发生地都是在农村，国际农业发展基金(IFAD)2011年报告称，世界上70%的极端贫困人口生活在农村地区。随着城市化速度的加快，这种情况正在慢慢改变。但时至今日，世界上大多数穷人仍生活在农村地区。除了农村贫困在统计上占主导地位，人们还普遍认为农村贫困比城市贫困更严重。

农村贫困的两个共同特征是高文盲率和极低的收入水平。农村地区的文盲率通常是城市地区的2倍，这反过来反映了农村地区在获得社会服务方面的城乡差距，农村地区的收入贫困水平也高得多。不仅如此，政府和私营部门不当的政策和做法也可能是农村贫困发生的重要原因，如政府对农村部门的发展不足；农村地区就业选择不足；西方控制农村产品(例如，通过囤积库存和将补贴产品投放到全球市场)和通常由发展中国家进口的农村机械的价格；无法以合理利率获得与放债人开发相关的资本贷款；农村地区，特别是与城市地区相比，社会服务不足；不适当的土地所有权制度，如封建地主或继承制度导致的非常小的土地；在许多国家，大批受过教育的和技术熟练的人，特别是年轻人，从农村地区逃离。

农村贫困是普遍存在的，往往对人们的影响极其严重，因此，农村贫困是国际社会工作实践的重要领域。

(2)城市贫困

在解释城市贫困之前，首先要对城市的概念进行界定。联合国建议将超过2万人的定居点定义为城镇，超过10万人的定居点定义为城市，超过500万人的定居点定义为大城市。虽然城市有着悠久的历史，但现代城市在很大程度上是工业革命的产物。工业革命开始后，随着工业和商业的发展，大量人口在短时间内不断流向城市，他们面临着低收入、无社会保障的社会问题，极易成为城市贫困人口。因此，城市贫困在发达国家长期以来一直存在，但在20世纪60年代之前，城市贫困问题并未引起人们的关注。城市贫困在发展中国家也普遍存在。对于发展中国家,城市贫困产生的原因主要有两个方面:一是全球范围的国际不平等,这是导致发展中国家城市贫困的主要原因,这种不平等直接导致了发展中国家的城市贫困;二是,随着工业化和城市化的发展,大量的农村人口处于经济动机移民城市,导致了城市的急剧扩张和城市内部社会结构的分化,因而形成了城市中大量的贫困者。

劳动力市场状况、贫民窟和棚户区的条件以及缺乏基本设施是造成城市贫困的重要方面。尽管情况往往很糟糕,但许多城市贫民最终还是通过获得收入、翻修房屋、为子女提供上学机会来改善自己的状况。即使是那些最终失望的人,也会被改善的可能性和那些最终成功的人的例子所鼓舞。因此,城市贫困通常被视为个人层面的一种暂时现象。许多政府和非政府组织等在解决城市贫困方面做了大量工作,譬如,逐步改善住房条件,扩大基础设施,改善工作条件,提供信贷和培训促进创收计划等。

3. 特定人群贫困

某些特定人群在社会经济、政治、文化等领域中总体上处于弱势地位,很容易成为贫困者。人们最容易想到的特定人群包括:女性,特别是那些容易受到性别偏见影响的女性;儿童,尤指被认为是成年人附属财产而物化的儿童,他们往往被自由地剥削和虐待;被视为"无用"的残疾人;少数族裔群体的成员,他们被认为不如主流社会群体。

(1)女性贫困

近年来,贫困女性化已成为普遍现象。在贫困人口中,女性贫困比男性贫困的比例更高。关于保健、营养、教育和劳动力参与的现有数据表明,妇女往往处于严重的不利地位,她们面临着各种各样的文化、社会、法律和经济障碍。对于妇女,尤其是贫穷妇女来说,获得能力建设的机会是一项权利。但是,妇女作为公民,作为自己权利的持有者,往往得不到国家的充分承认;相反,她们或多或少地被理解为男人的附属物。

当妇女不再接受男子抚养,组成以妇女为户主的家庭时,她们的情况通常会恶化。由于一系列原因,包括男子升级、妇女在冲突期间成为寡妇或被遗弃、妇女流离失所和家庭关系破裂,妇女户主的人数大大增加,这增加了妇女的负担,同时往往不能提高她们的社会地位或获得诸如能力建设和就业等经济资源的机会。即使在双亲家庭中,妇女也常常处于贫困的第一线,如果要切实解决贫困问题,就需要赋予她们权力。两性平等必须成为各国消灭贫穷战略的一部分,作为消灭人类其他形式贫穷的目的和手段,如果减贫战略不能赋予妇女权力,它们也就不能赋予社会权力。

(2)儿童贫困

当贫困在某种情况下成为普遍现象,或因任何原因突然增加时,儿童无疑特别容易受到伤害。童年是一个对儿童的发展至关重要的时期,因此对他们的整个未来都是如此。成年人能够承受一段时间的极度贫困,并在之后恢复过来。但对于孩子来说,这种经历可能会让他们的余生受到严重的损害。儿童一般没有地位、力量或能力来获得生存和发展所需要的各种资源。因此,极度贫困的环境下,孩子可能会被遗弃,或者成为孤儿,或者被迫为成年人提供对他们造成进一步伤害的服务。人们普遍认为陷入贫困的儿童应当得到必要的帮助和保护,并享有与其他儿童一样的权利。1989 年,联合国出台了《儿童权利公约》,并且纳入了国际法,从法律层面,把儿童获得最大利益的标准定义为,能够使儿童在健康和正常的状态下,增加发展身体、心智、道德、精神和社会方面的机会和便利。当然,要使该公约的目标成为现实,许多公众和政府的态度应发生重大改变。

(3)少数族裔贫困

各国的少数族裔持续面临普遍性、系统性歧视,很容易陷入贫困。来自印度的证据表明,印度低种姓群体的贫困率更为严重。国际刊物《农村发展杂志》的统计数据显示,1995—2005 年,印度的贫困率为 27%,低种姓群体的贫困率则高达 39%。少数族裔贫困与社会中多数群体的态度、贱民地位、新移民地位等众多因素有关。这种贫困带来的后果主要有高水平的文盲率、受教育程度低、显性或隐性的歧视、相对较低的收入、较低的劳动力参与率、残疾、疾病和较高的犯罪率。对于少数族裔贫困,我们应关注他们在社会中的地位,并提出改变这种状况的战略。

4. 周期性贫困

这是一种贫困普遍存在但只维持一段时间的状况,周期性贫困通常与破坏社会的特定事件相关,例如冲突或者战争,自然灾害、生态环境退化、人口增长过快等。

(1)与冲突或者战争有关的贫困

冲突或者战争是引发贫困的重要事件,主要表现在以下三个方面:首先,穷人更容易受到冲突尤其是战争的影响,许多冲突或者战争主要发生在较贫穷的国家。第二,冲突或战争导致了大量流亡妇女和儿童。第三,冲突或战争阻碍或妨碍了贫困国家或者地区消除贫困的努力。战争和贫困之间的联系既密切又广泛,而且一直延续到冲突后的重建阶段。社会工作者在冲突后的重建阶段比在冲突期间参与的可能性大得多,但仍然需要了解冲突和贫穷这两种现象在各种情况下的关联性质。

(2)与自然灾害相关的贫困

与自然灾害相关的贫困普遍发生在发展中国家,特别是人口密集的地区。穷人往往是自然灾害的主要受害者。首次,穷人往往生活在贫困社区,这类社区的灾难发生率更高,更易受恶劣天气或地震活动等影响,而且有证据表明,贫困社区基础设施的低质量增强了他们的脆弱性。其次,自然灾害对贫穷家庭的打击尤其严重,因为自然灾害可能造成家庭成员的伤害、残疾,甚至死亡,这直接影响他们的主要资产——劳动力。自然灾害发生后高昂的修复费用减少了贫穷家庭可用于其他目的的资金,譬如减贫方案。

贫困和自然灾害往往会造成众所周知的恶性循环。高贫困率增强了穷人面对自然灾害的脆弱性,需要通过采取行动降低人们面对灾难的脆弱性,这可能包括对灾害的一般准备、来自易受灾害地区的人们的重新安置、邻里改善计划,如改善住房或排水系统的质量,以及环境保护和重新造林。

(3)与生态环境退化有关的贫困

贫穷和生态环境退化之间有一定的联系,一方面穷人易受生态环境退化的影响。自然是人类赖以生存和发展的基础,人类通过劳动从自然界获取物质、能量和财富。自然生态环境退化意味着穷人维持生计的自然资源要素遭受破坏,危害穷人生计,从而引发或加剧贫困。另一方面,贫困往往会加剧生态环境的退化。迫于生存压力,穷人及其家庭不得不通过过度砍伐、竭力开采和利用资源来维持生计的自然资本,以满足其短期的生存需求。各国政府和多边机构日益认识到,不可能将贫困与生态环境问题截然分开。

(4)与人口快速增长有关的贫困

贫困很容易导致高生育率,贫困家庭往往选择多生育孩子来确保在自己年老时能够有人照顾他们。已有研究表明:世界上许多最贫穷地区往往伴随着较高的人口增长率,而这种高人口增长率反过来进一步加剧了现有贫困,并导致更多的人生活在贫困之中。近些年来,随着经济标准、社会服务和安全水平的提高,贫困地区的人口增长率出现下降。有证据表明,更好的教育与更高的避孕药具使用率和更低的生育率有关。因此,解决这里贫困问题的重点应放在改善社会和经济指标上,让人民自己来处理生育率问题。

(三)致贫原因

贫困产生的原因主要有地理、文化、经济、政治,以及经济环境与政策五个因素,五个因素及其相互关系如图 8.1 所示。

1. 地理环境因素

地理环境在一定程度上影响着一个国家或者地区整体的经济发展,可能起促进作用,也可能起制约的作用。其中,气候条件、自然资源和地理位置等自然地理因素对经济的影响尤为突出。从气候条件来看,全球富裕国家主要位于温带;贫穷国家则主要位于热带和半热带地区。从自然资源来看,经济相对发达的国家和地区,一般来说都有着较为丰富的自然资源和矿物资源;而那些经济相对落后的国家,往往都是资源匮乏的贫瘠之地。最后,优越的地理位置是经济发展的重要条件,世界上的许多贫困地区大多分布在高原、山区、丘陵、沙漠等地区。譬如,中国的集中连片特困地区主要分布在中西部的深山区、石山区、高寒区、沙化区和荒漠区。这些地区生态条件恶劣、基础设施薄弱、生产及生活条件较差。

2. 文化因素

刘易斯在对墨西哥贫困问题的研究中发现,文化因素不仅导致贫困产生,也导致贫困不断延续。贫困人口如果长期生活在贫困状态中,那么贫困人口内部会形成区别于其他群体的一套特有的文化体系;反过来,这种特有的文化体系又导致了贫困人口群体与其他社会群体的文化及生活方式相隔离。这种贫困群体“亚文化”一旦形成,就会对贫困群体产生重要影响。

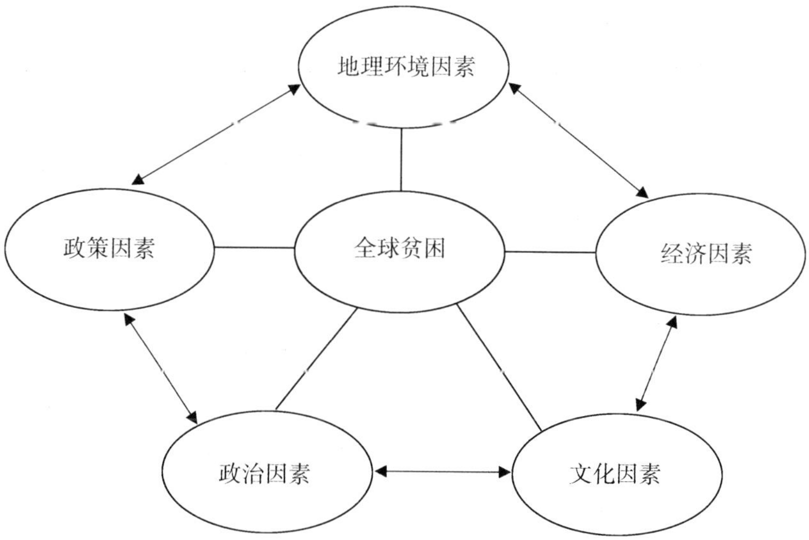

图 8.1　影响全球贫困的五个因素

3. 经济因素

经济发展和收入不平衡是产生贫困问题的重要原因。无论是在发展中国家还是在发达国家,城市与农村的经济发展均存在差异性,农村经济结构单一导致区域发展水平低下,深度贫困地区普遍存在农产品结构单一、规模化和产业化经营水平低、产业链条短等问题,第二、三产业发展也相对滞后,不仅造成农民增收渠道不多,也导致农业稳定发展和农民持续增收难度较大,因此,在许多发展中国家,农村贫困问题十分突出。另外,从收入数据来看,许多国家城市居民的收入远远大于农村居民的收入,消费也是远超于农村,收入是影响贫困的重要原因。

4. 政治因素

由于各种各样的原因,国家可能会经历良好、稳定和有效的治理,这种治理既能促进和接纳发展,又能重新分配发展的利润,从而解决贫困问题。中国的实践也证明,有效的乡村民主政治治理是反贫困的基础制度条件,能够为贫困人群提供更好的公共服务,从而增进贫困人群的福利水平和安全感、幸福感、获得感。事实上,许多国家的贫困都与其国家治理情况密切相关。

5. 政策因素

尽管有各种各样的政策倡议,贫困仍然是一个现实。科学的研究和实践的总结表明,显著减少甚至根除贫困需要高水平的政治承诺,需要公众的理解,以及一系列有效的政策和方案,包括总体发展、创造就业机会、社会服务和社会保障以及社区发展。2020 年年底,中国实现了绝对贫困人口全部脱贫,中国扶贫开发事业取得了举世瞩目的成就。联合国秘书长古特雷斯在 2021 年祝贺中国脱贫攻坚取得重大历史性成就的致函中指出,“中国取得的非凡成就为整个国际社会带来了希望,提供了激励。这一成就证明,政府的政治承诺和政策稳定性对改善最贫困和最脆弱人群的境况至关重要”。

二、国际减贫策略

(一)宏观经济发展

实现减贫最广泛采用的策略是宏观经济发展。宏观经济发展首先体现为经济增长,经济增长在提供解决贫困问题所需的就业机会和政府收入方面具有关键作用。除了经济增长本身,与税收、利率和通货膨胀控制有关的经济政策对减贫也很重要。宏观农村发展项目在促进宏观经济发展和减贫中发挥着重要作用,比如针对农村的土地改革项目、技术援助农民、控制农产品价格和农村工业化(中国)。虽然宏观经济战略在解决总体贫困方面取得了相当大的成功,但它在惠及贫困国家、国家内部的穷人和许多类别的穷人方面做得很少。它常常使一部分农村人口受益,同时迫使其他人陷入更大的贫困或导致移民。

(二)微观经济发展

微观经济发展显然对减贫也很重要。微观经济发展在农村和城市地区都受到高度重视。两种最常见的战略是旨在创收的小额信贷计划和微型企业，这两种战略往往是并驾齐驱的。其中许多计划以穷人为目标，尽管人们承认，这些计划往往无法惠及穷人中最贫穷的人。

以资产为基础的减贫方法试图解决贫困的多层面性质，旨在帮助穷人更好地利用他们所控制的资产。第一个目标是通过保护贫困家庭的资产来培养韧性。第二个目标是确保家庭有机会实现资产回报最大化。产权制度改革很重要，因为它为穷人参与新的全球经济并从中受益提供了基础。最后，为了让穷人持续参与经济，他们需要在社区和社会的社会、文化和政治方面拥有更大的发言权。因此，为穷人提供工具和信息，以识别、阐明和捍卫他们的利益，是基于资产的扶贫行动的第三个目标。

社会服务策略构成了另一种共同的减贫方法，有时针对贫困的基本需求，但更常见的是针对能力建设。一些国家成功地大幅提高了整体教育和健康水平，而在其他地方，此类服务未能惠及较贫穷的地区、社区和人民。社会服务已被广泛视为减少盗蝇计划的一个必要组成部分，但不是万灵药。常见的是能力建设，譬如一些国家大幅提高了整体教育和健康水平。

基于社区的策略是目前采用较广泛的一种减贫策略，以社区为基础的方法，即政府没有选择退出，而是采取具体行动促进社区参与其自身的减贫。

从迄今为止的国际减贫经验来看，上述减贫策略对于促进国际减贫均发挥了重要作用，减贫策略的实践应用表现为以下四个方面的特征：一是发展中国家在应用这些策略时，往往未能实现总体贫困水平的显著降低，尽管东亚有一些地方取得了巨大的成功，比如印度大部分城市的成功。二是由于贫困现象的多层面性质，仅仅应用上述任何一种战略都不会减少贫困，全面协调的减贫计划至关重要。三是减贫战略通常无法触及主要贫困地区，反而对贫困人口产生了巨大影响。因此，国际社会越来越强调扶贫或扶贫战略。四是未能大幅减贫的一个主要原因往往是减贫的政治方面，即对这项任务缺乏政治承诺。这大概是因为这种策略成本高昂，不受选民中有影响力的部分的欢迎，或者是因为执政党只代表选定的既得利益。

第二节 反贫困国际社会工作的理论与方法

国际社会工作者应基于社会工作的专业价值理念和职业伦理,用综合视角考虑贫困问题,掌握反贫困国际社会工作的实务方法,在全球反贫困实践中发挥重要作用。

一、理论视角:用综合视角考虑贫困问题

运用综合视角来考虑贫困问题,能够为分析和处理复杂的贫困情况提供更加全面的视野。综合视角要求从全球视角、人权视角、生态视角、社会发展视角来看待和解决贫困问题。

(一)全球视角

全球因素会对绝大多数地方发生的贫穷现象产生积极或者消极的影响。受大多数全球活动的主流意识形态的影响,资本主义和市场自由贸易天生就倾向于促进那些已经在社会中处于优势地位的个人或群体的利益,这也是造成贫困的主要原因之一。因此,任何旨在消除或减少贫困的有效计划在本质上都必须是全球性的。即使旨在减轻贫困的地方项目也需要考虑全球因素。国际社会工作者在对贫困进行干预时,应考虑全球因素对当地情况的影响。

(二)人权视角

人权视角为国际社会工作在贫困领域的实践提供了价值和权利基础。贫困问题不仅仅是一个经济问题,不能单纯地通过经济增长来解决贫困问题。贫困问题在本质上是一个人权的问题,是一个涉及以人性尊严为价值基础的社会秩序构建的问题。因此,国际社会工作者应从人权的角度来看待和解决贫困问题。基于人权视角,国际社会工作者应将减贫或减轻贫困不仅视为满足人民需求的必要条件,而且视为解决人民权利的必要条件,应采取一系列行之有效的手段和方式,帮助服务对象过上有尊严的生活。

（三）生态视角

生态视角引导我们关注人类赖以生存的自然环境，也就是所有生命最终赖以生存的自然环境。毫无疑问，一段时间以来，人类对于自然资源的不合理开发和利用也是导致环境恶化、阻碍经济可持续发展的重要因素，这也在很大程度上助长了贫穷。国际社会工作者在对贫困进行干预时，首先应对贫困与生态问题之间的联系进行思考，必须确保减贫项目的实施在生态上是负责任的和可持续的。

（四）社会发展视角

社会发展视角遵循以人为本的价值观，认为社会发展是有计划的社会变革过程，目的是结合经济发展的动态过程促进全体人口的福利。基于社会发展视角，国际社会工作者的减贫实践应旨在让贫困群体分享社会发展的成果。一个有效的全面发展计划总是优于一个扶贫计划，因为后者只针对那些贫困的人。然而，一个普遍的现实是发展过程往往会绕过社会的贫困阶层，就像印度用于扶贫的资源很大程度上绕过贫困阶层传递到了富人阶层手上。

二、国际社会工作的减贫模式

国际社会工作应致力于帮助全球贫困人口中最贫困的群体，这些群体最有可能被其他更宏观的减贫战略绕过。在许多情况下，国际社会工作只能减轻现有贫困的程度。即便如此，国际社会工作也应被视为有价值和必要的，国际社会工作应积极参与全球各种减贫行动计划。

综合视角对于指导社会工作的全球减贫实践至关重要。四个相互作用的视角中的每一个都很重要。首先，基于全球视角，贫困问题并非某个区域的问题，而是一个全球性的问题，不仅仅是发展中国家存在贫困现象，发达国家同样存在贫困，现存的全球贫困人口中也有一部分来自欧美发达国家。其次，基于人权视角，我们把缓解或消除贫困不仅视为满足人民需求的必要条件，还视为解决人民权利的必要条件。再次，基于生态视角，我们强调贫困与生态问题之间的联系,确保减贫行动在生态上是负责任的和可持续的。最后,基于社会发展视角,我们应在社会发展框架内采取减贫行动。基于综合视角,本书提出了国际社会工作减贫模式(见图8.2)。模式包括两个部分的内容,一是动态三角模型,主要用于分析贫困问题;二是贫困干预,围绕动态三角模型提出社会工作干预贫困的具体策略。

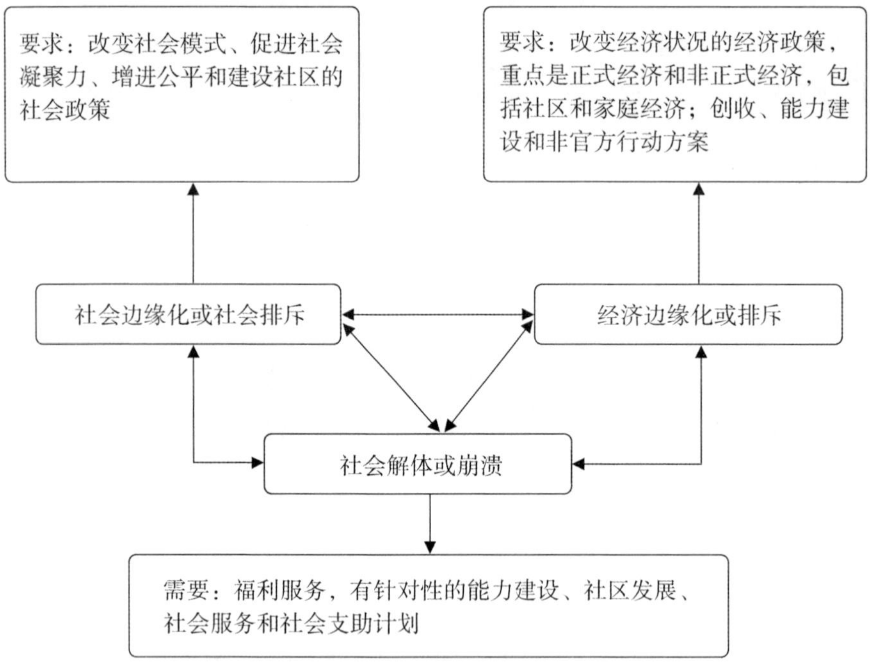

图8.2　国际社会工作的减贫模式

(一)贫困分析:动态三角模型

该模型将贫困描述为一个动态过程。首先,贫困过程或贫困的起点是某种形式的社会边缘化或排斥。这是贫困的根源,社会边缘化或排斥的一个重要结果是某些群体不入主流,被社会排斥。例如,基于性别、民族、种族或宗教差异区分社会群体,对特定群体的歧视性认知。其次,社会边缘化或排斥会进一步引起经济边缘化或排斥,对特定群体的歧视性认知从社会领域蔓延到经济领域，其中一个几乎不可避免的结果是经济边缘化或排斥。经济边缘化或排斥反过来会加剧社会边缘化或排斥。尽管一些被排除在外的群体能够建立一种有利于特定社会群体其他成员的平行经济，从而至少在一定程度上防止贫困，但更常见的情况是，由于该群体的成员被排除在许多就业或创收领域之外，而且通常来自职业教育和培训，提供进入各种职业的机会。最后，社会和经济边缘化或排斥，无论是独立的还是共同的，最终会导致社会解体或崩溃。这里的操作过程是，一些在社会和经济上被孤立的人将受到排斥的事实和他们因此而遭受的持续歧视的不利影响，这不仅涉及贫困，还涉及自尊、自信、建立和维持关系的能力，或许还有情绪稳定。受影响人口的比例将取决于一系列因素，但其中包括在整个群体内运作的团结和互助体系的程度。例如，与社会结构较弱的群体相比，具有更强网络和内部结构的族裔和其他群体将更能保护个人成员免受社会解体和崩溃的影响。换言之，社会解体或崩溃可能会影响几乎整个群体（例如一些土著居民）或整个社区。在这种情况下，大部分家庭和个人将受到影响，或者可能只影响一小部分相对孤立的家庭和个人。总之，社会和经济边缘化或排斥，无论是独立的还是共同的，都会导致社会解体或崩溃。那么，个人、家庭和社区经历的社会解体或崩溃越多，他们在社会或经济上被进一步边缘化或排斥的可能性就越大。

在这里集中讨论种族或种族排斥等现象时，我们考虑的是更极端但也更明显的情况。然而，一个国家的农村人口或老年人口的某些部分可能会被政府忽视，并被社会有效地排斥，从而导致孤立和贫困。社会排斥导致的贫困因具有隐蔽性而往往容易被人们忽视。

（二）贫困干预：预防和补救相结合

国际社会工作干预贫困问题应围绕动态三角模型展开，干预既采取补救措施，又采取预防措施。国际社会工作者在进行贫困干预时，应运用社会工作的专业知识与技能，分析贫困的各种情况，并针对每一种情况设计特定的干预策略。与动态三角模型的三个方面的内容相对应，分别采用不同的干预策略，方案旨在克服或至少大大改善社会边际化或排斥、经济边缘化或排斥以及社会解体的原因和影响。方案应适应每个具体的社会经济—文化—政治背景，在所有三个干预领域中，实施的方案最好对更广泛的情况和受这种情况影响的人产生发展、预防和补救的影响。譬如，移民贫困问题，如果在分析问题时发现，造成移民贫困的根本原因是社会边缘化或排斥，即动态三角模型中的第一种情况，并且未产生重大的经济或社会解体影响，那么社会工作的干预策略只需要解决社会边缘化或排斥问题。

三、反贫困国际社会工作的实务过程

从国际社会工作领域的经验来看，反贫困国际社会工作的实务过程与一般社会工作类似，不过在具体实践过程中，反贫困社会工作实务应重点关注以下五个方面的内容。

（一）小组的形成

穷人通常缺乏自尊和自信，他们在很大程度上接受自己的命运，也容易受到伤害和压迫。贫困妇女更是如此，尤其是在以女性为户主的家庭中，以及低种姓和低阶级的成员。因此，社会工作在开展减贫项目时，假设这些穷人可以立即参与减贫项目是不现实的。许多人需要几个月的时间才能转变态度，开始相信改变现在的贫困现状是可能的，从而有信心和勇气采取行动。因此，社会工作者应利用自身的专业优势，链接多方资源，将具有相似特征的贫困人群（女性、母亲等）组成小组，小组人数通常不超过 5 人。社会工作者定期组织小组活动，鼓励贫困群体讨论他们的处境、担忧和困难、他们的孩子、他们的梦想，以及他们的日常生活经历。这种分享活动是贫困人口赋权和自我意识的开始，也就是说，他们首先应意识到他们的困境。

（二）行动的焦点

过度讨论一个人的困境而没有任何改变的希望或计划可能会令人沮丧。因此，国际社会工作者在干预的第二阶段会在讨论中加入这样一个问题，即服务对象认为哪些行动会有帮助，即使建议行动仅仅为“如果……”，譬如，如果我们能够改变这个，找到这个，做这个，等等。随着小组成员开始提出自己的想法甚至建议，社会工作者一方面需要鼓励小组成员对“哪些行动会有帮助”这类问题进行讨论，另一方面，从专业的角度提出可行建议，以及实施所建议的内容。其基本原理是鼓励小组成员参与，鼓励他们在外部帮助下，在其能力范围内实施一些小行动，从而有助于帮助他们重建希望和信心。这些小行动可能是围绕住宿设施、儿童保育的某些方面，为自己开设的识字课程或其他一些基本培训领域，也可能是一个小型储蓄计划。在这个阶段，虽然行动的性质可能很重要，但更重要的是参与行动本身。

（三）民间组织的建立

虽然小组过程是一个极其重要的启动过程，但每个小组参与的人数显然很少。因此，在适当的时候，社会工作者将组建更多的小组，并鼓励小组之间进行互动。最后，在小组的基础上，由具有相似背景、面临相似困境、对变革方向关键想法一致的许多人组成一个具有共同目标的民间组织。这个民间组织通常被称为人民组织。在发展中国家，人民组织是公民社会的基本组成部分。当然，人民组织的具体关注点可能存在较大差异。

（四）成人教育

成人教育是整个扶贫战略的关键。扶贫先扶智，开展成人教育可以全面提升贫困者的观念、知识、技能等。随着世界经济和社会的不断发展，成人教育在反贫困中扮演着越来越引人注目的角色。世界各国都努力把成人教育引入反贫困的领域中来。成人教育的内容包括帮助贫困人群了解自己和自己的处境，学习以前从未接触过的知识和技能等。

这种成人教育最初可能是在小组环境中进行的，社会工作者主要扮演教育者角色，主要服务内容包括对服务对象的服务、行为的治疗和倡导等。后期，有条件的社区可以选择建立一个成人学习中心，在那里定期开展学习活动，但应该是社区在做好准备时建立这样一个中心，而不是从外部强加。同样重要的是，社区还可以成立一个委员会来管理成人学习中心，并定期与社区进行沟通。

(五)团队合作方式

穷人一般生活在偏远地区、山区,扶贫工作的开展很困难,甚至还存在一定的危险。团队方法认识到这一事实是一种结构,使工作者与团队的其他成员联系在一起并得到他们的支持,并定期退出要求很高的一线工作,进行汇报、社交、评估、规划、知识建设,以及重新发现或更新他们的目标和承诺。

此类团队不分等级,由一名由成员选举或完全支持的团队负责人领导,高度支持个人,提供一个环境,让员工可以表达他们对工作的反应,并通过情绪工作,确保员工以最有效的方式完成任务。理想情况下,团队有一个所有成员都可以前往的总部,必要时可以从总部获得后备保障,成员可以在总部内不时放松,恢复体力和姿态。

第三节　全球反贫困国际社会工作实践

综合视角被广泛应用于减贫国际社会工作,在许多地方被证明在缓解贫困的各个方面是有效果的。本节主要介绍全球反贫困国际社会工作的典型实践。

一、基于社区社会服务发展的反贫困实践

理想情况下,社会服务应由中央或地区政府机构提供,然而,许多发展中国家因缺乏资金和资源,无法在全国范围内提供足够水平的基本社会服务。缺乏基本社会服务是贫困产生的一个主要原因。它直接导致基本需求贫困和能力贫困,并间接对收入贫困产生重大影响。如果在国家层面没有办法提供基本社会服务,满足贫困人群的基本需求,那么当地社会工作者就有责任在社区层面找到可行的解决方案。

一个共同的策略是鼓励当地人团结起来,建立一个包括健康诊所、小学、儿童保育的社区中心。社区中心应配备专门的社会工作者,社会工作者可能直接由政府配备,也可能在当地招募一名当地人,对其进行知识和技能

培训,从事扶贫工作。社区社会工作者主要帮助当地人获得必要的建筑材料或以工换粮的支持。一般情况下,社区社会工作者是由招募产生的,政府只提供社会工作者工资的一部分,社区则以实物形式弥补差额,例如,向工作人员提供食物。或者,以这种方式招募的当地人员除了从事扶贫工作,还继续通过务农等方式为自己和家人的福利提供一些保障。

社区居民参与是社区社会服务发展方案实施的关键。社区居民参与是一种公众的参与。社会工作者帮助社区贫困居民改变认知,使每一个居民都有机会为谋取个人和社区利益而施展和贡献自己的才能。项目实施的结果可能是接受过部分培训且收入微薄的社会工作者、设备简陋的设施,以及社区卫生、教育等水平的相对较小的改善。然而,重要的是,这是一个开始。社区居民对各种服务的性质和重要性有了更多的了解,并且致力于持续改进当地服务。因此,社区中心的建设可能只是反贫困实践的部分内容,伴随而来的人们的社会、健康和教育需求的满足也至关重要。

二、以特定人群社会福利为重点的反贫困实践

在任何贫困人群中都存在需要一定程度个性化帮助的特定残疾个体,剥夺这些人所需的福利服务,就是剥夺他们获得总体减贫战略的机会,从人权和人道主义角度来看,这是不可接受的。然而,仅仅将他们视为有福利需求的人也是不可接受的。绝大多数患有各种形式残疾的人仍然有一些参与社会的潜力,从而为自力更生摆脱贫困找到了机会。不幸的是,在许多发展中国家,这种潜力没有得到承认,比如残疾人被视为“无用”的人,无法参与正常生活。

在这类扶贫战略中,向选定的个人提供福利服务实际上是使他们能够在社会中占据一席之地。虽然所提供的服务通常需要在一定程度上个性化,但最好的方法是确定残疾类别,以便找到一个通用的解决方案。这些类别可能包括冲突或自然灾害致残者;在过去的经历中受到了创伤的受害者;智障人士;有精神疾病的人;患有慢性疾病的人。

社会工作者的任务是确定这些特定人群的福利需求,并针对这些需求制订计划,使这些人能够与其他人一起参与减贫计划,或在必要时参与经过

适当修改的计划。虽然一定程度的个人关注可能是必要和可能的,但安排小组项目以满足特定需求将更加可行;此类项目应尽可能具有高度的参与性和包容性。下面将简述中国以特定人群社会福利为重点的反贫困实践案例。

案例:国际助老会

国际助老会创立于1983年,总部位于英国伦敦,是一个在全球老龄工作领域有着重要影响的国际性非政府组织,其远景目标是全世界的老年人通过实现自身潜能而过上体面、健康、有保障的生活。作为一个全球性的公益机构,国际助老会致力于改善弱势老年人的经济与身体健康、保健与社会服务等方面的权益,支持老年人的隔代照料角色。

国际助老会通过支持各种项目为老年人对话提供平台以及影响在地方、国际与全球的政策来达到这些目的。下面将简述国际助老会在中国支持的一个项目。2003年8月,国际助老会与中国老龄协会合作,在欧盟资助下开始在中国四川、陕西、湖南三省9个贫困边远山区县市的17个项目村,开展为期3年的"中国西部老年人及其社区扶贫项目"。3年期间,该项目累计向2342名贫困老人提供了230多万元种子基金,为老年人举办了各类技术培训;为2169名老年人进行了健康检查,并建立了健康档案;对项目村60名村卫生员进行了老年病学的专业培训;帮助所有项目村建立和加强了村老年人协会,对192名老年协会领导和村干部就如何组织和建设老年人协会进行了培训。该项目帮助贫困老人及其家庭和社区提高了生活质量和福利水平。

三、运用综合视角的反贫困实践

贫困是一个复杂的现象,运用综合视角来考虑贫困问题,能够为分析和处理复杂的贫困情况提供更加全面的视野。斯里兰卡的扶贫项目有助于我们理解基于综合视角的反贫困实践。

案例:斯里兰卡的扶贫

斯里兰卡的扶贫计划由一个著名的非政府组织发起,目的是帮助贫困人口摆脱贫困,实现社会公平正义。该扶贫计划以贫困人口为对象,旨在提高贫困人口和贫困家庭全面脱贫的能力，增加贫困地区的人力资本积累，提升贫困地区的自主创新能力。计划内容涉及赋予权力和消除贫穷等领域，主要运行的项目包括企业经济发展，儿童早期发展，农村技术服务，以及受长期内战影响地区的恢复、和解与重建。由于减贫是一个漫长的过程，该减贫计划的运行时间为六到七年，分三个阶段进行。

第一阶段：鼓励村庄吸引非政府组织参与减贫计划。减贫需要依靠更多社会力量的参与，其中，非政府组织的力量不容小觑。在这一阶段，非政府组织起着关键作用，他们为贫困村庄提供专业的社会工作者。这些社会工作者不仅为村民搭建了社区参与平台，还挖掘和培养社区领袖，考虑到实际情况，该项目社区领袖的主要来源为当地年轻人和受过良好教育的社区成员。

第二阶段：引导社区居民制订和参与社区减贫计划。第二阶段实施的时间比较长，可能持续 12 个月的时间。在此期间需要挖掘和培养更多的社区领袖，从而达到了激发社区活力，引导居民参与社区减贫的目的。这个阶段的高潮是建立一个注册为法人实体的社会组织，该组织对于各种目标的实现至关重要，例如与政府部门谈判。

第三阶段：随着社会力量的增强和居民参与能力的提升，非政府组织的工作人员逐渐退出。这个阶段的重点是帮助村民制订经济发展计划。在这一阶段，非政府组织制订了专门的经济企业发展计划；通常，还制订了储蓄计划，为贫困人口创业提供专项贷款。社会工作者还积极引导贫困人口结合自身特点自主创业，帮助他们制订创业计划。

第四阶段：计划实施阶段。社区将成立一个行动委员会，由经过精心培训的成员组成。行动委员会的主要任务是帮助实现各种经济计划，特别是创收计划，建设一个更强大和更美好的社区。

第五阶段：社区完全独立。社区在没有外部援助的情况下，依靠内部资源进行发展，通常由农村职业经理负责社区减贫事务的各项管理，非政府组织的工作者仅在社区有需求的情况下偶尔给出一些发展建议。

在这个扶贫项目中使用了许多关键的策略。首先，从穷人最关心、最迫切需要解决的实际问题入手，将贫困问题置于整个村庄层面进行解决。其次,在项目实施的早期阶段,领导者发挥了重要作用,每个领导者负责5个村庄,大多数领导者都是青年,由该机构招募和培训。再次,分阶段的方法使得这个持续很长时间的计划在社区层面能够得到全面贯彻和实施。在村一级,关键是建立挖掘和培育社区领袖,对当地年轻人的培训是整个项目中最关键的投入。事实表明,当地年轻人作为社区领袖在减贫过程中发挥的作用显著。最后,也是最重要的一点,该非政府组织始终坚信村民有能力建设和谐、繁荣和相互关联的社区,尽管通常认为在这个过程中会提供一些外部指导和支持,它被认为是在促进整个世界发展过程中最成功的机构之一。

四、中国的反贫困社会工作实践

中国作为世界上最大的发展中国家,拥有广阔的社会工作实践场域。社会工作参与中国的反贫困实践最初是以社会政策和发展项目的形态进行的。2015 年的《政府工作报告》中提出要"发展专业社会工作",也是这一年中国开始实施脱贫攻坚,政府支持志愿者行动计划和社会工作专业人才服务贫困地区计划。2016 年 11 月《国务院关于印发"十三五"脱贫攻坚规划的通知》提出"制定出台支持专业社会工作和志愿者力量参与脱贫攻坚专项政策"的要求。2017 年 6 月,《民政部 财政部 国务院扶贫办关于支持社会工作专业力量参与脱贫攻坚的指导意见》发布,对社会工作参与脱贫攻坚服务做了专门部署,支持社会工作,社会工作力量作为脱贫攻坚的有机组成部分,针对性地开展农村反贫困工作。在这里我们通过一个案例说明社会工作参与农村妇女反贫困工作的实践。案例来自广东绿耕社会工作发展中心(以下简称"绿耕")从化区溪村(化名)社工站。这是广州市首批政府购买农村社会工作服务的项目,实施了 7 年,其中"生计发展""组织与能力建设""人的改变"是该项目的亮点。

2013 年夏天,X 村遭遇了一场水灾。由社会工作者培育的妇女生计互助小组负责人冬梅和阿静,带领连夜赶来的专家团队对灾民进行紧急救助和慰问。在开展慰问工作的过程中,社会工作者培育的妇女互助小组发挥了非常重要的作用。她们将自己经营的乡村旅社改作临时避难所安置受灾农户,和社会工作者一同做饭,对灾民进行临时救济。

值得注意的是，这些妇女曾经也作为特困户接受过帮助。社会工作者从进村后就开始在村内培育妇女生计互助小组，使村内贫困的妇女在改善自身经济状况的同时，也能够参与村庄的公共事务，实现社区的自助和互助。社会工作者以妇女互助小组为基础，逐步在村内培育了中青年青梅特色产品加工组和返乡青年文化生态导赏组，成立了合作社。在这一过程中，社会工作者通过培养村内女性的组织能力，重视社区和社会文化，致力于将整个社区组织起来，推动社区在居民的社区参与中有所改变。这种改变的过程带动了整个村庄和邻近村生的生计发展、文化保育、生态友好和社区互助，推动了乡村社区的自治与善治。

该案例体现的是社区减贫模式，立足于微观个案，中观社区和宏观政策倡导的系统化社会赋权减贫模式。除此之外，社会工作者可以关注贫困女性的能力提升，社会工作者通过教育的途径，让社区内贫困女性获得更多的新知识，增加职业选择；也可以对贫困女性进行职业技能培训，提高其综合素质和竞争力，最终帮助妇女脱贫的目标。

为了阐明和理解贫穷的复杂性，本章首先对贫困的含义和类型进行了分析，对反贫困的国际经验进行了回顾，将国际社会工作放在全球减贫的背景下。其次，从理论视角、基本策略、实施过程等方面描述了反贫困国际社会工作的理论与实务。最后，列举了反贫困国际社会工作的典型实践。总体来看，反贫困国际社会工作是一个持续探索建设的过程，我们期待它能有更好的发展，为减贫工作做出更大的贡献。

参考文献

[1]王曙光. 中国扶贫[M]. 北京：商务印书馆，2020.

[2]江婧雯，李卫东，王华亭，等. 资本视角下多维贫困测度在相对贫困治理中的新思路[J]. 当代农村财经，2022(3)：8－11.

[3]李迎生，郭燕. 推动社会工作精准介入反贫困实践[J]. 中国人民大学学报，2018(5)：92－103.

[4]马凤芝.贫困治理与社会工作教育对口扶贫的中国实践[J].社会建设,2022,9(1):48-59.

[5]苏芳,范冰洁,黄德林,等.后脱贫时代相对贫困治理:分析框架与政策取向[J].中国软科学,2021(12):73-83.

[6]王琳,李珂珂,周正涛."后脱贫时代"我国贫困治理的特征、问题与对策[J].兰州大学学报(社会科学版),2021,49(5):49-56.

[7]颜军,周思宇,何莉琼.西部民族地区相对贫困:现状、困境及治理[J/OL].民族学刊,2022(2):60-73+139.

[8]张琦.全球减贫历史、现状及其挑战[J].人民论坛,2021(11):14-18.

[9]Amaresh Dubey, Shivakar Tiwari. Economic Growth and Urban Poverty in India[J]. Environment and Urbanization Asia,2018, 9(1): 18-36.

[10]Kala Seetharam Sridhar. Is Urban Poverty More Challenging Than Rural Poverty? A Review[J]. Environment and Urbanization Asia, 2015, 6(2): 95-108.

[11]Benfica R, Henderson H. The Effect of the Sectoral Composition of Economic Growth on Rural and Urban Poverty[J]. Review of Income and Wealth, 2021, 67(1): 248-284.

[12]习近平.在全国脱贫攻坚总结表彰大会上的讲话[N].人民日报,2021-02-26(02).

[13]骆明婷.机制化减贫[D].上海:上海社会科学院,2021.

[14]中国老龄协会联手国际助老会改善贫困老人生活[EB/OL](2006-07-12). http://www.gov.cn/govweb/jrzg/2006-07/12/content_334220.htm.

第九章 国际移民社会工作

随着全球化进程的加速,国际移民已成为国际社会工作所讨论的重要议题之一。相关数据显示,全球国际移民规模在 20 世纪后半叶经历了快速增长。进入 21 世纪以后,国际移民规模持续扩大,2020 年达到 2.81 亿人,在世纪初基础上增加近 1 亿人,已达世界总人口的 3.6%。事实上,全球移民数字可能远远高于上述所统计的国际移民数量。无论是国际移民还是国内移民都引发了众多社会问题,如移民政策和管理、移民人权、移民与发展问题等。移民领域是国际社会工作应关注的领域,本章主要运用综合视角,对不同类型移民的国际社会工作干预进行介绍。

第一节 国际移民社会工作概述

为了讨论移民领域的问题,本节首先说明用综合视角考虑国际移民问题的必要性。其次,对移民进行了类型划分,以便更加有条理地分析不同移民类型的社会工作干预策略。

一、理论视角:用综合视角考虑国际移民问题

运用综合视角来考虑移民问题,能够为分析和处理复杂的贫困情况提供更加全面的视野。综合视角要求从全球视角、人权视角、生态视角、社会发展视角来看待和解决贫困问题。

(一)全球视角

当代国际移民的特质就是它的全球化特性。因为国际移民直接影响各

个国家与区域的发展和稳定,它透过社会、经济、文化、政治各种过程,渗入并影响全球各地的社群。最近几年移民人数显著上升。根据是否自愿,移民可分为被迫移民和主动移民两种。最近几年国际形势变化莫测,中东,北非地区战事不断,导致当地的人民群众被迫离开自己的家乡,这种移民为被迫移民。与上述情况不同的是,在一些国家和地区,人们由于缺少发展机会,会选择主动移民。总体来看,移民的发展趋势受到冲突模式、治理体系和生态环境等因素影响,其中大多数因素具有全球成分。另外,移民的种族、宗教、民族或政治背景等因素直接决定当地政府和民众对待他们的态度。因此,社会工作者往往采取全球视角考虑和解决移民问题。

(二)人权视角

迁移导致移民者离开原居住地之后,在新居住地的人权往往被忽视甚至滥用,例如许多移民工人、流离失所者、寻求庇护者、被贩运者等,他们很容易在新居住地受到虐待、剥削和非人道待遇。譬如,大批拉美移民为了更好地生活选择移民美国,却在新的居住地遭受了不公和歧视,艰难地生活着。有专家指出,许多拉美国家的移民在美国遭到了歧视和不平等对待,这正是美国长期漠视移民基本人权的结果。因此,基于人权视角,在解决国际移民的诸多问题时,社会工作者应把人们的福祉放在首位,共同努力反对不平等,从而有助于化解和解决国际移民所面临的诸多困境。

(三)生态视角

生态环境变化致使人口被迫迁徙的问题已引起世人的广泛关注。近年来,很多国家都不同程度地存在着土地沙漠化、石漠化和水土严重流失等环境问题,使当地部分地区生态系统退化,人类难以居住和生存,加上由于全球变暖而逐渐出现的海平面上涨、环境变化也可能促使大量移民跨国迁徙。自然灾害引起的生态环境的恶化也是人类国际迁徙的重要原因。例如,在中国,不断加剧的雾霾天气成为中国富裕人群移民美国、加拿大、澳大利亚等生活环境宜人的国家的重要原因之一。另一方面,移民可能会给当地生态环境造成破坏,应采取一些预防措施防止或减轻移民带来的负面生态影响。可见,在对移民进行社会工作干预时,还应充分考虑生态环境因素。

(四)社会发展视角

社会发展视角遵循以人为本的价值观,认为社会发展是有计划的社会变革过程,目的是结合经济发展的动态过程促进全体人口的福利。基于社会发展视角,经济发展不平衡是移民的重要根源。经济全球化和全球生产体系的结构重整拉大了发达国家和发展中国家之间的经济差距,加剧了国家之间生活发展水平的差距。通过跨国迁徙改善个人生活水平和发展空间,实现个人理想,是众多普通民众进行跨国迁徙的基本原因。因此,基于社会发展视角,国际社会工作者应在减少全球发展不平衡问题、推动社会共同发展进步方面做出重要贡献。比如,国际社会工作者通过专业方法和社会政策来促进移民在新居住地包括经济融入、政治融入、社会福利和公共服务融、心理和文化融入等方面在内的社会融入。

二、国际移民的概念及类型

在讨论移民问题时,我们应界定国际移民的概念并区分不同类型的国际移民。

(一)国际移民的概念

国际移民是一个持续发展和变化中的现象,关于它的概念和定义多种多样,有学术上的界定,有各国政府出于政策上的界定,还有相关国际组织在不同理念上的界定等。

国际移民组织(International Organization for Migration)将"国际移民"定义为:"为了在其他国家定居而跨越国境流动的人群,包括暂时性居住在内;游客和短期商务考察者通常不计入移民之列。"

国际移民组织对移民的最新定义认为,不论其法律身份、出于自愿或不自愿、迁移原因为何、停留时间的长短,只要是进行或者正在进行跨国移动,或者在一国范围内离开其常住地的人,都是移民。

根据联合国经济和社会事务统计局 1998 年公布的《国际移民数据统计

建议》的定义,国际移民是指离开其常住国而迁到另一国家的人。该文件还将国际移民分为迁移到其祖籍国以外的其他国家一年以上的"长期移民"和三个月至一年的"短期移民"。

国际劳动组织从国籍的确定方面界定了国际移民:不拥有就业国公民身份的人,即为移民。

综合上述国际组织对国际移民的概念界定,本书将国际移民定义为:为了在其他国家定居、就业等而跨越国境流动的人群,包括一年以上的"长期移民"和三个月至一年的"短期移民"。

(二)国际移民的分类

目前学界对国际移民的分类略显复杂。本书根据国际移民的迁移是否出于主观意愿,将其分成两大类:自愿性国际移民和非自愿性国际移民。自愿性国际移民多是出于自身的特殊需求和价值判断,非自愿性国际移民往往是迫于外部环境和现实因素而被动迁移他国。

1. 自愿性国际移民

自愿性国际移民是指有权选择是否迁移的移民,多是出于自身的特殊需求和价值判断而迁入其他更适宜居住的国家。根据其是否获得迁入国的法律许可分为两类:移民工人和非法移民劳工。

(1)移民工人

移民工人也称为国际劳工移民或经济移民,是指以就业为目的进入其他国家居留的外国人。移民个人通过正规渠道在其他国家就业定居,他们的工作福祉和人权在迁入国一般都得到了尊重。

移民工人的跨国劳务输出能够同时为迁出国和迁入国带来巨大利益。一方面,对于移民工人迁出国来说,本国劳工的国际迁移,能够为移民输出国带来大量的资本和相对稳定的收入,还可以达到减少本国的失业和不充分就业,减少贫困等实际效果。对于移民工人迁入国来说,移民工人的输入能够带来巨大的经济效益和其他效益。首先,在国民收入上,迁入移民为经济发展补充了劳动者,从而提升了迁入国的 GDP 。其次,对劳动力市场的影响方面,移民劳工带来的积极影响远大于消极影响,不管是低技能领域还是高技能领域，移民工人都充盈了输入国劳动力短缺的职业和部门，增加了劳动力的供应与需求，能够为现有的工人创造额外的就业机会。再次，年轻劳动者的迁入也能帮助高收入国家减轻人口迅速老龄化而对养老系统造成的压力。

(2)非法移民劳工

非法移民劳工是指未按照规定取得工作许可和工作类居留证件在其他国家工作的流动人群。这是劳工移民中一个非常重要的类别。这些非法移民工人及其家庭的权利在目的国往往得不到保障，他们遭到本国、中转国和目的地国的歧视、排斥和剥削，而这也不利于移民工人为全社会做更多的贡献。

对于这些非法移民来说，一方面，他们要生活，只能到非法雇用劳工的地方打工。雇主可以随意地延长工时、压低工钱，而且劳动安全是没有保障的。另一方面，他们没有合法的身份，需要时时刻刻躲避警察，避免被遣返。而在各国政府看来，对于非法劳工与普通劳工的人权保护，一般都是区别对待。

2. 非自愿性国际移民

非自愿性国际移民是无权选择是否迁移的移民，往往是迫于外部环境和现实因素而被动迁移他国。非自愿性国际移民有两种类型：第一种类型是由于战争、自然灾害（如瘟疫）、宗教迫害、政治运动等不可预测的、突发的自然和社会因素所引致的移民，此类非自愿性移民也被称作为难民。第二种类型是由于重大工程项目建设征地拆迁所引发的移民，此类移民也被称作工程性移民。在整个20世纪，战争和冲突与移民之间存在着重要联系，战争和冲突往往导致大量人口流离失所或被迫迁移。

三、国际移民产生的原因

我们应该认识到，导致全球移民的原因是多方面和复杂的。目前学界普遍认为国际移民产生的原因可概括为经济因素和非经济因素两个方面。

（一）经济因素

经济因素是导致全球国际移民的重要因素。世界经济发展不平衡是无可争议的事实,国与国之间在收入、就业、社会福利等方面的差异是巨大的。更稳定的工作环境、更多的就业机遇、更好的福利待遇等因素,都是吸引人们进行移民的重要原因。以亚当·斯密为代表的古典政治经济学家最早从经济视角关注移民问题,认为移民输出国和接受国之间的工资、雇佣机会、劳动力充足程度的差距,导致个人为了追求利益最大化而选择移民,该理论被称为"推—拉"理论(push-pull theories)。以拉里·萨斯塔为代表的新古典主义经济学家进一步完善了古典主义经济理论。华金·阿朗戈认为:"我们可以概括新古典派的移民思想如下:移民的根源在于国家之间的工资差距;该差距实则反映两国间的收入和福利差距;人口流动可以消除这种差距,而差距的消除又意味着人口流动的停止。"综上,经济因素是国际移民的主要考量因素。

(二)非经济因素

事实上,影响移民的因素是多方面的,除了经济因素,还有许多非经济的因素,包括政治因素、社会文化因素、技术因素、环境因素、法律因素等。许多学者对移民非经济因素方面的影响进行了研究。双重劳动市场理论强调国际移民的制度性原因,也关注了种族和性别的原因,把移民的劳动市场分成了高技术性职业(金融、科研、经营之类),同时主流种族和男性占主导的第一次劳动市场和低教育、低职业训练要求工种,在种族、性别处于不利位置甚至在法律上处于不利地位(非法移民)的第二劳动市场。劳动移民新经济学强调个人所属的家庭、家族、集团对移民的影响。世界系统理论从宏观角度、历史角度出发,认为移民和全球化、劳动市场国际化以及外国直接投资有关系。风险回避理论从微观角度出发,认为比起那些一无所有的穷人,有一定资源的中层(甚至高层)人士拥有更多通过移民海外来规避风险的动机,以及更多用于移民的资金。还有从地理学出发的移民系统理论,从社会学和人类学出发的移民网络理论。这些理论都从非经济因素解释了移民形成的原因,认为非经济因素对国际移民的作用和影响不容忽视。

第二节　移民工人社会工作

自愿性国际移民中的大多数人为移民工人，他们移民的目的是获得更多的经济报酬，进而改善自身的收入和生活水平。本节主要讨论移民工人与社会工作。

一、移民工人的生活现状

2022年，联合国移民署(IOM)发布了《2022年世界移民报告》。根据这份报告，截至2020年全球移民总数已经达到2.81亿人，占全球总人口的3.6%，相当于每30个人中就有一位移民。其中超过一半的国际移民得到的收入被汇往发展中国家。这些移民工人主要来自亚洲、非洲、拉丁美洲等经济欠发达国家，因此寻求就业或者高收入工作就成为国际劳工移民最主要的动因。移民工人移民的主要目的是在雇佣国获取稳定的就业机会和获得更好的生活。事实上，对于大多数移民工人来说，他们在雇佣国的情况并不容乐观。

首先，从就业来看，移民工人主要在工厂、工地、旅馆等地从事低技术水平的工作，由于不良的工作环境，移民劳工可能面临着多种风险，诸如强迫性劳动、工作场所意外伤害等。譬如，家庭佣工就面临强迫性劳动风险。罗莎·贝格姆花了十多年采访中东地区的家庭佣工，并记录了她们的工作条件。她表示，如果没有政府和媒体的干预，将有更多的家庭佣工被迫工作24个小时，过度工作让很多佣工筋疲力尽，她们中一些人生病了，一些人显示出抑郁的症状，甚至还有一些人选择轻生。另外，新冠肺炎疫情加剧了移民工人在各国面临的歧视和排斥问题，家庭佣工的工作条件进一步恶化。雇主可能会要求他们对房屋多次进行清洁和消毒，然而佣工往往得不到任何保护设备或者充分的指导，并因使用刺激性强的清洁产品而烧伤。他们可能还需要照顾生病的人，包括新冠肺炎患者。还有部分佣工因新冠肺炎疫情失去工作而被迫返回家园。

其次，移民工人的工资福利远远低于本国工人。2020年12月，国际劳工组织一份题为《移民工资差距：了解移民与本国劳动者之间的工资差异》的报告显示，“过去五年中，一些高收入国家的移民与本国人工资差距扩大。例如，最新数据显示意大利移民工人收入比本国人低 30%，而 2015 年为 27%。”同时。移民工人在雇佣国更有可能从事不稳定工作。报告显示，在移民工人中，“临时合同占 27%，兼职工作占 15%。他们在农业、渔业及林业等第一产业中占比过高，在采矿业，制造业，电力、燃气及水生产和供应业，以及建筑业等第二产业中也比本国劳动者承担更多工作。”可见，移民工人的收入和劳动保护等劳动待遇远远低于本国工人，甚至低于本国劳工待遇的最低标准。

另外，移民工人远在异国他乡，面临语言不通、缺乏相应的社会支持系统等困境，这也使得他们难以应对一些意外伤害，如工伤等。

二、移民工人社会工作的实务过程

一般来说，移民工人社会工作的实务过程包括四个阶段：招募阶段、行前培训阶段、海外就业阶段、提供回国援助和回国服务阶段。国际社会工作者在每个阶段应扮演特定角色，并采取具体的干预策略。

（一）招募阶段

劳动力输出国家应成立经过国家劳动行政部门认证的机构，专门从事境外就业招募工作。机构认证一般要求从事境外就业招募工作机构的法人代表是本国公民，并能为自身的招募行为负责任。另外，要求认证机构提供保证金和限制招募过程中的收费也是各国比较普遍的做法。社会工作者主要的任务是提供信息咨询，包括个体咨询和团体咨询。

（二）行前培训阶段

鼓励原籍国政府确保所有离开的迁徙劳工都能参加行前培训是必要的。社会工作者可以采取多种形式对准备出国就业的人进行行前适应性培训，可以是强制的，也可以是自愿的。譬如，菲律宾从 1983 年开始就有了对境外就业劳工进行行前适应性培训的强制性规定。行前培训的内容包括：

国外的工作和生活条件、移民工人的权利和义务、移民工人及其家庭的计划和服务、怎样寻求帮助等；基本语言培训，使工人更有效地维护自己的权利；移民工人迁入国的大使馆、非政府组织和其他机构的服务信息等。在斯里兰卡，政府的境外就业局通过公共和私营培训设施网络实施了一项统一的行前培训课程提纲。国内的非政府组织和劳工组织也日益参与到了培训计划中来。除政府机构外，非政府组织在移民工人事务方面发挥着越来越积极的作用。目前在菲律宾，至少有 38 家非政府组织为移民工人及其家庭提供各种服务和援助。

（三）雇佣国就业阶段

移民工人在雇佣国工作过程中存在着被剥削、被歧视的危险，他们的安全问题往往成为“沉默的安全”而被忽视，极少得到保护。因此，他们需要专业机构为其提供必要的支持和帮助。目前，为移民工人提供专业服务的机构主要有原籍国政府在雇佣国派驻的劳工机构，当地的非政府组织，为移民工人提供服务而设立的外籍非政府组织，国际机构，如国际非政府组织和联合国各部门，等等。

移民工人进入东道国以后，往往需要诸如住房、语言培训、就业指导（包括简历撰写和工作搜索）、翻译、各种手续的办理、职业规划、社交网络建构、同伴辅导、教育深造、服务信息获取、学历验证、工作经验获取和压力缓解（包括家庭压力、就业和文化障碍、歧视体验）等社会服务。另外，在一些移民工人雇佣国，针对移民工人开展工作极为困难。因此，移民工人社会工作者首先应争取雇佣国政府的支持。

如果移民工人不在另一国重新定居，他们的家人仍留在原籍国，社会工作者需要帮助这些移民工人的家人顺利地度过这段时间。原籍国的政府和非政府组织机构针对这些移民工人家庭开展了许多服务。当地社会工作者主要为这些家庭提供通过个体咨询、家庭咨询、信息服务等。

（四）提供回国援助和回国服务阶段

移民工人回到原籍国之后，大部分人要经历一个从不适应到适应的过程。这个过程既需要移民工人自己的努力，也离不开原籍国政府和非政府组织的帮助。首先，移民工人的他国工作经历可能对其在原籍国的发展不利。他们可能遇到以下问题，譬如部分移民工人可能遭遇欠薪问题；部分移民工人可能希望继续在国外再待一段时间；部分移民可能对自己的家庭或未来计划感到担忧，等等。国际劳工组织表示，大多数移民劳工在原籍国重新融入社会的空间非常有限，而且通常没有适当的政策和制度来确保有效的劳务移民管理和顺利地重返社会计划，比如劳工的技能发展和认可等。

因此，原籍国的政府和非政府组织应为这些回国者提供相应的服务。譬如，菲律宾、孟加拉国、巴基斯坦、泰国和斯里兰卡等国政府都要求招募本国劳工的外国雇主设立一项福利基金作为紧急资金以帮助身在东道国的劳工，例如用于回国劳工的路费，设立福利基金是一项在东道国帮助境外劳工的创新性做法。菲律宾、斯里兰卡等国家还为回国劳工提供咨询和计划，帮助他们重新融入本国劳动力市场。当地社会工作者应熟悉整个迁徙劳工的过程，并了解当地返乡移民工人的具体情况，针对他们的具体问题开展专业化的服务，为这些回国的移民工人重新融入社会提供专业服务是工作重点。

三、案例：针对海外中国劳工的权益保护措施

社会模式是一种以自愿为基础，以社会捐赠、动员社会力量等公益性方式筹集资金，直接或间接地用于海外劳工保护之中，并接受公众监督的一种安全供给方式，其主体包括非政府组织、媒体、社会团体等。近年来，我国政府也开始重视民间组织，利用社会的力量为海外中国劳工保驾护航。2007年，中国全国总工会设立境外维权领导小组、境外维权协调办公室和涉外职工权益处等机构正式成立。中国全国总工会黑龙江分部还在俄罗斯、缅甸、哈萨克斯坦设立了分部以吸纳中国海外工人并维护他们的权利。从2007年开始，又陆续在俄罗斯、缅甸等地设立支部，吸收当地工人入会以维护他们的权利。

2015年，为了鼓励在海外的华人互助组织发展并加强与当地政府之间的联系与合作，在海外侨胞集中的地区出现了首批“华侨华人互助中心”，并与当地警务、司法、移民、海关、税务等部门建立了良好关系，维护侨胞正当

权益。由于劳工流动的跨境性,国际组织在其救助与保护中起着不可忽视的作用。国际组织通过制定劳工标准、建立保护劳工的规范性框架、搭建与劳工移民相关的协商对话平台、签订与海外劳工权利相关的国际公约/协议等方式为海外劳工提供安全保护。国际组织的主体包括国际劳工组织、国际移民组织、各区域型组织等。

国际移民组织的 AVRR(Assisted Voluntary Return and Reintegration)项目旨在为全球各国自愿返回的移民提供资金支持他们回国并在回国后给他们一笔资金可以做小生意。某国际移民组织驻华办事处的工作人员(2017年9月16日,北京)曾详细地介绍了国际移民组织的 AVRR 项目,该项目虽然在中国刚刚起步,但是仍有许多中国劳工受惠于该项目。

第三节　难民社会工作

非自愿性国际移民往往是迫于外部环境和现实因素而被动迁移他国。非自愿性国际移民有许多类型,难民是目前最为常见的类型。本节采用广义的标准来界定难民,是指由于天灾或人祸而生活无着落、流离失所、需要离开原居地的人。本节主要探讨难民的社会工作实务。

一、难民是社会工作的重要领域

第二次世界大战结束以后,欧洲遭遇了有史以来规模最大和最严重的难民危机。移民计划成为许多西方国家战后重建计划的一部分,如澳大利亚开始将目光投向了欧洲难民,并与国际难民组织达成协议,每年接收1.2万名欧洲难民到澳大利亚。据统计,从1947年至1952年,澳大利亚共接收了约17万名欧洲难民进入澳大利亚。20世纪50—60年代,澳大利亚继续吸收欧洲大陆的移民。移民社会工作逐渐成为社会工作的一个重要领域,许多社会工作者在欧洲,尤其是东欧地区为大量的流离失所者和被迫迁徙者提供了专业社会工作服务。20世纪70年代,东南亚出现大量难民,难民工作中心从欧洲国家转移到东南亚发展中国家。从事难民工作的主要是各种宗教难民机构、联合国难民事务高级专员公署(UNHCR)和国际移民组织

(IOM)的工作人员。然而,总体来看,从事难民工作的社会工作人员数量严重不足。进入21世纪以来,在该领域工作的社会工作者人数逐渐增加。

二、难民社会工作的内容

在许多情况下,难民被迫聚集在一个相对不适宜居住的环境中,人道主义援助对难民的生存至关重要。目前,有许多国际机构专注于提供各种人道主义援助,并在应付危机局势方面积累了相当多的经验。不过,人道主义援助还面临诸多困难:没有提供足够的物资援助;几乎得不到援助;只能在强迫移徙者必须到达却很难到达的固定地点进行分配;提供的援助类型满足不了某些需求,等等。社会工作者在联系难民与人道主义援助机构方面发挥着至关重要的作用。社会工作者为难民提供的专业服务主要包括以下内容。

(一)参与人道主义援助

人道主义援助主要包括紧急粮食援助、物质援助、援助协调、保护和支持服务、难民和流离失散者援助等形式,主要目的是保护生命、舒缓不适状况,维护人类尊严。社会工作者在人道主义援助过程中,主要扮演协调者和联络者角色,确保这些援助物资及时到达最需要援助的人手里。在受援国或者受援助的地区实施食品援助项目,由于缺乏专门的组织和人员负责,从各方筹集来的食物很难及时发放给有需要的人,可能出现只有年轻和健康的人能够争取到一份,而生病的人、带着年幼孩子的母亲和老年人就错过了。当地社会工作者在参与此类援助项目时提前意识到这种风险,或者意识到这种风险正在发生。他们会运用自己的专业知识和技能帮助制订食品分配计划,并与当地政府部门、非政府组织的工作人员合作,确保从各方筹集来的食物发放给有需要的人。当然,社会工作者具体采取什么样的策略主要取决于当时的条件,应把回应处境最不利的人的需求作为工作重点。

案例:联合国等国际组织对流离失所者提供的法律保护

在联合国难民署的积极推动下,联合国大会于2018年12月17日通过了《全球难民契约》,该契约明确指出:“接收和收容(往往是长期收容)难民的国家利用本国有限的资源为集体利益做出巨大贡献,实际上也为人道主义事业做出了巨大贡献。这些国家率先做出响应,亟须得到整个国际社会的切实支持。"但也承认,"尽管收容国和捐助方极力慷慨相助,人道主义资金也达到了空前的规模,但是需求和人道主义资金之间的缺口仍在扩大"。这是因为在联合国框架下,并没有对难民给予鼎力支持的各成员国的法律责任和相关义务的硬性规定,各成员国政府多是以认捐的方式,对国际难民的收容和安置给予帮助、给联合国难民署救助难民的工作以支持。2016 年 10 月欧洲理事会在布鲁塞尔召开会议后宣布,将与埃塞俄比亚、尼日尔、尼日利亚、马里与塞内加尔五国"紧密合作","将采取一切必要手段,通过发展与贸易政策、措施、装备等,以减少难民流量和遣返难民"。2018 年 9 月,欧盟委员会主席容克呼吁加强欧盟与非洲的合作,并专门提出了一个新的计划,在未来 5 年内创造 1000 万个就业机会,并可能开启 440 亿欧元的公共和私人投资。

(二)治疗难民创伤

国际社会逐步承认难民中的许多人正面临着身心创伤,我们理应聚焦难民的身心创伤、抚慰创伤背后的扭结着的心灵,移除他们的苦痛。

1. 干预目标

人们在目睹或经历灾难、战乱、暴力或者失去亲人后,往往会感受到巨大的痛苦,并产生严重心理后遗症,主要包括创伤后应激障碍等心理疾病。社会工作者应制定干预目标。在难民涌入的第一阶段,社会工作者主要对难民创伤采取预防和补救措施,缓解难民焦虑,防止负面情绪的扩散。其次,制定长期干预目标,通过社会工作者的早期干预,从长远来看,重新使处于心理危机中的难民建立健康的、积极的生活态度,帮助他们尽早恢复到正常生活中来。

2. 干预措施

社会工作者可以向难民和其他经历创伤或失去亲人的人提供基本心理支持,包括心理急救和压力管理等,以帮助这些人找到积极的应对方法。通过开展家庭团聚、学校教育、集体聚会、创收活动、重建个人和家庭网络等活动，对难民进行赋权，帮助难民获得金融服务和其他资源以提高他们的生活水平等。

3. 干预的五项基本原则

社会工作对难民创伤的干预应遵循五项基本原则：选择合适的干预策略；文化适应原则；从被迫移民中招募志愿者和工作人员；在现有服务中引入心理社会支持项目；恢复尊严和发掘能力。

（三）难民儿童社会工作

1. 背景

难民儿童的定义是未满 18 岁，因战争或其他事件而从其通常的环境中流离失所的人。《难民儿童：保护和照顾准则》指出，三个相互关联的因素促成了难民儿童的特殊需要：他们的依赖性、脆弱性和他们的发展需要（即他们在不同年龄对健康成长和发展的要求）。

2. 干预层面

难民儿童的社会工作干预应从两个方面进行：一是帮助孩子们在可能的情况下与他们的父母或其他家庭成员团聚；二是为儿童的持续发展和教育需要提供服务，这当然不能与儿童的心理社会需要分开。

3. 干预措施

针对难民儿童日常生活和社会交往等方面的问题，社会工作者可以采用小组工作方法将这些相同经历的儿童聚集起来，建立安全的环境，增加小组成员之间的互动，通过同伴之间的直接和间接影响，形成正确的自我评价。小组工作实务过程可分为四个阶段。第一阶段是准备阶段，了解难民儿童的问题所在和真实需求，明确小组目标，选择小组成员和小组类型，进行小组活动方案设计。第二阶段是开始阶段，提供机会使成员相互认识和熟悉，建立小组期望和规范，建立初步的信任关系；社会工作者要鼓励儿童主动表达自己对小组和其他组员的各种期望，尽快适应小组环境。第三阶段是寻找个人意义的阶段，可以采用讲故事的方法帮助儿童找到人生的意义。第四阶段是最后一个阶段，社会工作干预的重点是将结合前面三个阶段的小组活动，协助儿童消除心理阴霾、改变自我认知，有能力建立自我的网络和在社会中有良好的适应。

(四)难民妇女社会工作

1. 背景

现代世界上发生的武装冲突,无一不对妇女带来严重的伤害,她们不得不与儿童和老人跨越国家、文化和语言障碍,在没有传统男性支持的情况下逃离。缺乏社会联系、缺乏语言知识、承受压力,所有这些都使难民处于非常脆弱的境地。难民妇女面临的安全风险包括性暴力和基于性别的暴力、贩运、剥削和虐待等。

2. 干预措施

针对难民妇女社会工作干预的主要目标为制定和采取适当措施保护妇女。社会工作的主要内容包括:避免武装袭击和其他形式暴力的伤害;免受不适当的长期拘留;赋予难民妇女以社会经济权利;提供食物、住所、衣服和医疗等基本物品。另外,社会工作者应关注难民妇女的人身安全和对她们的性剥削问题,应采取切实措施保证难民妇女的人身安全,尽可能迅速防止和发现对难民妇女的侵害并给予救济。

(五)家庭团聚

对于许多非志愿性国际移民尤其是难民来说,还面临着与家人分离的痛苦。难民到达临时目的地时,往往不知道其他家庭成员是否幸存;如果幸存,也不知道他们现在在哪里。

1. 干预措施

一些机构为帮助难民家庭团聚往往会建立一个中央数据库,收集关于人们下落的数据,并向寻找亲属和朋友人提供这些信息。寻找亲人者只需要确保与他们有联系的人的信息被连接到数据库中,红十字会也会给予所需要的支持。在难民聚集在难民营或类似难民营的情况下,家庭团聚的过程往往很顺利。然而,难民可能被分散,他们甚至不知道有这样的服务。在这种情况下,社会工作者要针对难民信息传递和资源链接、减压与情绪疏导等需求开展专业服务。

2. 关键策略

针对难民家庭团聚方面的需求，社会工作干预应采取两个关键策略：一是将难民的个人资料链接到可用的数据库；二是做好难民人口的动态监测工作，确保难民在第一时间收到家人信息，并设法确保他们在收到坏消息时得到支持。

（六）提供遣返回国服务

1. 被遣返前的准备

对大多数流离失所者来说，他们返回家园之后能够成功融入当地社会是关键目标。社会工作者制定的所有方案都应朝着这一目标努力。被遣返前的准备阶段涉及三个关键策略。一是能力建设。能力建设重点关注难民所具有的能力、注重培训方式以及在难民中培训培训员，在大多数情况下，都着重强调适合难民返回国经济的职业技能。二是心理准备，通常使用小组工作的方法来给回国的难民做疏导，其中重点包括提供准确的信息和讨论的机会，允许参与者表达他们的担忧和恐惧，并在团队内部解决这些问题。三是物质支持，联合国难民事务高级专员公署或特定的政府机构向回返者提供一些基本资源如一些钱、一些基本的食物、一些工具以协助他们重新融入社会，这种情况并不少见。

2. 回国途中

计划遣返的人可能把注意力集中在行动的后勤工作上，很少有时间考虑或了解人员方面的情况。应该仔细考虑移动所带来的压力，以及由此对病人和残疾人、儿童、老人和抚养几个孩子的母亲的影响。重点应放在过境方式、过境期间可用的设施、人们携带或由他们携带的必要用品以及安排谁与他们一起旅行，以最大限度地提供支持。特别重要的是要确保最弱势群体的需要在过渡期间得到满足，并防止这些人与家庭或支助团体分离。理想情况下，社会工作者会与那些被遣返的人进行密切接触，至少通过他们的领导来实施这些计划。社会工作者可以在难民中培训志愿者以确保他们回国途中的权益不受侵害。

3. 返回原住地

移民回国后将面临诸多问题。有些人可能会发现自己在自己的国家再次流离失所,因为他们的财产已被别人接管,他们的土地已被开采,或因其他方式无法使用,或他们原来居住的地方的经济状况无法维持。重新融入社区的任务主要有两个:一是获得适当的住房,这可能意味着对返回者自己的住房有临时住所或紧急临时修理;二是确保有立即能用的食物来源,当务之急是要获得某种短期的生计来源。满足这些需求需要社会工作者开展一系列的地方行动,包括心理社会计划、自我帮助计划、社区发展计划和社会服务计划。

(七)推动遣返回国者融入社区

1. 背景

大多数被遣返人员返回原住地之后,能够顺利实现社会融入。但有两种情况,因社区关系不好导致被遣返人员可能无法正常融入当地社区。一是回国人员在没有逃离的本国人民中不受欢迎。逃跑的行为可能会被认为是懦弱、背叛,或者只是简单地走捷径,而那些留下来的人可能会认为自己是留下来保卫财产、社区或国家的英雄。在这种情况下,那些留下来的人可能会认为自己有权首先拥有财产,包括他们在冲突期间占领的财产,以及人道主义援助、就业机会和能力建设项目。这使返回者处于非常困难的处境。地方当局支持留下来的人的要求而反对返回者的要求,这是一种特别令人反感的情况。

二是在一个分裂的社区里,一个竞争团体在冲突期间反对彼此,仍然是激烈的分立甚至更糟,一方在和平谈判中赢得重大权利并且现在控制着当地情况,而"海归"属于竞争对手的一方。在这种情况下,海归们就不受欢迎了。他们可能在试图重建家园等时遭遇暴力,也可能受到排斥,几乎没有机会。他们的回归甚至可能被外界视为试图改变人口平衡,从而影响未来的选举或其他事件。

2. 干预策略

社会工作者帮助遣返回国人们重新融入当地社区的策略主要有:调整

期间的准备工作;发展有助于融合的能力,例如语言;东道国社区的教育;如遣返计划所述,注重社区关系;为新移民提供就业等机会,而不会对当地居民造成不利影响;促进族群发展和社区发展,在语境中为新来者提供支持基础和某种权力感,在尽可能平等的基础上为东道国居民提供必要的保健、教育和其他服务和设施;非国家特定类别的服务,以满足新来者人口的特定部门的需要。

本章主要基于综合视角分析移民社会工作领域的具体内涵,通过梳理全球、人权、生态和社会发展视角考虑移民问题,进而对比分析了移民的类型、原因和影响的相关表现,随后列举了劳工移民和被迫移民国际社会工作干预策略,其中详细介绍了两种移民类型的现实处境、应对策略和介入策略等。

参考文献

[1]王辉耀,苗绿. 中国国际移民报告[M]. 北京:社会科学文献出版社,2018.

[2]Cox D, Pawar M. International Social Work: Issues, Strategies, and Programs[M]. New Delhi: Vistaar Publications, 2006.

[3]华金·阿朗戈. 移民研究的评析[J]. 黄为葳,译. 国际社会科学杂志(中文版),2001(8):35-46.

[4]梁玉成. 在广州的非洲裔移民行为的因果机制——累积因果视野下的移民行为研究[J]. 社会学研究,2013(1):134-159+243-244.

[5]牛冬. 西方外来移民社会工作理论与实践及对中国的启示[J]. 北京社会科学,2017(7):120-128.

[6]严骁骁. 国际难民机制与全球难民治理的前景——叙利亚难民保护实践的启示[J]. 外交评论(外交学院学报),2018,35(3):129-156.

[7]钟坛坛,金太军. 国际移民国家认同的分层研究[J]. 江汉论坛,2014(10):45-49.

[8]Jones A. Child Asylum Seekers and Refugees: Rights and Responsibilities[J]. Journal of Social Work, 2001, 1(3): 253 -271.

[9]Healy L M. Strengthening the Link: Social Work With Immigrants and Refugees and International Social Work[J]. Journal of Immigrant & Refugee Services, 2004, 2(1 -2): 49 -67.

[10]De Roo P, Braeye S, De Moor A. Counterbalancing the Integration Policy for Migrants Through Social Work[J]. International Social Work, 2016, 59(2): 210 -223.

[11]George U. A Needs-Based Model for Settlement Service Delivery for Newcomers to Canada[J]. International Social Work, 2002, 45(4): 465 -480.

[12]Suarez-Balcazar Y, Viquez F, Miranda D, et al. Barriers to and Facilitators of Community Participation Among Latinx Migrants With Disabilities in the United States and Latinx Migrant Workers in Canada: An Ecological Analysis[J]. Journal of Community Psychology, 2020, 48(8): 2773 -2788.

[13]联合国经济社会事务统计局. World Migration Report 20201[R/OL](2019 -11 -15)[2021 -09 -04]. https://www. un - ilibrary - org/content/periodicals/24142603.

[14]UNDESA Statistics Division. Recommendations on Statistics of International Migration Revision 1, Statistical Paper Series M No. 58[R]. New York: United Nations Publication, 1998.

第三编

DISANBIAN

特定人群国际社会工作

第十章　国际儿童社会工作

儿童社会工作归根到底是儿童福利的重要组成部分，美国儿童福利联盟指出："儿童福利服务是支持、补充或替代父母功能不足、有缺陷或停顿的情况，以及修正现有社会机构或创立新机构来改善儿童及其家庭的状况。"就目前来看，国际儿童社会工作界高度认可"每个孩子都很重要"这样的服务理念，致力于让每一个孩子都能健康、快乐、无忧的成长。为了践行这样的目标，各个国家在社会福利资源和服务的分配上都相应向儿童倾斜，当然，处于贫穷、疾病、危险等"不良情境"中的孩子及家庭更是社会福利和社会工作重点关注的对象。其中较发达的国家和地区，他们为儿童社会服务提供了更完善的制度和资源保障，其相对完善的服务内容和人性化的服务方法也值得我们参考与借鉴。

本章将以综合视角思考儿童社会工作实践，为国际儿童社会工作服务提供更广阔的理论视角和实务指引，并将整合一些国际上具有代表性的儿童社会服务经验，根据其服务内容分别从支持性服务、补充性服务、替代性服务与保护性服务四个维度进行归纳，以呈现不同面向的儿童社会工作实践。

第一节　综合视角下的儿童社会工作

一、用全球视角考量儿童问题

儿童的问题就是社会的问题，社会对儿童须有保护之责。相信这是国际社会的共识，很多国家也都在儿童福利上下足功夫。比如英国，设立了专门负责儿童福利政策落实和服务开展的政府官员，并建立了遍布全英各地的儿童信息库，使得与儿童福利有关的政策能落到实处，而且在落实过程中能得到有效追踪。英国还推广整合模式的儿童社会服务，以更好满足儿童全方位的需要。再比如美国，倡导弹性的儿童教育制度。比如，在其法律上允许儿童在得到当地学校同意的情况下在家庭中接受教育；一些正常上学有困难的儿童，也可由专业服务机构承担他们的教育工作，并颁发相应的学历证书，但特别强调这些机构在提供教育服务的过程中，必须有专业社会工作者的参与。

但遗憾的是，在全球范围内，并不是每个社会都秉承着足够积极的理念看待儿童，也并不都有如此充分的社会资源关照每一位儿童。到如今，在一些相对落后的国家和地区，仍然有诸多儿童因为缺乏照料、营养不良等罹患疾病，仍然有一些儿童不得不过着贫困疾苦、辍学务工的日子，甚至有一些儿童还生活在战乱中，连生命安全都得不到保护。因此儿童社会工作者除了为身边“看得见”的儿童提供必要的服务，也需要关注那些“看不见”的儿童，必须站在全球视角下，倡导国际社会工作者们联合起来，从整个儿童群体的福祉出发，不遗余力地为那些困境中的儿童争取更佳的生存环境和资源，努力推动国际儿童问题的解决。

二、用人权视角反思服务理念

如联合国在《世界人权宣言》中宣布：儿童有权享受特别照料和协助。《儿童权利宣言》也有所示：“儿童因身心尚未成熟，在其出生以前和以后均需要特殊的保护和照料，包括法律上的适当保护”，亦要求家庭和社会应充分培养儿童，使其可在社会上独立生活，并倡导在《联合国宪章》宣布的和平、尊严、宽容、自由、平等、团结等理想的精神下，抚养儿童成长……因此，儿童社会工作者的核心职责就是保护儿童基本权益，并协助儿童顺利成长，为其家庭养育提供支持。

在这样的人权理念下，儿童社会工作者应特别反思所提供的服务是否秉承了上述人权宣言所倡导的价值理念？我们所提供的服务是否对儿童起到了保护或促进作用？我们是否遵循了为儿童倡导友好环境的使命？尤其是要充分警惕我们对儿童自决、保密等原则的理解和贯彻,思考在社会工作过程中是否轻易地因为年龄的关系而打破自决和保密原则?是否对儿童群体缺乏无条件的关怀和接纳?常常用人权视角反思我们的服务理念与价值伦理,更有助于我们保持专业自觉,也能更好地发挥社会工作的正向功能。

三、用生态视角指引服务过程

生态视角是社会工作实践的重要理论视角之一,不管是"人在情境中"的思维习惯,还是"将问题置于生活中考量"的分析框架,都彰显了社会工作对生态视角的偏好。为了更好增进儿童福利,促进儿童健康成长,儿童社会工作者总是尽力保障儿童生存环境是安全和良好的,并积极与儿童家庭密切配合,联动生态系统中的重要他人,整合环境中的有利资源,以期让每个孩子健康成长,远离有害物质和情境。儿童社会工作者也强调运用个别化的方法,通过不同层面的服务为孩子及家庭的特殊需求提供支持。

但这里还需要特别指出的是,社会工作者在服务过程中对生态视角的应用往往更突出社会环境的面向,偏好关注儿童的社会支持网络和人际关联,而容易忽略该视角下最基本的自然环境的面向。比如我们也应该考量儿童生活的物理空间是否充足,家庭卫生条件是否适宜,粮食与饮水是否健康,城市污染是否严重,气候变化是否恶劣?等等。这些都是儿童健康成长必须考虑的自然条件,儿童社会工作者也应该协助预防环境恶化,并积极投身到改善环境污染当中,代表儿童群体向社会乃至全球倡导"儿童友好环境的营造",以保护儿童的生命健康。

四、用社会发展视角统整服务内容

儿童的成长和发展状态相当程度亦是社会发展的反映,儿童的成长和发展也需要社会发展稳定助力,这也是社会发展的不可推卸的责任之一,因此将儿童置于社会发展的视角和背景下去考量是明智之举。换句话说,社会发展的结果应更好地满足儿童成长与发展所需。而根据儿童多元的成长需要,儿童社会工作者有必要整合社会发展的资源,为其提供全方位的服务内容,比如:早期教育、儿童照顾、儿童安置服务、儿童防侵害、特殊儿童服务、家庭辅导等。

值得提醒的是，儿童的阶段性特征也决定了儿童社会工作的复杂性和特殊性。相比其他领域的工作者，儿童社会工作者还需要通过某些特殊的培训，具备符合相应要求的能力和技术，方能开展服务。例如开展儿童照护、家庭教育指导、危机干预、儿童保护等工作，就需要具备专门的知识和技术，并需要具备足够的经验，以避免“有心助人”变成“无心害人”，这也在各地区对儿童社会工作者的法规政策、资格认证、能力培训等规定中得以强调。总之，儿童社会工作也应坚持自我发展以助力社会发展。

第二节　儿童社会工作支持性服务

儿童社会工作支持性服务主要是指以家庭为本的服务计划。此类服务目的在于通过提升家长的亲职能力，增进家庭功能，改善家庭照护环境，运用家庭本身的力量为孩子提供最好的成长资源和支持。相关的服务内容包括但不限于家庭咨询与照顾、亲职教育、特殊儿童服务、儿童休闲娱乐服务等。下面主要介绍几类比较重要的内容及实践经验。

一、儿童家庭照顾支持

俗话说“家庭是孩子温馨的港湾”，毋庸置疑原生家庭对孩子的成长有非常重要的作用和功能。因为在正常情况下对孩子而言最重要的就是自己的父母（或养育者）。他们为孩子提供必需的生活照料、物质基础和情感慰藉，是孩子安全感的主要来源，是孩子身心的庇护所。同样，儿童社会工作者也认识到，一个安全且稳定的家庭对孩子的健康成长必不可少，应该联合家庭为孩子提供最佳的养护环境。因此，不同国家在儿童家庭照顾方面都积极作为，也开展了大量的社会工作实践。

在很多国家，尤其是西方发达国家，儿童社会工作者的干预模式已由从家庭这个单一系统入手转向了从多个系统入手的方式，旨在维护家庭的完整性和充分发挥家庭功能。美国就是其中的典型代表。他们认为儿童家庭照顾服务应该着重维护好“家庭”这个核心元素，比如，尽量维护家庭结构的完整性，促进家庭互动并维持良好的关系。同时，美国儿童社会工作者还看重维护扩大家庭即大家族中其他人与孩子的关联，因为他们对孩子的成长依然有着不可忽视的影响。因此，社会工作者就是要协助家庭找到这些帮助孩子成长的家族力量，保护孩子健康成长。此外，美国也很注重社会工作中各系统的联动，从其以家庭为工作对象的医疗制度中可见一斑。一旦儿童入院，家庭社会工作者、医务社会工作者、学校社会工作者、社区社会工作者等就需要联合起来为儿童及其家庭提供各种服务。社会工作者必须对整个家庭进行综合评估，按需要为其提供家庭危机辅导；帮助家庭应对因疾病带来的各种困难；协助开展相应治疗；进行资源调配和整合，帮助家庭安排该儿童在医院中的护理、陪伴和接送等工作；帮助儿童及其家庭争取资源，确保家庭渡过危机，恢复社会功能。

二、儿童家庭教育支持

亲职教育是提升家庭教育能力的主要方式之一，也在儿童青少年社会工作中流行，被大多数国家的儿童青少年社会工作者和家庭社会工作者广泛采用。亲职教育还是一种重要的服务方式，其主要目的在于提升家长的家庭教育意识和能力，让家长学会如何做一名合格的家长，从而通过家长的职能增长和素养提升，让家长能够充分利用家庭资源，为孩子创造健康的家教氛围，促进儿童健康成长。亲职教育主要的做法有儿童社会工作者定期或不定期开展各项由家长和孩子一起参加的亲子活动、亲子辅导等，或只提供给家长的教育系列讲座和培训、家庭教育指导及咨询等。

以中国为例，中国的亲职教育服务相比英、美等西方国家发展得晚一些，但其在中国大陆地区和港、澳、台地区都得到了较好的推广和实践。不同地区具有的共同特点是亲职教育大多都在社区综合服务中心（各地区说法略有差异）开展。在中国，几乎每个辖区（或片区）都有一个这样的社区综合服务中心：它往往设置齐全、设施完善，包含个案辅导室、团体活动室、多媒体室、心理咨询室、亲子图书室、儿童托管区等，一般免费供社区中的儿童青少年及家长使用，并不定期地开展家庭教育指导、亲子活动、家庭照顾技能学习、家长讲座等活动，以提升家长的亲职能力，提升儿童的生活福祉。

三、残障儿童及家庭支持服务

不管在哪个社会文化和情境中，残障儿童往往处于最弱势的地位，比一般儿童(健全儿童)在家庭养育、身体康复、医疗救助、入学教育、反压迫和歧视等方面都有更具体和更迫切的需要，并且这些基本需求的满足更难实现。因此，残障儿童的社会工作服务一直是国际社会工作界的难点和痛点，各国都在努力尝试各种方法以提升残障儿童的福祉和权益。

比如发达国家在残障儿童的教育上具有更多的资源和优势，英、美、日等国家按照不同的残障程度，开设了各类特殊学校，尽可能地满足不同残障儿童的特殊需求。比如英国，针对重症残障儿童，从零岁开始有的学校就提供高科技的技术支持和全方位的服务，并按照儿童的实际情况制订个别化教育方案。有的学校则针对能力低下的儿童，组织专家团队对他们做出评估，制订合理的教育计划，最大限度地开发其潜能。这些团队中普遍是多学科跨领域的团队，社会工作者也是其中必不可少的一分子。此外，在残障儿童的服务上，不论是国际层面还是地方层面，都非常注重对儿童残障情况的早期筛查和早期介入，儿童社会工作者往往在产前教育、妇幼保健、儿童疾病科普、家庭走访调研、资源链接与转介等过程中发挥积极作用，以及时预防儿童疾病和残疾的发生，尽早发现并协助专业人士介入有需要的儿童及家庭，减轻特殊儿童和家庭的负担。

四、特殊家庭支持服务

这里的“特殊”家庭是相对于传统认知中的“一般”家庭而言的，这些“特殊”家庭可能没有完整的家庭结构，或与当前社会适应不良，或缺乏足够的家庭教养能力……比如前文提到的残障儿童家庭就是“特殊”家庭的典型一类。这里将介绍的是其他儿童社会工作领域所关注的有“特殊”需求的儿童和家庭。

随着国际化的进程加快，国际移民(或国际流动人口)也成为常见现象，比如亚洲，中国、日本、韩国等国都有了越来越多的新移民家庭、少数族裔家庭和跨境婚姻家庭，为这些家庭提供必要的服务也成为儿童社会工作新的考量范畴。在这一方面,中西方国家在服务内容上基本类似,儿童社会工作者联合家庭社会工作者为这些“特殊”家庭提供个别化的家庭支持,以协助他们解决幼儿护理、子女入学、儿童就医、学校适应、子女成长、语言培训、生活辅助、社区融入等方面的具体问题。

另外,单亲家庭也是比较典型的一类“特殊”家庭,多数研究发现,相比非单亲家庭,家长往往承担更大的心理和社会压力,儿童的成长环境和资源相对匮乏。因此,针对这一类家庭,社会工作者也需要提供必要的服务。以中国香港地区的实践为例,香港通过综合家庭服务中心为单亲人士迈向或保持自力更生的生活提供支持。社会工作者会为单亲人士提供个别辅导,协助其适应单亲生活,提升其应变能力;为其联结社区资源,通过就业培训及辅导服务,协助其解决家庭经济压力;通过建立支持及互助小组等,为各单亲家庭之间搭建社会支持网络,从而使其相互帮助、彼此交流。另外,对于单亲家庭来说家庭教育更是十分重要,为此,服务中心会推行家庭教育和家长教育活动,加强其亲子关系及家庭互动;也会加强幼儿中心服务和课余托管服务,为家庭教育提供有力支持。

第三节　儿童社会工作补充性服务

儿童社会工作补充性服务,顾名思义旨在为家庭教育及照护不足或不适宜的情况下为儿童及家庭提供补充或弥补性服务。此类服务目的在于通过额外的支持和帮助,为家庭和孩子提供足够的教养资源和力量,避免孩子可能受到的伤害,影响孩子的健康发展,并使得孩子可以继续在其生活的家庭中健康成长。该类服务涉及的服务内容包含但不限于托管服务、儿童救助、学校社会工作等。

一、儿童托管及照顾服务

托管及照顾服务是儿童社会工作领域最主要的内容之一,我们很容易在社区服务中心、托管机构等看到社会工作者的活跃身影。对于儿童托管,不同的地方概念不同,比如托管、托育、延时服务、延展学校、社区照顾、“四点半课堂”等。但儿童托管及照顾服务的做法大同小异。比如，儿童日间照顾服务，即主要对学龄儿童课后的照顾，需要具有一定资质的机构实施，对儿童进行科学的监管和照顾。再比如课余托管服务也具有类似功能，主要针对父母因故不能在课余时间提供监管和照顾的儿童，由社会工作者等专业人员提供托管服务，包括为其开展课业辅导、膳食服务、休闲娱乐游戏、技能学习和其他社交活动等。其目的都是给家庭管教提供补充，让家长增强权能并得以喘息，让儿童更全面和健康地成长，预防危险事件的发生。其活动场域也主要在学校或社区或专门机构内。

以英国为例，一方面，英国提出了延展学校（Extended Schools）服务理念，旨在为儿童和青少年在课外时间提供多种服务。政府还要求学校定期向社区开放，并用作成人学习中心，为家长提供学习课程。另一方面，英国也增设了足够的托管机构和儿童心理健康中心，要求在每个地区为儿童提供必需的托管和照顾，确保儿童身心健康。瑞典非常重视儿童的托管和照顾，在瑞典，法律要求为1～12岁的儿童提供公共照顾服务，学龄前儿童可以享受各自治市设立的常规幼儿园、家庭式托儿所和开放式幼儿园提供的幼儿照顾服务，学龄儿童则可以享受课余儿童看护中心、家庭式托儿所和开放式课余活动项目所提供的照顾服务，其中不乏社会工作者的身影。

还有一些国家则比较看重社区层面的服务。以中国为例，比如香港地区通过综合家庭服务中心为儿童成长提供支援服务，其中包括幼儿服务、课业托管服务、家长教育服务、家务指导服务等。中国大陆地区通过社区服务中心或社会工作室，为儿童提供“四点半课堂”，集课业辅导、儿童托管、免费课程学习、技能培养等于一体，为家庭教养起了很好的补充和支持作用。而这种以社区为本的补充性服务的做法在西方国家也比较常见。以加拿大的实践为例，其社区中的儿童照顾支持服务主要由各类社会组织和机构实施，政府也为其提供必要的资助和监管。比如当地政府支持社区机构为儿童及家庭提供早期教育服务，补充家庭教育的不足；为被忽视或被虐待儿童、无家可归儿童提供临时庇护和照料，补充暂时缺失的家庭照顾；为有精神或行为问题的儿童提供专业辅导或治疗，弥补家庭在提供专业服务上技能的不足。相比而言，这些西方发达国家在提供社区综合服务的能力和资源上更充足，服务的深度和广度更大。

二、儿童援助及救助服务

儿童援助及救助是国际儿童社会工作中最基础且最重要的一环，目的是为深陷困境的儿童提供基础性、立即性服务和资源支持，满足其基本的生存和发展需要，保障其健康成长。因此，该类服务主要面向贫困儿童、重症儿童、受侵害儿童、流浪儿童、特殊儿童、失学儿童、童工等，以及他们的家庭。在国际上的众多救助性服务组织中，儿童援助或救助一直都占有相当大的比例，各国也普遍将儿童救助服务放在社会福利体系的最基础位置，并通过积极的社会政策和立法保障儿童救助服务的实践。

比如在英国，主要通过救助儿童会这样的组织开展儿童救助服务。这些组织在不同层面发挥作用，多层次、全方位地保障儿童的基本权益和福祉。比如在社区层面，他们主要与基层政府、相关民间组织或专业机构、流浪儿童的父母等联合起来，通过直接服务，加强对“有风险”的儿童（比如失学儿童、问题儿童等）及其家庭的积极引导，做好早期预防工作。另外，他们与地级政府儿童主管及保护部门合作，通过实务工作和研究报告等方式，帮助政府修整和完善相关法规、政策，为保障儿童权利积极发声。在瑞典，《社会服务法》等相关法规规定必须为不能通过任何其他方式获得供给以满足其家庭生计需要的儿童及家庭提供必要的支援，以保障其基本生活水平。比如瑞典可为需要救助的家庭提供包括食物、衣物、休闲娱乐、一次性用品、电话和电视费用、基础居住场所、家庭用电、交通费、家庭保险等生计必需的物资。

在中国各地区，目前主管部门对于儿童救助主要有紧急救助、低保家庭救助、特殊家庭补助、特困儿童救助等政策。社区社会工作者、农村社会工作者、反贫困社会工作者等领域的工作者也会联合儿童社会工作者首先为这样的儿童及家庭提供必要的社会工作服务。在中国台湾，其地区青少年发展资助计划就是针对0～24岁处于不利情境的儿童及青少年，目的指向他们的基本成长需要。该计划的部分资源会以现金援助形式发放给服务对象，支援他们个别化的开支，而该计划的另一部分资源则用于推行地区发展计划及支付有关计划的活动开支，以满足儿童青少年的发展性需求。同样，在中国香港，也为有需要救助的儿童提供短期生活援助，比如社会工作者会协助儿童及家庭向慈善信托基金申请短期经济援助、协助有需要的家庭申请“体恤安置”房屋援助计划、申请综合家庭援助金等社会福利和社会援助服务，以支持家庭渡过难关。

在众多的儿童救助实践中，艾滋病孤儿的救助一直是不可忽视的重点。要知道世界上1500多万名艾滋病孤儿中有80%在来自博茨瓦纳、马拉维、赞比亚等非洲地区。据相关数据，赞比亚艾滋病孤儿人数都将近一百万。在赞比亚，由于几乎没有大家庭的支持，一些孤儿不得不由邻居照顾，另一些被送往孤儿院，还有一些被迫流落街头。而他们面临的主要问题之一就是无法上学。因此，一些非政府组织、社会工作者、爱心人士等则致力于游说当地学校向他们提供免费教育机会；向社会人士筹集艾滋病孤儿的学费；动员组建教师志愿者队伍；倡导和协助相关部门开办了免费的社区学校等。在国际非政府组织的支持下，一些专门的项目为其提供维持生命所必需的护理和支持，另一些项目则为其提供教育、经济、社会等方面的支持。而在津巴布韦，也有将近100万名艾滋病孤儿，当地政府倡导以社区照顾为本的策略，通过大家庭、院舍家庭、孤儿小组等形式为他们提供更符合成长需要的照护环境。在博茨瓦纳，也有一些有效的孤儿救助方案，比如当地一个由社区志愿者组成的信托基金，为有需要的儿童提供食物、衣服、玩具、往返学校的车费等物资，并向贫困孤儿提供其他教育服务。而当地一家孤儿收容中心，还会为负担过重的家庭提供服务，他们给孩子们提供玩的机会，和他们一起开展艺术类活动，比如教授传统舞蹈等。

三、学校社会工作服务

学校是除了家庭以外儿童成长和发展最重要场域，在儿童教育、人际交往、社会适应、能力养成等重要方面起着不可替代的作用。学校社会工作是社会工作者在教育组织中提供的社会工作服务，旨在帮助学生成功地适应环境，并通过构建学校—家庭—社区的良好互动来促进学生发展，使其顺利完成学业、健康成长、自信面对未来，其工作对象主要是中小学生、家长和老师。因此，可以说学校社会工作与儿童社会工作也是相辅相成、彼此补充的。

在美国，实行“一校一社工”的做法，其学校社会工作者大多受雇于各校区的教育局，需要接受社会工作硕士（学校社会工作方向）的专业训练。他们通常采用个案辅导和咨询、小组活动、家访、社区动员和教育等方法，与学校体制之内的各方面人员（校长、教师和教辅人员）及社区机构人员（社会福利服务人员、精神健康专家、司法矫正专家和职业教育人员）密切协调配合来实现服务目标。在中国香港，当地政府也为每所中学提供一名全职驻校社工，目的是找出那些在学业、社交和情绪发展上有困难的学生，帮助他们解决问题。社会工作者通过个案服务、社区福利服务或转介等方式，帮助学生克服影响他们学业及个人发展的情绪、行为及人际关系等问题；通过小组工作，帮助学生加深自我认识，发展个人潜能，建立正面的社会价值观及积极的人生态度；通过咨询服务，协助学校教职员、学生及家长寻求响应学生需要的方法，并提供专业意见；通过资源整合与链接，加强学校与社区之间的联系，让学生及其家人得以受惠。

当然，在社会工作本土化的过程中，很多国家和地区都尝试效仿西方国家“一校一社工”的做法，但并不是都很成功，不过依然无法忽视学校社会工作服务的重要意义和功能。这里再介绍两个学校社会工作项目实践说明其重要作用。

（一）英国“Dorset 健康联盟项目”

英国“Dorset 健康联盟项目（Dorset Healthy Alliance Project）”，是英国 Dorset 县地方政府为应对持续恶化的校园环境，依托社会工作者开展的为期 3 年的以预防为主的学校社会工作项目。该项目旨在通过为学生及其家庭提供支持性服务，减少因多方因素导致的学生逃学、不良行为、被开除等儿童青少年问题。该项目选择了具有关联性和相似背景的两所学校作为实验组，另外两所学校作为对照组。在该项目中，社会工作者的主要责任是运用专业的方法干预那些被学校老师认定的“问题学生”，社会工作者通过教师支持服务、学生辅导服务、家庭探访服务及最大可能保证家庭享有经济和社会服务福利等方法开展工作。最后,该项目证明了学校社会工作在学生问题解决、促进学生健康发展等方面具有突出的作用。

(二)新加坡攀登(STEP - UP)项目

2004年,新加坡社体部推出STEP - UP项目,即School social work To Empower Pupils to Utilize their Potential(帮助学生实现潜能的学校社会工作),以支持志愿福利组织在学校提供社会工作服务。攀登项目针对由学校和社会工作者共同评估出的辍学"危机学生",即那些因生理、心理和社会等方面的因素而很有可能发展到犯罪、滥用毒品或其他反社会与自我伤害行为的学生,并与校方建立积极的合作关系,在学校内提供服务,帮助危机学生培养和强化社会与情绪的适应能力,更好地应对困难,并尽可能地将他们留在主流学校,使其能学到更多知识与技能,从而获得积极发展。

目前,攀登项目主要开展了如下服务:

(1)演讲与讲座。由学校社工在校园里以学校群体为对象,就校方要求和感兴趣的特定话题开展讲演和讲座。如针对家长开展讲座,谈论建立积极的亲子关系和支持孩子应对学校生活的技巧与知识。

(2)个案工作与心理咨询。学校社会工作者为那些老师认为难以应付学业和学校生活的学生提供个案工作和心理咨询。

(3)为校方(如全职学校咨询师、部门主任和班主任)提供个案咨询。

(4)课外项目。有些学校社工会根据需要在上学前或放学后(新加坡小学和中学采取半天教学制)开展课外项目,为学生提供外展活动和结构化活动。

(5)小组工作。学校社工选择一群被评估为有共同特殊问题的某些学生,与学生和校方就小组工作的次数达成共识,开展小组工作。

(6)调研。学校社工有时会对学校相关人员进行需求评估,或就目前问题进行调查,或者对项目服务进行评估。

(7)工作坊。针对生活技巧和(或)发展培训,学校社工成立工作坊。工作坊帮助学生培养社会和情绪方面必需的技巧、态度和价值观,社工也开展支持性的项目来引导学生学习应对生活中如家庭和学校的转变等方面的挑战。

(8)教师培训。学校社工也会对学校人员就与青少年相关的问题、管理学生的危险行为以及与心理咨询相关的问题(如基础的建立关系、评估和干预技巧等)开展培训。

(9)为有特殊需要的学生提供的服务。他们认同妥善的干预和协助可以最大限度地降低残障对于这些学生的影响并提高其学校生活的质量。新加坡鼓励尽可能地将残障学生融入主流学校而不是隔离到特殊学校。

攀登项目重于预防,兼顾发展和矫治,实施以来已取得明显成效。

第四节　儿童社会工作替代性与保护性服务

替代性儿童社会工作服务主要是指家庭发生特殊状况,或家庭功能严重丧失,以致严重危害到儿童权益,需要短暂或永久停止家庭教养权利,改由他人或行政主管部门行使的情况。而保护性儿童社会工作服务的主要目的在于保护儿童免于遭受虐待、疏忽、侵犯等不当待遇,保护儿童最基本的合法权益和健康状况不受侵害。涉及的服务内容主要包含儿童寄养、领养、院舍安置等。

一、儿童替代性服务

对于儿童社会工作者而言,一般情况下最有利于儿童成长的环境就是其原生家庭,儿童社会工作也致力于为儿童营造更好的家庭氛围、提供高质优良的家庭资源、解决影响儿童健康成长的家庭问题。但是现实中,难免遇到一些特殊的情况,比如儿童父母突然离世或被监禁、无法找到自己的家人、被家人抛弃或遭受家庭的忽视甚至虐待等。那么在干预无效或无法改变这些情境的情况下,社会工作者及相关主管部门就不得不为儿童提供替代性的服务,以重新为其建立良好的"家庭"成长环境。

目前,儿童替代性服务主要通过寄养和领养(收养)两类方式进行。具体而言,儿童寄养就是让儿童住在非自己家庭中的一种方式,目的是期望儿童在寄养地(家庭或机构)中能得到在家庭中应得到的照顾,从而健康成长。

是否需要寄养是需要依据当地的法律规定和专业评估来决定的。在不同的国家,一般都是按照寄养法规定,对缺乏正常家庭环境的儿童,由政府相关部分和民间组织安排到合适的家庭去寄养。社会工作者在了解儿童需求、征募和评估寄养家庭、对寄养家庭进行培训、对寄养工作进行跟踪、提供寄养环境适应服务等方面扮演着重要角色。在一些西方国家,比如美国、英国、加拿大等,社会工作者和机构就是寄养孩子最初的和永久的纽带,寄养关系成立后,社会工作者会持续对寄养孩子和家庭双方提供支持。而儿童收养(领养)与寄养有非常相似的地方,社会工作者在其中的主要工作也非常类似。社会工作者要解决的核心问题都是为孩子找一个合适的家,为想要做父母却没有实现的家庭找到合适的孩子。二者最大的不同在于,寄养是短暂的,被寄养儿童的主要法律责任人是托养者,儿童也不属于寄养家庭,双方只是临时家庭关系。但领养却是为那些不能与任何一方父母一起生活的孩子寻找永久性的家庭,他们将属于这个领养家庭,送养人也不再是该儿童的法律责任人。

另外,值得关注的是,全球性人口流动正直接影响当地的儿童社会工作,要求社会工作者们将服务扩展到当地或国家边界之外。因此,跨国收养、儿童救助、儿童庇护等实践越来越多。遗憾的是,跨种族收养、跨国收养等的问题也随之而来。加之收养和寄养家庭日渐短缺,儿童愈发期待符合文化背景的替代性照顾等因素,社会工作者们开始思考更适宜的替代性服务策略。以英国为例,英格兰和威尔士于 1989 年通过的《儿童法案》就正式倡导“亲属关怀”“亲属照料”的概念,但当时这种实践形式社会工作者却很少采用。然而现在,英国又开始流行“亲属照料”这样在前几代人中很常见的理念和做法,即如果孩子的父母或照料者无法为他们提供安全的家,他们应该由大家庭的其他成员照顾,或者由住在一个社区的该家庭的亲密朋友提供关怀。目前,这种理念已在各大洲获得响应,并逐渐成为儿童社会工作者们重点考虑的替代性服务策略之一。

无论是短期的寄养还是长期的领养,这类没有更好办法下的办法也是为了更好地保障儿童的权益,在很大程度上也属于保护性服务。而下面将介绍其他在诸多国家中较为常见的儿童保护性服务及措施。

二、儿童保护性服务

儿童保护性服务主要是为了预防虐待、忽视和剥削孩子，主要通过协助父母提高照顾孩子的能力来实现目标。儿童社会工作者聚焦于家庭，因为正是家庭中的一些问题使得儿童无法得到全面而健康的养育。因此在这方面服务的社会工作者，不仅要预防伤害性事件的发生，积极倡导良好的教养环境，还要运用专业能力帮助孩子和家庭解决相应的问题，为已经遭受侵害或存在心理阴影的儿童提供疗愈性服务，保护他们未来成长与发展不受影响。

首先，各个国家通过立法和相关制度设置保护儿童不受侵害。以美国为代表，他们特别强调儿童和青少年的安全，专门成立了儿童和青少年保护机构（children/adolescents Protective Agency），以社区为基础制定预防方案与危机干预方案。社会工作者主要提供针对儿童虐待和忽视现象发生的预防性服务，防止虐待、忽视甚至遗弃儿童现象的发生。另外，西方国家对此类儿童侵害事件的态度是非常强硬的，虽然他们非常尊重父母管教孩子的权利，但一旦父母无法进行正当的管教，管教的义务就交由政府或相关社会组织承担。如果发生了以上现象，儿童就会被从家庭照顾中转移出来，接受抚养和临时安置服务。并且国家会严惩施虐者，这些施虐者相比在东方文化的国家更容易被判刑。

其次，部分国家和地区建立了人性化的通报制度，让预防和保护变得容易。比如美国设有专门的报告热线电话，因为法律要求相关专业人员，比如警察、社会工作者、医生、教师等，必须报告并协助调查所有涉嫌虐待和疏于照顾儿童的案件。在美国、加拿大这些国家，假如专业人士没有告发其对儿童受虐待和疏于照顾的怀疑，他们将受法律的制裁，比如罚款1000美元。而中国台湾地区也有这样的24小时免费保护专线，此专线由社会工作专业人士担任接线员，全年无休轮班，并提供专业服务。服务内容含家暴、儿少虐待、性侵害、性骚扰及一般福利咨询，含5种外语，并提供紧急报案救援服务，通过联系警方到案发现场阻止暴力事件，或联系社政单位紧急安置受保护者。

最后,社会工作者更多通过专业介入服务提供儿童保护,比如在加拿大,如果调查显示儿童需要受到保护,那么必须提供介入服务,如提供危机干预、家庭治疗、儿童庇护与安置、心理治疗等服务。在挪威,社会工作则经常与地方儿童指导诊所(Child Guidance Clinic)合作,负责评估儿童是否受到心理创伤,并与儿童指导诊所的儿童精神病学家、心理学家、临床教育学家等一起工作,各展所长,对儿童及其家庭进行治疗。在中国香港,一般采取危机介入方式,为遭受暴力、虐待等侵害的儿童提供紧急庇护服务,以保障其生命安全,预防恶性家庭事件的发生。

参考文献

[1]蔡忠. 境外经验:青少年事务社会工作的项目与研究[M]. 上海:华东理工大学出版社,2009.

[2]程胜利,等. 瑞典社会工作[M]. 北京:中国社会出版社,2012.

[3]欧文·图特维特,劳伦斯·杨. 挪威社会工作[M]. 邹学银,等译. 北京:中国社会出版社,2009.

[4]邵金华. 加拿大社会工作[M]. 北京:中国社会出版社,2009.

[5]杨克. 美国社会工作[M]. 北京:中国社会出版社,2014.

[6]詹火生. 台湾社会工作[M]. 北京:中国社会出版社,2013.

[7]郑永强. 英国社会工作[M]. 北京:中国社会出版社,2009.

[8]梅文杰,张网成. 法国课外托管服务机构的运行状况与保障机制[J]. 社会治理,2022(3):53-64.

[9]亓迪. 英国儿童社会工作发展概况介绍(四)[J]. 中国社会工作,2019(7):44-45.

第十一章　国际青少年社会工作

青少年时期是人生中非常重要而特殊的一个时期，这个阶段青少年飞速成长、快速变化，拥有非凡能量又面临诸多挑战，可谓“异常单纯”又“十分混沌”的一个复杂时期，因此青少年内在承受着多方面的变化而带来的困惑。而在新时代的背景下，社会环境瞬息万变，外部的挑战让青少年压力山大，青少年个体在成长中需要面临的问题愈发多元，这些问题的社会因素更加复杂。因此社会工作需要更加广阔和纵深的视野来看待和解释他们的“问题”，也需要更加“个别化”的原则为他们提供必要的社会工作服务。

目前，青少年社会工作实践主要通过综合青少年服务中心、社区托管服务中心、学校学生辅导中心、青少年外展服务点等场域开展青少年的社会工作服务。社会工作者协同相关专业人士实施各类服务及发展计划，目前青少年社会工作服务内容已经涵盖了包括文教、卫生、医疗、保健、体育、娱乐、社区生活、家庭支持、职业辅导、婚姻咨询、权益保护等在内的方方面面。

本章将从综合视角考量青少年社会工作实践，再以青少年的一般需求和常见问题出发，简要整合不同国家和地区在青少年社会工作服务中的主要内容和做法，以总结良好经验，反思专业服务。

第一节　综合视角下的青少年社会工作

一、用全球视角考量青少年问题

在这个只需一部连好网络的手机即可瞬息掌握千万里之外境况的时代，信息全球化、文化全球化、商品全球化都成为常态。奇幻的网络世界，多彩的社会生活，便捷的交互方式，无一不让青少年群体青睐有加。当我们感叹“他们生在了一个好时代”的同时，作为社会工作者更应该看到青少年社会问题的边界也越来越宽，越来越模糊。不但校园欺凌、违法犯罪、亲子冲突、心理障碍、人际问题等传统的青少年问题愈发难以处理，深陷不良亚文化、缺乏理想信念、网络/游戏成瘾、盲目追星、冲动消费等方面的“新问题”也接踵而来，并因为信息全球化和网络传播的无条件性，使得这些问题的表现形式和影响因素更加错综复杂，已严重威胁着青少年群体的健康成长。

因此，青少年社会工作者不得不站在全球视角下，考量当今青少年面临的困境和问题，并着手预防可能到来的青少年危机与挑战。也就是说，我们要基于更广泛的视野了解和看待青少年的问题，不但要关注其生态系统的微观层面，也不可忽略宏观层面的影响，比如政治经济环境、文化环境、网络环境等宏观系统对青少年整个生态系统的影响。另外，面对青少年个体性问题，青少年社会工作者也应该警惕：其是否是群体性问题的个别化体现？其背后是否潜藏着看不见的不良群体亚文化？因此，国际青少年社会工作还应将更多的注意力和精力投放到青少年群体价值的引导、自我意识的提升、问题行为的预防、健康生活的倡导之上，并联合国际社会工作者，共同探讨青少年问题的解决之道，为协助青少年应对未来社会风险与挑战做好准备。

二、用人权视角反思服务理念

社会工作始终以人为本，维护案主的基本权利，满足案主的合理需求，这是社会工作的使命和目标所在。在人权视角的倡导下，青少年社会工作者需要小心关注青少年那些容易被忽视和被压迫的权利和需要，诸如青少年参与社会的权利和需要、自决的权利和需要、自我实现的权利和需要等。因此在青少年社会工作中，我们应基于人权视角考量社会工作的服务理念与价值伦理。

比如，青少年社会工作者在扮演教育者、引导者、使能者等角色的过程中，是否保持了足够的接纳、尊重和包容？是否遵从“案主需求为本”“案主利益为上”“尊重案主自决”的价值和伦理要求？是否反思自己在工作中的权力地位和沟通方式？日常生活中的“家长作风”和“对孩子的控制欲望”时刻需要青少年社会工作者自我觉察与警醒。再比如，青少年社会工作者在扮演促进者、鼓励者、倡导者等角色的过程中，又是否对青少年有足够的尊重和信任呢？是否看到他们的潜能与优势，并努力协助他们发挥作用呢？是否不带任何歧视和批判，致力于促进他们参与社会发展呢？是否协助他们争取更多的话语权和社会资源，为其倡导更多的社会参与机会呢？不论答案是与否，人权的理念都需要我们时刻放在专业价值的核心位置之上。

三、用生态视角指引服务过程

生态视角，说到底是“人与环境”的视角，要求社会工作者在实践中关注青少年个体与其生存环境的互动情况，关注生态系统对青少年的作用与影响，最终协助青少年与所在的环境系统达至最佳的调和度。因此在生态视角下，青少年社会工作者在服务的实施和方法选择上，应注意以下两点：

第一，“动态”的开展服务。强调青少年社会工作者不仅要系统而全面地了解青少年服务对象，更要看到青少年阶段的重要特征——变化，并动态地看待他们变化中的需求和问题，以及不断发生改变的青少年本身，从而动态优化服务方案、调整服务方法，以适应青少年的动态变化。

第二，选择“综合”的方法策略。强调青少年社会工作者应运用更加综合且适宜的方法回应青少年的服务需求，并采用多样化的服务满足青少年不同层次和维度的需要，并从不同生态系统为青少年提供所需支持。故而也要求青少年社会工作者不断提升自身的专业能力，不断拓展专业服务方法，以更好的成为青少年生态系统中优势的资源和支持。

四、用社会发展视角统整服务内容

俗话说，少年强，则国强。社会的发展归根到底是人的发展，需要人的助推。而青少年正是每个社会的中坚力量。从社会发展的视角考量，我们不但要关注社会发展带给青少年成长与发展的影响，更应该重视青少年发展对社会发展的助力。因此青少年社会工作者不仅要协助解决社会发展中的青少年问题，还需要鼓励和引导青少年参与社会发展，并增进其参与社会发展的机会和能力。

故而,青少年社会工作者在服务上应考虑增加更多"专精"的服务内容,为不同的青少年提供能切实解决他们问题的专业、精准的服务,而不是"隔靴搔痒"和"浮于表面",并通过问题的解决与青少年建立良好的互动关系,为更大范围的倡导和社会教育做准备。另外,青少年社会工作者需要考虑增加更多"面向未来"的服务内容,这些内容应与青少年未来的成长、发展和参与社会有关,并放在社会发展的背景下去考量。比如,通过社会工作服务协助青少年提升危机应对能力、树立风险意识、塑造积极自我信念、习得参与社会的职能、具备独立规划未来能力等。总之,基于社会发展视角,协助和支持青少年适应、参与、助推社会发展,也是青少年社会工作的重要内容。

第二节　青少年成长需求与发展性服务

一、青少年身心健康服务

毋庸置疑,青少年阶段最主要的特征是要经历"青春期",这是一个很重要而特殊的时期,青少年将在生理、心理甚至社会层面经历非常波折的转变,从社会工作的视角来看,这是一次至关重要的"危机",可能"拨开云雾,剥茧成蝶",也可能"行差踏错,误入歧途"。因此,守住青少年的身心健康是基本原则也是关键因素,各国也将青少年的身心健康服务作为社会工作的基础性服务之一。

在加拿大,社会工作者非常重视对青少年健康问题的预防,他们面向所有青少年进行健康生活指导,并在社区中开展体育和文化活动,帮助青少年树立健康意识、养成好的习惯。同时,加拿大的健康部和公共健康局为青少年提供了多种健康福利项目,帮助青少年远离毒品、酒精、烟草的危害,预防家庭暴力,保持生理和心理的健康。除此之外,加拿大还为青少年提供艾滋病病毒检验和相应的心理咨询服务等,及时发现和预防影响青少年身心健康的因素。

在澳大利亚,对于青少年的健康关注也比较多,包括生理、心理和精神上的健康状况。针对青少年阶段所出现的种种“紊乱”情况，诸如药物滥用、酒精滥用、过度节食、抑郁、未采取措施的性行为等，澳大利亚各州都设立了相关的青少年医护中心，并开展各种预防青少年心理、精神疾病发生的服务项目。如“提供青少年必要资源的项目(The Resourceful Adolescent Program, RAP)”，该项目由政府相关部门拨款，社会工作者和其他专业人士共同提供服务，主要针对12～16岁青少年的心理健康问题，包括沮丧、抑郁、自闭等，防止这些青少年从主流社会中被进一步边缘化。

二、青少年能力发展服务

在青少年的各类需求当中，能力发展可以说是其最突出的需求之一。因为其自身成长与发展需要相应的“能力”要素做支撑，而一定的“能力”特征也是衡量青少年是否长大成人的一项重要标准。另外，我们也普遍认为青少年阶段是发展好的学习习惯、行为模式、人格特征的重要时期，并期望青少年能成功具备诸如良好的人格、符合社会规范的行为模式、应对未来的信心和勇气、独立学习和生活的技能、积极的价值观等。而这些都可以与某项或某些“能力”相对应。因此，对其能力的培养和发展一直是青少年社会工作的服务重心。

在法国，每年有100多万名儿童和青少年到各地的“假期和娱乐中心”接受教育，以促使其健康成长，发展良好的能力。另外，法国的“社区青少年活动中心”则是社会工作者更大的工作舞台，社会工作者除了根据青少年的兴趣爱好安排相应的服务和活动外，还特别注重其生活技能的培养，经常提供如快速穿针引线班、烹饪活动等服务项目；还有各种专门能力的培训项目，比如对青少年进行生存能力、就业能力、沟通能力、社会责任感等的训练，培养其成为一名合格的社会公民。

在美国，主要通过青少年发展机构、宗教组织青少年服务机构、学校附属青少年服务机构、社区青少年服务机构等为青少年提供教育和各类能力培养服务。有的社会工作者通过下列四类目标和服务提升青少年的相应能力：通过“目标达成活动”，从价值观、技能、行为模式等方面进行培养，帮助青少年成为身心健康、有责任感的人；通过“适应训练活动”，培养青少年应对生活系统中出现的各种变化;通过"整合服务活动",培养青少年人际交往、自建社会网络的能力;通过"冲突处理活动(协调管理)",帮助青少年解决问题,获得成长。

在中国大陆地区,通过社区服务中心或青少年活动中心等为青少年提供课业辅导、兴趣培训、安全教育、技能培养等服务,以促进青少年的全面发展。在中国香港地区,有五花八门的青少年培育计划为青少年成长保驾护航,比如香港赛马会"共创成长路"青少年培育计划。该项计划旨在培养和提高青少年的社交能力、适应社会能力、认知能力、行动能力、情绪控制和表达能力、分辨是非能力、建立目标和抉择能力、自决能力、抗逆能力等 15 项能力。

在澳大利亚,面向青少年能力发展的服务项目非常多样,其中之一名叫"COOL 项目(Control of One's Own Life)",该项目由社会工作者推行以帮助青少年掌控自己的生活。该项目由沟通、自我评估、侵略和暴力、种族主义和性别歧视、性骚扰、酒精和毒品、情感、男性社会化等多个版块组成。另外,还有诸如"情绪智力培训和课程拓展"项目,依托学校课程教育培养青少年的社会情感能力;"创造美好未来"项目,为青少年提供社区的服务机会,从而提高青少年抵御风险能力,其亲社区行为对降低辍学率很有帮助;"领导力培训"项目,旨在培养青少年的领导能力;"愤怒管理"项目,用于引导青少年情绪控制,有利于其精神健康。

除此之外,新加坡社会工作者通过参与其公民道德教育来预防青少年问题。巴西主要在贫民窟附近建立社区教育中心,通过外展社会工作并联结志愿者为贫困社区的青少年提供教育和学业辅导等服务。加拿大则建设有"青年学校"以帮助 12 ~ 18 岁的青少年安排好自己的生活和学习,还通过"通往教育之路"项目(Pathways to Education Canada),为经济落后社区的贫困高中学生提供学业、经济、社会、辅导及倡导等方面的综合性服务。

三、青少年就业支持服务

很遗憾,随着全球化社会问题的加剧,失业率日益攀升,"就业难"却成为常态。近年来,众多媒体的关注点主要在高校毕业生的就业压力之上,然而青少年社会工作更关注低学历甚至无学历青少年的就业问题，因为这历来是一个干预难点，其在新时代的背景下又具有新的挑战。尽管如此，在青少年就业方面，社会工作也不遗余力地努力着，并积累了很多宝贵经验。

在加拿大，联邦机构、地方政府与非营利组织相互合作，开发了不同的服务项目以帮助青少年就业。其中"青少年就业战略"项目(the Youth Employment Strategy)影响最大。"青少年就业战略"的目的是帮助青少年顺利获得就业信息、学习工作技能、积累工作经验，从而帮助其成功地找到工作。另外，"加拿大青年网"也是一个致力于解决青少年就业问题的综合性机构。该网站针对15～30岁的青少年，为他们提供广泛的就业服务和项目信息，并且这些服务信息能精确对应到青少年所居住的社区。在"青少年就业战略"的倡导下，该网站联合政府部门推出"青少年联邦公共部门见习计划"，不断推出大量见习岗位给青少年。另外，加拿大基督教青年会也为青少年提供就业教育和培训服务，包括文化培训、计算机培训、职业生涯设计和开业指导等。

在中国香港，为青少年提供的就业支持服务也很多样。比如"青年空间"这样的设置就发挥了很大的作用。一方面，青年空间面向所有青少年，为他们在校外学习、交流搭建了很好的平台。在这里，青少年可以阅读书籍、自习功课、上网查阅资料，可以上语、数、英辅导班，可以进行体育锻炼，可以学习艺术表演，可以参加定期的联谊活动。另一方面，为解决青少年就业问题，香港各青年空间都设立了升学、就业支援站，向年轻人提供就业资讯和不同的教育及培训，给予其就业知识辅导，提升其就业能力。青年空间还尽量为其介绍实习单位，让他们在督导下培养良好的工作习惯和态度。

在德国，青少年社会工作者注重在社会环境层面下功夫来解决年轻人失业问题。他们通过鼓励和帮助青少年进入社区，亲身参与社区劳动，寻求就业机会，还大力宣传青少年的独有优势和特殊技能来吸引企业和社区负责人关注青少年就业，并且通过所属的志愿组织和社会团体，向政府呼吁制定相关措施和解决方案来支持和协助青少年就业。

在法国，全国青年信息中心的很多工作人员就是社会工作者，他们主要为前来求助的青少年提供咨询。根据其相关文件要求，每个青少年在求职过程中都由一名和他结成“对子”的人(通常为社会工作者、就业办事处工作者等)负责跟踪服务,他们通常提供长达18个月的全面和个性化的跟踪就业服务。这样社会工作者可以深入了解失业青少年的情况,从他们的家庭问题、社会问题、心理问题和健康问题着眼,和职业指导者一起为他们制定个性化的就业服务方案。另外,注重开发青少年的潜力也是法国社区青少年就业工作的一大特色。

在俄罗斯,城镇和社区的就业服务中心是社会工作者帮助青少年提供就业服务的重要平台,其“青年促进就业计划”通过建立职业描述资料库、教育培训资料库等,为青少年提供专业就业建议;帮助青年人澄清职业愿望,根据他们的个人特点,制定可行的培训及就业方案,提高其就业的可能性;注重培养他们的独立求职能力和心理承受能力;而“青年实习计划”等活动则重在链接企业资源,为失业青年提供3~6个月的实习岗位,让其在实践中提高就业能力。

四、青少年环境改善服务

青少年环境改善服务中所提及的“环境”是一个综合的概念,若我们将青少年作为生态系统的中心,这里的环境既包括微观系统层面青少年生活的物理(空间)环境、家庭环境,也包括中观系统层面青少年所在的社区环境、社会环境,还包括青少年宏观系统层面的制度、文化、政治等环境。下面就一些重点的部分简要介绍社会工作在其中的做法。

在改善青少年制度环境方面,德国就是很好的例子。多年来德国社会工作者通过实务工作中的亲身体会发现现有法律法规的不足,然后通过有效合理的手段向有关部门倡导更完善的法律修改建议。如此更富于弹性的法律法规,较好地适应了当前青少年社会工作的实际社会状况,也促进了青少年社会工作的实施。总之,德国的青少年社会工作者能够通过已有法律法规所赋予的权利去改变不利的社会和制度环境。

在改善青少年社会环境方面,“民族融合”是一个对很多国家来说都非常重要的议题。比如在印度,该议题尤为突出,社会工作者不得不面对身处不同社会等级、文化和宗教传统的青少年的融合问题,这也成了印度青少年社会工作的一个独特而重要的服务维度。故而印度提出了一项旨在融洽不同族群青年的“提升民族融合计划(Promotion of National Integration)”。主要包含建立“民族融合营”,试图消除不同青年群体之间的疏远感;实施“邦际青年交流计划”,让在校和非在校青年彼此了解不同的文化。当然,印度通过跨文化活动、区域(国家)青年节、印度大学协会组织的交流活动等促进青年人的民族融合。

在改善青少年家庭环境方面,加拿大社会工作者认识到,青少年的生活现状受家庭环境的影响最深刻,因此非常重视对青少年家庭的服务。青少年社会工作者一方面针对青少年自身的问题开展个别化服务,同时深入其家庭为他们提供各种咨询服务。例如,传递社会福利政策的信息,满足家长的不同需求;在父母和孩子之间架起沟通的桥梁,促进双方的相互理解;帮助家庭申请政府资助,改善家庭经济状况,为青少年营造良好的成长环境等。他们通过这些改善青少年家庭环境的措施,有效地预防了青少年被动犯罪、失学等问题。

在改善流浪青少年生存环境方面。美国为18～24岁无家可归的青少年提供住房、教育、就业、社会支持等方面的服务。而加拿大的“青少年寄宿住所”专门接受无家可归和离家出走的12～30岁的青少年,为他们提供衣、食、住方面的支持,并给予其心理和情感辅导。此外,英国为无家可归的青少年提供相对舒适的生活环境和适当的心理辅导,帮助他们重拾对社会的归属感,有信心改变自身的命运。

第三节　青少年问题预防与矫治性服务

一、青少年辍学问题及干预

教育对于确保孩子获得更好成长和更多发展机会至关重要,而面对因各种原因辍学的孩子,社会工作者面临的挑战是如何使教育在他们自身及其家庭层面具有可行性,尤其是在经济上和受教育对他们的吸引力上。为了让学龄孩子能够接受足够的教育,国际和当地各类儿童社会组织及各级政府在该领域一直在不懈努力。

在肯尼亚,国际劳工组织资助建立了一个非政府组织,主要为肯尼亚的童工提供免费教育服务,这些童工往往只有 7 ~ 15 岁,因家庭异常贫困而被迫为一些更优越的家庭做童工。因此,该机构免费为他们提供包括识字、烹饪、裁缝、打字等技能教育,以满足他们基本的受教育需求。这些童工的雇主通常也比较配合,因为他们本就有教育这些儿童的承诺(但他们往往并不兑现该承诺),而这些教育培训课程又是免费的,因此这项服务进展比较顺利。

在尼泊尔,因家庭贫困而辍学打工的孩子也不少。为了应对该现状,非政府组织不但为有需要的孩子们提供免费的食物、住宿,还提供正规和非正规的混合式教育,并通过灵活的课程设置和有用的教育内容使这些孩子能够持续接受教育,获得相应的职业技能,有助于其就业。

在印度,联合国儿童基金会等支持非政府组织通过向贫困儿童提供学习用品、医疗服务和午餐,帮助他们放弃工作,继续接受教育。另外,还支持一个非政府组织为前保税劳工开办了 60 所学校,并将 5 年的基础教育缩短为 3 年,以满足当地的现实需要。这一系列的措施都是为了预防青少年辍学及其带来的更严重的社会问题。

在新加坡,“180 度项目”比较有名。该项目旨在帮助青少年及其家庭的生活产生 180 度大转变而得名。其主要目标群体是过早辍学的青少年及有辍学危险的青少年及其家庭。其工作团队包括社会工作者、咨询师和项目执行员。该项目为目标青少年提供关于个性、态度、技巧和知识等方面的一站式服务,内容包括个案与咨询、学业支持、社区服务学习、技巧培训和就业计划及网络服务等。“180 度项目”既努力将青少年重新引导回主流学校,也尝试通过体育、电脑和生活技巧的培训帮助青少年建立健康生活方式和自信心。该项目还积极开展外展服务,带动青少年参与社区服务,对预防辍学有积极的作用。

在巴西,还可以看到一些具有创新性的方案。第一,巴西政府向每月缺课不超过 2 天的贫困家庭的孩子支付相当于最低工资的教育补助金,以此鼓励这些家庭及孩子完成学业,大大降低了贫困学生的辍学率。第二,巴西在改善流浪青少年状况中探讨出了“堂吉诃德式方案(Projeto Quixote)”。该方案除了社会工作者,还有儿童、家庭和福利部门的街区教育家等工作者,主要为流浪青少年提供生活安置的咨询服务、绘画和舞蹈等技能培训服务、外展服务等,以协助他们应对多方面的青少年问题。

另外还有一些例子,比如在洪都拉斯,政府组织为街头工作的青少年提供正规和非正规的教育项目,还在个人保健、信息咨询、学校物资等方面为其提供帮助。在厄瓜多尔,一些非政府组织则教授辍学孩子制作工艺品,并为他们的作品支付他们一定的津贴(基本相当于他们目前打工的钱),前提是他们必须回归学校。

二、青少年行为问题及干预

在社会工作的视角下,没有“问题青少年”,只有“青少年的问题”。而青少年的问题大多表现为行为问题,或者说青少年的问题容易从其行为中反映出来,比如暴力行为、物质滥用行为、轻生行为、欺凌行为等。青少年社会工作者对其行为问题的干预表面上是在纠正偏差,实质上是为了助其渡过难关,获得正向成长。因此,社会工作者有别于教师、家长的角色,更多地扮演青少年的伙伴,为其提供指引、支持和帮助。

针对青少年攻击行为。在美国,针对青少年的攻击行为延伸出“攻击性ART行为替代训练项目”,该项目主要作用于12~17岁有攻击性行为的青少年,小组工作者经过专业培训,通过构建技巧、愤怒控制训练和培训、道德推理3个平行小组,对攻击性行为青少年及儿童进行干预。在澳大利亚,澳大利亚创造基金会在维多利亚州选取社区长期性地开展了“关注青少年(Youth in care)”社会工作项目,主要通过一对一的会谈方式让社会工作者与受关注的8~17岁的青少年进行互动。通过个案和小组工作方法让青少年谈论自己实施暴力行为的经历,并引导他们利用“头脑风暴法”来分析自己暴力行为的原因,并共同探讨解决暴力问题的方法,以此达到预防暴力行为的目的。

针对青少年轻生行为。在俄罗斯,一种以社区为基础的预防和处理轻生行为的体系正在形成。其中包括:专家顾问机构提供危机干预培训和现场指导;危机干预中心提供专业的轻生干预服务;社区卫生组织要有受过培训的医务人员等。而俄罗斯的部分社会工作者便在以上这些机构和组织中工作。社会工作者的职责是通过心理测试和谈话了解青少年的心理发展变化,用训练、游戏等方法使青少年拥有健康的心理,预防和矫正心理偏差,为青少年及其家长提出建议。

针对青少年不安全性行为。比如巴西的青少年卫生诊所,通过夜课形式为街头儿童与青少年提供性健康相关讲座,并提供相关咨询、诊断和治疗服务。其中外展社会工作者主要负责教育性实践活动和小组交流活动。针对在校的青少年群体,很多国家都通过学校社会工作者的相关服务,比如知识讲座、艾滋病宣传、同性恋小组、婚恋辅导、性健康教育课程等,提升青少年学生的性健康意识,预防不当性行为。

针对青少年物质滥用行为。比如在中国香港,有专门的精神药物滥用辅导中心、住院戒毒治疗及康复中心和中途宿舍等为吸食毒品人士、戒毒康复人士及其家人而设的服务机构。在俄罗斯,社会工作者会熟练地先询问吸毒青少年吸毒的目的、过程,再通过教育资料、表演、设立模拟法庭审讯毒品犯罪等方式,让青少年转变对待毒品的态度和感觉,明白那种所谓"吸食毒品很酷"的说法是骗人的,并使其深入了解吸食毒品带来的严重后果,从而帮助青少年成功戒毒。

三、青少年犯罪问题及干预

青少年犯罪是一个特殊的行为问题,相比前文所述的一些一般行为问题,它对青少年及相关人员的伤害大得多。虽然涉及"犯罪"这个议题,但鉴于青少年的年龄特点、阶段特征及受保护需要等因素,几乎所有国家对青少年犯罪的处置都与成年人犯罪有不太一样的地方。而在帮助青少年将惩罚带来的伤害降到最低,协助青少年进一步社会化以符合社会期待和支持青少年回归社会等方面,社会工作者起着至关重要的作用。

美国社会认为,青少年有独特的发展需要,应该给他们不同于成人的法律系统来保障他们的权益和福利。因此,目前美国 50 个州都有自己的青少年法庭,且并不被纳入美国司法系统,它实际上是一种具有民间性质的准司法机构。而社会工作者在青少年法庭中扮演着重要角色，主要负责：为法庭提供犯罪事实调查报告，协助法庭对罪行的认定；对青少年罪犯法庭适应力进行评估，协助法庭维持正常的审案程序；协助执行法庭的判决，除了为青少年本身提供服务，还需要与青少年相关的家人进行沟通，保证法庭的判决能够顺利有效地得到执行；社区协调服务，帮助青少年尽快回到社区过上健康的生活。

在巴西，针对日益严重的城市青少年犯罪问题，社会工作者协同政府、司法机构与非政府组织等开展了一系列旨在预防与矫治青少年犯罪的工作。比如针对贫民窟青少年犯罪问题，在司法系统层面，巴西在2001年实施了"和平预备役"计划，采取把贫民区青年请进营地进行教育的方法来减少青少年犯罪。其特色做法之一就是采用足球运动预防贫民窟青少年犯罪。其社会工作者通过体育运动、青少年外展服务等手段，加强和边缘青少年群体的交流，从而在很大程度上降低了青少年群体的犯罪率。

在法国，无论是"封闭教养中心"矫治方式还是社区矫治方式，都有社会工作者的广泛参与。在封闭教养中心，由技术人员为他们提供职业培训，并由咨询员负责提供咨询活动，而社会工作者通过个别支持对他们的教育和福利提供帮助。在社区矫治中，社会工作者主要参与"社区服务计划"。犯罪青少年可以继续在学校学习和社区中正常生活，但要接受干预主任（通常社会工作者）一定时期的监管，同时与学校和社区建立网络，接受定期的家访和面谈。

加拿大已经意识到家庭、学校和社区在预防青少年犯罪中的作用，所以加拿大积极开办家长学校，帮助父母掌握教育子女的技巧，从而减少犯罪率的发生。同时，政府也为青少年提供各种服务和帮助，其"自卫策略"动员社区居民积极参加到预防青少年犯罪的项目中来，开展自卫活动；其"警察策略"通过警察与非营利组织的合作，共同改善社区秩序，对犯罪实施有效的干预。而社会工作者主要的工作是：到监狱开展活动，教授法律知识和工作技能；帮助被释放的青少年制订计划、提供居住服务、寻找工作；协助假释的青少年重新回到社区生活；提供法律服务，帮助他们在法庭上得到公正的审判等。

在中国台湾,社工也主要参与儿童出庭保护、在家事事件的调解(商谈)、在家事事件亲权(监护、会面交往)的访视调查与建议。在中国香港,以“社区为本”的自新计划是一种以触犯了法律或者说已经进入了司法程序的轻微犯罪青少年为工作对象的社会工作模式,该种模式由社区青少年社会工作者和社区警政共同协作来完成。主要包括:“感化令”“社会服务令”“社区支援服务计划”。

另外,还有英国的听证制度,它是根据社会工作法发展而来的。英国有关青少年犯罪行为矫治的法律体系非常庞大,是开展青少年犯罪行为矫治的重要支撑。而瑞典建立了专门的未成年人监护机构,这些监护机构雇有包括社会工作者在内的各类专业人员,为接受监护青少年提供专业监护服务。

第四节　青少年外展社会工作服务

外展社会工作起源于20世纪60年代的中国香港。在应对当时的边缘青少年的问题时,传统的社会工作方法已不再够用,故而发展出外展社会工作方法以帮助“边缘青少年”远离犯罪、回归主流社会。总而言之,外展社会工作是指由社会工作者主动到青少年经常流连和聚集的地方,如公园、球场、台球室、录像厅、电子游戏中心、网吧等,去接触和认识青少年,识别那些与社会系统脱节、易受不良影响的青少年,了解他们的需求,然后与他们保持紧密的联系,并且透过提供辅导、资料、教育性、训练性、康乐性活动及转介服务,使他们认识并且愿意尝试解决其个人问题,改善偏差行为和态度,树立正确的人生观和价值观;帮助他们正确运用精力和时间,从事正当、健康的活动,免受不良朋辈群体的诱惑;促进身心的均衡发展,更好发挥潜能,完成人生各项任务。下面主要介绍几个典型的外展社会工作案例。

一、香港“深宵外展”服务

香港的外展社会工作服务是通过外展手法接触较少参与传统青少年中心活动且容易受不良影响的青少年,为他们提供辅导与指引。该服务由

2001 年开始增设“深宵外展”服务，为那些可能受不良影响的高危夜游青少年提供必要的支持和援助。服务对象主要是四类青少年群体：一是受不良影响的青少年团伙，往往和黑社会关系密切或受其控制；二是经常单独在外游荡的青少年；三是与家庭关系差和经常离家出走的青少年；四是因接触不良团伙已经辍学或有退学可能的青少年。这些青少年自信心不足、孤僻、抽烟、喝酒、讲粗话、无所事事，是社区中让人担心的“另类”。

“深宵外展”社会工作附设于综合服务队，其社会工作者配备车辆及移动电话，通常在晚上 11 点到第二天早上 6 点工作，为深夜在外流浪而有服务需要的青少年提供援助。他们的工作主要包括：为有特别需要的青少年在教育、职业、家庭及朋辈关系方面提供指导及辅导服务，并在必要时提供转介服务；教导青少年免受不良引诱及协助他们发挥潜能；促使社区关注妨碍青少年健康成长的问题，并寻求社区资源，协助他们消除障碍。

二、台湾“行销式”外展服务

在中国台湾，衍生出了“行销式”外展工作，它更强调的是“消费”某种“服务”的理念，强调给予青少年充分的自主选择权，他们将选择“消费”所需的“服务”。对于社会工作机构而言，他们提供的服务在某种意义上变成了需要通过的“商品”，而非过去的“慈善品”和“救济品”。从而，如何“行销”自己的“商品”，让更多“街头少年”选择“消费”它们，就成了机构最重要的课题。“行销式”外展社会工作就是在这样的理念下发展起来的。

外展社会工作者以“走上街头”的方式成为最能与服务对象广泛接触的工作模式，因而它便成了整个行销方案中紧密联结“消费者”与“服务提供者”的桥梁，以实现社会工作服务实施。其主要工作包括：向青少年宣传福利资源，并告知街头少年如何使用福利资源，使得外展过程成为青少年了解机构服务的一个窗口；寻找并发掘需要介入服务的少年，这是外展工作最原始的目标之一；通过第一线接触了解青少年的需要，使外展社工成为青少年的发声渠道；预防青少年问题的发生或继续扩大；针对外展接触的青少年的需求提供适切的资源与干预，帮助青少年建立积极的人生观。

三、流浪青少年的外展服务

在中国大陆地区，比如深圳、上海、郑州等地都以当地救助站为中心，围绕流浪儿童和青少年进行了积极的外展社会工作实践。除了常规外展服务，还积极探索宣传式外展、“互联网+”新媒体外展、多方联动外展等新形式。

以郑州模式为例。郑州以救助和保护流浪少年儿童为主要目标，在多个街头设立救助点，利用外展社会工作的理念，主动发现有需要救助的儿童青少年。主要内容包括：①到流浪少年儿童经常去的地方寻找他们，想办法接近他们，与他们进行交谈沟通，了解他们的真实处境和需要；②向流浪少年儿童及时提供食物、饮用水、医疗、咨询等有效服务；③由已经接受救助的流浪少年儿童向还在街头流浪的少年儿童宣传流浪少年儿童救助保护中心的救助方法、服务内容、方式及流浪的危害等；④在尊重流浪少年儿童意愿的基础上，有针对性地对其进行疏导、教育，并尽可能地引导他们进入流浪少年儿童救助保护机构，尽快结束流浪生活，回归主流社会；⑤根据救助过程中了解到的流浪少年儿童真实生活情况，总结规律；并把流浪少年儿童的聚集地、嬉戏地、用餐地、住宿地在地图上标注出来，便于以后的工作开展。

四、“隐蔽青少年”的外展服务

“隐蔽青少年”最早在日本出现并引起关注，主要是指一些自我封闭、过着足不出户生活的青少年。隐蔽青少年来自14~21岁的待业、待学青少年群体。青少年的隐蔽有其独特而严重的后果。有证据显示，长期处于隐蔽状态的青少年可能会对自己、身边人及社会产生不满。故而香港基督教服务处的隐蔽青少年服务总目标即帮助这群青少年顺利完成从学校到社会的过渡，走出隐蔽状态，建立与社会系统的联系。其主要服务内容有：通过设立动力热线，供老师、家长、社工及有关人士致电求助；对于不愿意走出家门的隐蔽青少年，中心创立了上门追击队的服务，包括上门辅导、与青少年建立关系、评估其前进动力、提供上门培训（包括化妆、组装电脑、做蛋糕、设计绘图等）；多元化体验服务；对于不想继续学业而想投身工作的青少年，中心根据其职业兴趣和动机水平，设立“个人服务业”和“青年大使”两种工作训练模式；建立动力家长联网，为子女处于游离或隐蔽状态的家长开设辅导支持小组，让家长有一个分享倾诉的地方，彼此鼓励，了解自己及明白子女，从而改善亲子关系；建立朋辈支持网络“有网天地”，旨在推动青少年之间的互动和互助，构建正面朋辈支持网络；特设“有奖励计划”以激励青少年，设立“有人帮计划”提供经济资助；成立动力分享队，让成功改变者分享成功经验。

参考文献

[1]蔡忠. 境外经验：青少年事务社会工作的项目与研究[M]. 上海：华东理工大学出版社，2009.

[2]程胜利，等. 瑞典社会工作[M]. 北京：中国社会出版社，2012.

[3]黄智雄. 香港社会工作[M]. 北京：中国社会出版社，2013.

[4]邵金华. 加拿大社会工作[M]. 北京：中国社会出版社，2009.

[5]文军. 社区青少年社会工作的国际比较研究[M]. 上海：华东理工大学出版社，2006.

[6]杨克. 美国社会工作[M]. 北京：中国社会出版社，2014.

[7]郑永强. 英国社会工作[M]. 北京：中国社会出版社，2009.

[8]高春凤. 优势视角介入“边缘青少年”社会工作实践模式的思考——以香港“协青社”为例[J]. 北京建筑工程学院学报，2009，25(4)：70－73.

[9]刘乐. 美国对犯罪青少年的社区矫正项目[J]. 北京大学学报（哲学社会科学版），2003(S1)：178－180.

[10]饶秋芳. 浅谈救助领域外展社会工作模式——以深圳市救助管理站为例[J]. 中国社会工作，2017(15)：32－33.

[11]王玉香. 西方青少年社会工作的历史沿革研究[J]. 中国青年研究，2012(2)：92－97.

[12]徐从德. 香港青少年社会工作服务及对内地的启示[J]. 社会工作，

2014(1):92 -99 +110 +154.

[13]张明锁. 郑州:救助流浪少年儿童的外展社会工作[J]. 中国社会导刊,2008(4):22 -23.

[14]庄晓芸. 香港青少年社会工作的经验及其启示[J]. 云南财经大学学报(社会科学版),2009,24(2):57 -58.

[15]武晓娟. 浅谈外展社会工作在预防城市外来青少年犯罪中的作用[D]. 武汉:华中师范大学,2012.

第十二章　国际老年社会工作

什么时候才算是“老年人”？国际上并没有标准定义，通常60岁及以上就可以称之为老年人，但很多国家养老金的发放年龄通常是65岁左右。相比之下，许多人认为在非洲等国家，50岁作为老年人的划分标准更为合适。因此，“老年人”的概念通常跟年龄、功能丧失情况、社会文化等因素紧密相关。而不可回避的是，当前几乎所有国家都正承受着为老年群体提供适宜服务的重担，因为全球老龄化时代已然到来，及其带来的一些系列社会问题已成为社会工作的关注重点，老年社会工作者也成为各国老年社会服务的主要工作者之一。在各国老年社会工作实践中，让老年人能够度过高质量的老年生活也是社会工作者的使命。具体而言，老年人能够拥有一种积极的生活和生命质量；在变老的过程中能够保持自己的独立性和掌控感；老年时期能得到好的健康照护和社会服务，就是社会工作追求的目标导向。而从应对老年问题的经验上讲，发达国家和地区成熟的做法相对更多，也为其他国家和地区提供了不少有价值的经验。

故，本章将在综合视角下考量老年社会工作实践，主要以部分发达国家和地区典型的老年服务案例为例，介绍其在居家养老、机构养老和社区养老方面的成熟经验，以期为国际社会工作者探索和优化养老服务提供思路。

第一节　综合视角下的老年社会工作

一、用全球视角考量老年问题

毋庸置疑，老龄化及其所带来的社会问题已成为全球性难题。与发达国家相比,发展中国家人口老龄化速度更快,而其社会经济发展水平却相对更低。并且在传统习俗上,发展中国家大多靠“大家庭”、“家族”共同承担老人的照顾责任,而现实的困境在于,发展中国家正面临家族的衰弱、核心家庭的缩小等问题,因而纯靠家庭/家族成员养老也面临越来越多的困难。另外,这些发展中国家通常还没有足够充分的社会保障体系和养老服务设施,能够全面应对庞大的老年群体及其养老需要。在这样的情况下,这些国家的老人更可能缺乏足够的照顾、陷入极端困境、更多遭受歧视和虐待、难以获得需要的社会支持……但也有观点认为,正因为发展中国家或所谓的“第三世界国家”整体社会经济水平相对落后,他们为了应对老龄化、贫困等问题,不得不尝试新的方法,并因此积累了具有当地特色的服务模式。比如非洲、印度等国以发展为导向的社会工作服务模式、中国大陆地区以社区为本的社会服务模式等,也同样有效地缓解了当地的养老、贫困等问题,这些创新亦值得西方发达国家学习和借鉴。

可见,我们既要看到老年问题的全球性和普遍性,也要关注老年问题的本土性和差异性。这正是全球视角需要我们有所思考的地方。虽然全球老龄化已成为常态,但不同国家和社会,养老习惯、养老模式、养老资源、养老技术等皆存在极大差异。所以,以“地区特色为本”,以“当地老人特别需要为本”,实则是社会工作对全球视角的具体诠释。国际老年社会工作者应不断加强在该领域的交流与互动,并积极参与跨领域、跨专业合作,与相关服务人员相互支持,一同探讨适宜本土的养老服务方案,优化养老服务机制与内容,共同攻克全球养老难题。

二、用人权视角反思服务理念

在老年社会工作的实践中,对老年人“人权”的忽视也是一个值得反思和警惕的事。人一旦步入老年期,老年人自己和社会大众都很容易轻视,甚至忽视他们的基本权益和需要。比如,不少人仍抱有这样的观点:认为人到老年就可以退出社会核心生活范畴了,就应该享受退休生活而不必奋斗在一线;甚至认为老年人没必要再谈恋爱,以免情感创伤或被欺骗……诸如此类“为老年人好”的理念是值得我们反省的,因为很可能怀有此类观念的正是老年人亲密的家人,也可能是我们身边的大多数人。那么作为老年社会工作者,如何协助服务对象打破这样的思想枷锁？又如何保持自身的专业理念不被动摇？都离不开对人权理念的信仰和反思。

因此,老年社会工作者应始终保持人权视角,拥趸人权理念,从每个人的基本人权出发,接纳并承认老年人作为人的基本权利,包括受教育的权利、自由婚恋的权利、再就业的权利、自我决定的权利等。并且,需要通过社会工作服务保护老年人的各项权益不受侵害,努力开展社会教育,倡导积极的老年观,提升大众对老年人权的认知,为老年人营造更加包容和开放的社会氛围。当然,老年社会工作者也应充分体现对老年人价值和尊严的尊重,对老年人的潜能和能力抱有积极的价值观,并助力老年人自我实现。比如,老年社会工作者应鼓励老年人参与社会,为其争取更多的参与机会,开发丰富的活动内容,让老年群体能更多无障碍地参与到社会生活的方方面面中。

三、用生态视角指引服务过程

在生态视角的指引下,老年社会工作者不但要关注自然环境的恶化对老年人健康和生命的影响,比如,日益频繁的极端气候对老年生命健康的威胁;而且要关注社会环境的变化对老年人的影响,尤其是进入老年期的转折阶段,其社会生态系统的失衡对老年人心理和社会层面可能带来消极影响。这些都是老年社会工作服务的重要落脚点。而老年社会工作者也有必要基于生态视角指引服务过程。

一方面,老年社会工作者应协助老年人建立新的生态平衡。老年人突然退出曾经的工作圈和生活圈,已有的生态系统可能被打破而失衡,老年人可能因此无法适应或表现出心理、行为问题。社会工作者需要协助老年人尽快调整生态平衡,也需要帮助其搭建新的社会支持网络,或借由新的系统代替失功能的系统,协助老年人恢复最佳的社会功能。

另一方面,老年社会工作服务让社会工作者进入了老年人的生态系统,因此我们有必要积极成为其生态系统中重要的支持网络和资源。因为老年社会工作服务不应该是一次性的或偶然的,老年社会工作服务应更加强调稳定性和持久性,在老年人需要的时候能够便捷、快速的获得相应支持与资源。同时,老年社会工作者还应积极地为老年群体赋权和倡导,不断提升老年人与其生态系统的调和度。

四、用社会发展视角统整服务内容

老年人是曾经为社会做出巨大贡献的一批人,但是在这个飞速发展的时代,我们遗憾的发现,时代发展的结果是以忽视老年人的一些需求为代价的。比如,不会或无法用智能手机的老人,很多情况下无法完成身份认证,无法独立办结一些公共业务。因为很多领域开始智能化办公,也没有专门设置老年服务岗,甚至因为太过快速推进社会技术变革,让不能适应的老年人也快速被边缘化,甚至被社会忽视,无法享受社会发展的成果。这并非社会发展的应有之义。

因此,我们应站在积极的社会发展视角下去统整老年社会工作服务内容。一方面,老年社会工作者应为老年人开发和联结更多的社会资源,以推动老年社会服务的革新,让老年人切实享受社会发展的成果。另一方面,老年社会工作者也应坚持为老年群体赋权,鼓励和引导老年人参与社会生活,实现自我价值,继续为社会发展添砖加瓦。除此之外,老年社会工作者还应不断丰富老年服务内容和形式,尊重老年人对养老的愿景和选择,并为其家庭提供支持,最终提升老人及其家庭的福祉。这也将成为社会发展成果的重要体现之一。

第二节　居家养老与社会工作服务

从社会工作的角度来看,居家养老指的是老年人在自己家中接受来自正式照护者和非正式照护者的照顾,照顾者对老人的卫生保健需求进行科学评估,根据评估结果为老人提供医疗辅助、健康管理、个人照料、精神慰藉、预防等方面的照护服务。相比在机构养老而言,居家养老更人性化,能让老人在自己最熟悉的家庭环境中、在亲人的陪伴下度过老年时光,对减轻老人孤独感、被边缘感等有积极的意义;进一步来讲,居家养老还能显著减轻家庭和政府的经济负担;事实上,很多老人在大部分时间还能为家庭提供不少帮助，例如帮忙料理家务、照看孩子等，从而实现自我价值。因此，居家养老在全球养老模式中成为最普遍的选择。

目前发达国家接受居家养老服务的老年人比例在80%左右。这些国家也积极推动居家养老模式，比如新加坡通过法律形式要求子女赡养老人，否则将受到罚款或判处有期徒刑；如与父母同住，还可享受一定的公积金房屋津贴。在瑞典，家庭照顾者也能获得一定的经济补偿。而德国的社会福利机构则将一些独居老人和单亲家庭安排在一起住，为老人营造"类家庭"环境。《美国老人法》也为家庭照料护理人员提供支援计划，为家庭照顾者、看护孙辈的老人等提供支持。

一、居家养老服务的典型案例

（一）瑞典的居家养老服务

瑞典为居家老人提供非常精细化的"菜单式"服务，简要概括为三类：第一，日常生活照料服务，包括助餐、助浴、助行等一系列服务；第二，家庭照料服务，包括散步、读报等陪伴项目，及生病照料、家政帮助等代理项目；第三，护理服务，包括协助其完成一般性医疗检查、治疗、换药等项目。也就是说，在瑞典，老年人足不出户就能享受送餐到家、家政清洁、购物帮助、健康协助等服务。另外，大多地方政府还在日间服务中心为老年人提供公共餐饮服务，有的还提供安全报警服务帮助老人应对紧急情况，还有的通过日间托老所等为居家养老提供支援，让居家养老变得更容易。

（二）日本的居家养老服务

居家养老也是日本养老服务的主体。日本提倡居家养老，还提出了"一碗汤距离"的理念，倡导子女与老人的居住距离不要太远。值得一提的是日本居家养老护理服务体系完善、内容丰富、人员专业，能很好地满足老人的养老护理需求。具体而言，该服务包括设施护理服务、老年社区援助、上门护理服务和高档型老人护理服务四类。服务方式有居家上门服务、短时托付服务、长期照顾服务和健康指导服务等，可按需要选择。而服务内容更是完善，比如医疗协助、上门护理、日托服务、进食协助、入浴服务、康复训练、护理器具借贷、生活照料等。

（三）澳大利亚的居家养老服务

从20世纪90年代左右澳大利亚就推出了不同类型的社区居家养老服务项目，以支持老人在家安享晚年。比如，“社区服务包项目”旨在把有条件的老年人留在家中养老；“家庭和社区护理服务项目”则提供一系列综合性服务，以支持年老体弱的人、残疾老人留在家庭和社区养老；“照护者津贴”和“暂息服务”项目重在减轻家庭照顾者的压力，以支持和巩固家庭的养老功能。另外，澳大利亚的居家养老服务层级分明。其初级家庭支持服务包括照顾者喘息服务、生活照料、家政服务、医疗、交通协助、社会支持等服务，由联邦家庭支持计划提供；而高级家庭支持服务则由4个等级的家庭护理套餐组成，包括家庭护理套餐、入住老年护理院服务、居家短期照护、短期康复护理、过渡期护理及其他护理服务，以满足老年人不同层次的照护需求。

（四）美国的居家养老服务

与其他地方不同的是，美国社会工作者通常采用“个案管理”的方式提供居家养老服务。他们通过个案管理安排和协调多种服务，使老人在家中满足个人的需要。因此，社会工作者会到老人家中为他做些力所能及的事，帮助其解决日常生活中最基本的问题。同时，每位社会工作者都会与医院有专线联系，以防止意外事件的发生。另外，美国还大力开发家庭智能养老监测系统，比如在浴室、厨房、入口、卧室等老年人活动及容易受到伤害的关键地点设有“电子眼”，如系统评估发现老人的异常行为，会向其子女或邻近机构发出警报。美国还有非常多的非营利机构为老年人和照料者提供日间服务，以协助提供医疗、护理、咨询、康复等需要的社会服务，其“社会服务街区补助计划”在各州提供支持性服务，让所有居家老人都能获得需要的一般性服务，如家政服务、膳食供给、康复服务等。

二、居家养老社会工作服务项目

（一）日间照料服务

在很多地方，日间照料服务主要针对无法获得家庭照料服务或家庭照料缺位或不足的老人，比如患有精神疾病者、不能自理者、无家人照料者，就可以申请上门照料服务或者去就近的日间照料（或日托所）中心以获得照料服务。这样的服务往往需要支付一定的费用。而经费来源各有不同，有的是当地政府购买服务提供给有需要的老人，有的是来源于老人的社会保险（如长期照顾险），有的则需要家庭自己支出一部分甚至全部。对于有这样需求的老人及家庭，提供日间照料服务的机构不失为一种有效的支持性或辅助性服务，既能为老年人提供专业的护理、健康监测、生活照顾等服务，也相应地减轻了家庭成员的照顾负担。

（二）家庭支援服务

家庭支援服务主要是帮助那些没有这些帮助便无法在家中继续生活的老人。以挪威为例，其大多数家庭支援服务者会帮助老人家庭做必要的家务，像打扫卫生、修补衣服、购物和做饭等，也会为老年人提供社会支持和社会联系。比如中国倡导社区中的志愿者和这些老人“结对子”，不但定期上门提供家庭支援服务，比如为老人读书、陪老人聊天、教老人使用智能手机等，还在老年人和社会之间架起了沟通的桥梁，在老人保持健康和适应社会方面都起了重要作用。

（三）家庭医疗服务

家庭医疗服务有的也叫家庭医生服务，即指医护人员在老人家中提供医疗服务。该服务一般由当地政府提供，目的是给家中的有需要的人（一般为老人、残障人士、儿童或病人）提供基本护理和基础医疗服务。与家庭支援服务不太一样的是，家庭医疗服务一般是在老年人有紧急需要时提供暂时的、基础的帮助，而不能代替医疗机构。当然，也有许多有特殊情况的老人接受经常性的、长期的家庭医疗服务。在瑞典，健康和医疗照顾覆盖了所有需要护理的内容和人群，只要老年人提出的医疗服务申请得到核实与批准，就会安排护理人员、社会工作者等到家中提供医疗、护理等各项服务，并且免费。

（四）短期护理服务

针对病后、术后等有特定康复护理需要的老年人，很多发达国家还提供了一种专门的过渡性的短期护理服务，用于老人住院后的康复，以减轻家庭成员（特别是老人配偶）的护理压力。比如在瑞典，有一种短期护理叫“先进家庭病房（ASIH）”。“先进家庭病房”一般针对患有严重疾病的老年人或者晚期癌症患者，该模式类似家庭医生服务，即老年人居住在自己家里，就能获得专业人士的护理支持，从而节省了住在医院里产生的巨额的护理费用。

（五）照顾者支持服务

照顾者是指向体弱、身体机能或心智有缺损或有长期病患的老人提供照顾的人。在中国香港等不少地方，照顾者服务正式被纳入老年人社区中心、邻舍中心的服务内容中。这些中心将为在家中照顾老年人而遇到困扰的人士提供老年人病理知识讲座、社区资源讲座、朋辈支援小组、护老者康乐互动、电话咨询服务、喘息服务、康复器材租用、家居安全评估、综合康复训练以及社区倡导活动。这些服务，能够提高照顾者的自身能力，从而更好地支持居家养老。

（六）紧急救援服务

老人紧急救援服务也是一项非常普遍的服务，以中国香港地区为例，香港老年人安居协会是香港最大的老年人紧急救援服务机构，以其为代表的相关服务机构为全港老年人提供“平安钟”“报警铃”“平安手机”等热线式紧急救援服务。使用网络技术搭建强大的服务后台，并联络整合分散的服务机构为有紧急需求的老年人提供紧急支援服务，从而使老年人能够在紧急时刻尽可能得到最及时、最有效的专业服务，从而保障老年人生命安康。

（七）住房改造服务

住房改造服务是居家养老很重要的一项支持，如何让老人居住的环境变得更加适宜而安全是居家养老必须考虑的问题。为了积极推动居家养老，很多地区政府也提供住房改造津贴或直接提供住房改造服务，帮助有需要的家庭，尤其是残障老人，对其所住的房屋按照他们的需要进行个性化改造，比如安装扶手与脚灯、厕所铺设防滑垫、增设马桶等以方便他们生活。有的发达国家比如瑞典等国，除了改造老人的住房，还致力于打造无障碍的社区环境，实现老人从居家到出行全程无障碍。

第三节　机构养老与社会工作服务

机构养老主要是以服务场所作为划分依据，由此可以把机构养老定义为以社会机构为养老地，依靠国家资助、亲人资助或老年人自备的形式获得经济来源，由专门的养老机构，如福利院、养老院、托老所等，统一为老年人提供有偿或无偿的生活照料与精神慰藉，以保障老年人安度晚年的养老方式。相比居家养老，机构养老能为老人提供更加便捷而专业的养老服务，更能满足有特殊养老需求的老年群体，大大减轻家人的照护压力。

养老机构形式多样，有政府投资兴办的福利院、养老院、敬老院、日间托老所，以及合资或个人投资的养老单位，如老年公寓、老年村、老年护理院、临终关怀医院等。有的还区分“半托”和“全托”两种形式。半托式养老以“日间照料中心”为代表，老人白天在养老机构生活娱乐，晚上回到自己家中。而全托式养老，主要依托“养老院”等机构，老人完全在机构生活。目前西方发达国家只有5%～15%的老年人采用机构养老，其中选择全托式养老方式的更多的是无人照料、部分或完全失能或有一定疾病的老人，而选择半托式养老的更多，比如在芬兰，日托服务就广受欢迎。

一、机构养老服务的典型案例

（一）美国的机构养老服务

美国私营机构已成为美国养老服务的“顶梁柱”。美国拥有近6万个家庭长期照料服务机构，其中私营机构占93.5%，这些机构的相关工作人员也必须具备相应的专业资格。在美国设有暂住处、托老所、养老院、公营住所、服务性公寓、独立式退休住宅等不同类型的养老服务机构以满足不同老人的需求。比如，“独立式退休住宅”是为健康老年人设计的公寓；“居家援助式老年公寓”则适合75岁以上的、生活尚能自理的老年人，在此能享受各类居家照顾服务；“托老所”的服务对象则是生活不能自理的老年人，在美国托老所的专职人员很少，但老年志愿者相当多，很好体现了老年互助的模式。此外，美国建立了约19000所多功能老年活动中心，为老年服务、信息传递、健康促进、社交活动等提供了重要的平台。

（二）日本的机构养老服务

日本的养老机构类型也非常多样。第一，复合型养老机构，为老年人提供多元化、多类别养护服务，比如护理服务、生活服务、康复治疗、健康支援、社区日间托老服务等；第二，医养结合型机构，通常专业康复人员与介护人员、社会工作者等共同协作为老人服务；第三，康复型养老机构，比如有的老年公寓设有失智症护理服务，有的可提供居家上门护理服务和上门介护服务；第四，单元型养老机构，多以需要长期护理的老人为对象，提供包括日常生活护理、技能训练、健康管理以及疗养管理等方面的服务。有的还结合了短期居住型养老院和日间照料中心，满足老人的多样化需求。在日本，这些机构多为其“介护保险”对应设施，老人只需自费极少部分。当然，日本还有部分民间养老服务机构是完全自费的，但费用相对较高。

（三）加拿大的机构养老服务

加拿大根据老人需求，通过多层次养老服务的有效供给，充分利用各类养老资源,有效提升健康养老服务质量。在加拿大,养老机构主要分为4个类别:“护理安老院”,入住对象是完全丧失生活自理能力需要专业人员照料的老人;“护士中心”,入住对象是自理能力或健康状况较差,需要日间照料的半失能老人;“退休之家”,入住对象是生活大体上能自理,但日常生活需要一些特别帮助的老人;“老龄公寓”,入住对象是生活能够自理、基本不需要固定照护的老人,养老服务以生活援助为主。另外,加拿大鼓励养老机构在社区建立小型化连锁养老机构或多元化的老年服务中心,近距离为居家老人提供及时的养老服务,服务内容包括日常照料、医疗服务、心理支持、老年继续教育等,有效弥补了居家养老资源供给的不足。

(四)中国香港的机构养老服务

中国香港地区养老机构的类型和服务非常精细化。比如,其“长者宿舍”为能自理,但生活中仍需支持的长者提供集体住宿的生活环境、各类活动及照顾支持。“安老院”为未能独立在小区生活的长者提供住宿照顾服务,包括膳食、洗衣、有限度的起居照顾及社交活动等。“护理安老院”为健康欠佳、肢体伤残或轻度精神残障的长者提供住宿、膳食、一般的个人照顾和有限度的护理。“护养院”为身体较弱,未能在护理安老院获得充分照顾的长者提供医疗护理、康复服务及起居照顾服务。“疗养院”负责照顾那些不再需要深入医疗服务,但仍需长期住院的老人。“安老宿舍托管服务”和“短暂性住院服务”则为需要个人照顾的长者提供暂时性的住院照顾,以减轻家人长期照顾压力。“紧急住宿服务”为有紧急需要的长者提供临时住宿和照顾服务。

二、机构养老社会工作服务项目

(一)日间照顾机构的服务

日间照顾中心,顾名思义主要只在白天提供服务,一般给那些还想住在家里但是不能完全照顾自己或者白天无人照护的人提供服务,目的是为他们提供一个白天安身、可以得到保护和情感支持的地方。在一些福利国家,比如挪威,日间照顾中心不是对所有居家养老的老年人都提供的,想要接受其服务需要通过审核,比如日间照顾中心的医生就有主要决定权,他们可决定谁能在日间照顾中心得到医疗和社会照顾。在该类机构中,社会工作者一般充当协调者和联络员的角色,也负责制定和实施服务方案等工作。

(二)老年公寓或养老院的服务

老年公寓或养老院是专门为老年人提供居住服务的机构。在很多地方,老年公寓一般是一居室,附带个厕所和厨房。这种老年公寓一般环境条件都比较好,设施齐全,适宜老年人生活起居。例如,老年公寓的墙壁上都装有报警器,类似医院的设置,方便老年人随时呼叫工作人员。老年公寓也必须考虑到老年人活动的便捷性,电梯、轮椅或拐杖等无障碍设施完善。老年公寓还必须配备专门的食堂、药房、娱乐室等设施,便于老人足不出户就能满足所需。另外,这些老年公寓甚至可以预订帮忙洗衣服、打扫卫生、送饭、洗澡,甚至喂药、换尿布等服务。在理想的情况下,这些机构需要配备社会工作者、护理人员、医师、康复师等专业人士。

(三)老年护理院的服务

老年护理院与一般的养老院有所不同,它主要为健康欠佳、身体残疾、认知能力稍微欠佳、不能自我照顾起居,但在精神上适合群体生活的老年人,提供住宿、膳食、起居照顾及基础的护理服务。以美国为例,其老年护理院中聘用的都是受过专业训练的社会工作者,他们的工作主要有:向病人及其家属解释护理方案,协助家属了解疾病,并共同探讨治疗方法,促进家庭参与。这里社会工作者通常采用小组工作方法,透过小组成员的相互支持和相互倾诉,可以更有效地消除老人的焦虑感、负罪感和敌意,还能分享应对问题的经验,增强成员的信心。

(四)老年活动中心的服务

老年活动中心是一种相对特殊的设置,一般设在社区内,面向所有老年群体,多为免费。服务的运作者通常为社会工作者、社区工作人员、社区志愿者等。老年活动中心通常都会开设内容丰富的主题活动,以调动老人的参与积极性,丰富他们的老年生活,并为其搭建社会交往平台。根据当地社区的条件和老人的需求,活动形式和内容非常多样,主要包括:针对老年健康方面的知识讲座和基本身体健康检查;针对老年学习方面的兴趣班和技术培训课程等;针对老年社交需要的康乐活动、户外郊游等;针对老人家庭的亲子活动、家庭互动活动等。

(五)其他服务项目

在一些福利国家,政府还为有特殊需要的老人提供人性化的服务和设施,以更好地满足他们多样化的养老需求。在瑞典,政府为老年人提供"特殊住宅服务",即让老人居住在由地方政府根据评估分配的特殊住宅中,由专门的护理人员或相关工作人员提供全天候基本医疗等服务。需要此类特殊服务的多是阿尔茨海默病患者。而挪威的"院舍之家"比较特别,在这里的老人并非不能自理,而是他们想从属于一个院舍,满足他们不必做家务还能在需要时得到照顾的需求,即可申请院舍之家,并且院舍之家的建设和运转的所有费用均由当地政府支付。

以上各类机构和项目都是老年社会工作者常见的工作场域,在这些地方社会工作者协同康复师、护士、医师、护理人员等专业人员共同为老人提供多样化的服务,以满足不同老人的需求。虽然在不同的国家社会工作者们并非都以"社会工作者"的称谓和身份出现,但不可否认的是,社会工作的实践在养老服务中处处可见且必不可少。

第四节 社区养老与社会工作服务

社区养老的定义很多,但都有一个共同点,即把社区养老作为一种单独的养老方式,社区养老既不是家庭养老,也不是机构养老,而是把社会机构中的养老服务引入社区,并在社区中开展的在家养老模式。因此,社区养老兼具家庭养老和机构养老的优点,是以家庭为核心、以社区为依托、依托专业化队伍开展服务的养老方式。换言之,社区养老不一定是"在家养老",其服务场所有两个:一是老人的家,二是社区养老机构。

社区养老的对象亦可包括所有老人,只是在服务提供上有所侧重。比如面向一般老人,则侧重提供家庭支持、个人照顾、餐饮服务、日间照顾、临时照顾、照顾管理、基础医疗等服务内容;面向特殊老年人,比如精神障碍患者,则多提供居家支持、老人护理、健康评估、日间照顾、家庭医疗服务等。总而言之,社区养老需要强大的养老资源的支撑。

一、社区养老服务的典型案例

(一)美国的社区养老服务

在美国,70%的老人选择社区养老,因为其社区已经具备了强大的助老功能,形成了各种类型的养老社区,包括生活自理型社区、生活协助型社区、特殊护理社区及持续护理退休社区。可以说美国的社区养老是物质保障、照料保障、医疗保障和精神保障的综合体现。以美国的"太阳城中心"为例,它是世界闻名的老年人专业社区,是标准的"老年人的乐园"。那里不仅有独立的邮局、超市、医疗机构、银行、教堂等设施,还有各种室内外游泳池、网球场、高尔夫球场等健身娱乐设施。总之,其养老配套设施非常完善,服务项目丰富多样,能在社区内满足老人的一切需求。美国也倡导社区"互助养老",让年龄相仿、兴趣相投的老年人"结伴养老"。政府还出资为居家老人提供专业上门服务,满足老人的家政和护理需求。另外,社区中一般还包括全托制的"退休之家"和日托制的"托老中心"这样的养老机构,为老人社区居家养老提供专业支持。

(二)英国的社区养老服务

在社区养老方面,英国倡导"社区照顾"模式,目标是使老年人在自己的家中获得需要的协助。因此,英国为老人提供的社区养老服务非常精细化。其服务内容主要有以下四类:一是生活照料服务,既包括上门送饭、做家务、代买代购、陪同就医等居家服务,也包括依托老年公寓、托老所等养老机构提供的专业服务。这些机构普遍分散在各个社区中,使老年人不必离开社区就能获得生活照料。二是物资支持服务，比如在社区为老年供应膳食，为社区增添无障碍设施，为老人改造居家环境，为66岁以上老人减免话费、车船费、取暖费等。三是身心支持服务，包括治病、护理、传授养生之道等。四是整体关怀服务，包括为老年人提供休闲娱乐场所，如兴办社区综合活动中心、建立老年人工作室；社区举办各种社区活动，丰富老年生活；为老人提供志愿服务机会，帮助其实现自我价值等。

（三）日本的社区养老服务

日本社区养老服务一般分为居家养老服务、区域密集型服务和老年人俱乐部三大类。第一类居家养老服务，包括上门服务和机构日间照料服务两大类十三项。第二类区域密集型服务，主要包括为生活不能自理和有疾病的老年人提供全天候紧急救援服务；为失智症老人提供日间照料；依托社区内小型照护机构为辖区内老年人提供家政、日间照料服务。第三类老年人俱乐部，旨在减少老年人退休后的失落感和孤独感，为其提供社交、娱乐、健身等各种服务，积极鼓励他们参与更多的社会活动。日本老年人俱乐部的数量超过10万个，且享受国家及各地区的援助。总的看来，日本社区养老服务内容包括了访问护理服务（上门为老年人做饭喂食、洗澡换衣、打扫卫生等）、日间护理服务（接送老年人到社区老年人护理中心，为老年人提供身体检查、康复训练等服务）、短期托付服务（老年人家属临时外出时，社区养老院提供短期护理服务）和社区贴紧型服务（夜间上门服务、失能失智老人日托护理和多功能型居家护理等）等类型。这些服务使得老年人在不脱离家庭和社区的情况下即可安享晚年。

（四）德国的社区养老服务

德国已经形成较为完善的多代互助社区养老模式。该模式作为一类特定的合作居住模式，以代际互动为核心目标开展社区建设，通过配备公共活动空间、组织社区活动等手段，促进非血缘关系的老年人与年轻人在社区层面上的跨代合作。据统计，多代互助养老模式在老年公寓、集体住宅等合作居住的养老形式中占比达29%，仅次于阿尔茨海默病患者集中监护社区。

至2014年,87%的德国城镇拥有至少一个多代互助养老社区。值得一提的是,其志愿型多代互助养老社区通过社区改造等途径将家庭教育中心、老年人看护机构等传统社区服务设施改造为低门槛的社会服务机构,如教区聚会室、母亲中心等,从而引入多代互动要素吸引市民群体。在形成较为稳定的市民参与群体后,针对不同类别的人群分别开展多代午餐、互助小组和主题课程等不同形式的日常活动。社会组织引导各年龄段志愿者参与社区建设,为社区居民提供养老、亲子、教育等公共服务。

二、社区养老社会工作服务项目

(一)社区老年服务中心服务

社区老年服务中心或社区老年活动中心一般都由政府出资兴办,旨在为老年人提供一个娱乐、社交、学习的综合服务场所。比如在中国,各个社区服务中心经常开展各种联谊会、康乐活动、兴趣班等为社区老年人的生活增添乐趣,有的还会为社区老人提供心理辅导服务、膳食服务、老年大学等。中国的社区服务中心通常由政府出资,社区居委会或社会工作机构管理运作。而在挪威,其社区老年服务中心也发挥着类似的作用,这些中心最常见提供的服务有主题活动、游览、疾病防治、成人教育课程、理发、自助餐厅等。与中国不同的是,挪威这些社区服务中心通常由自愿组织管理运作,政府为其提供资金支持。

(二)家庭照顾服务

在一些发达国家,家庭照顾服务主要为体弱老年人、残疾老年人及其他有特殊需要的老年人。在社区中享受家庭照顾的老年人经由综合评定后被划分为护理个案和普通个案。针对护理个案,家庭照顾服务往往需要整合包括专业社工、物理治疗师、职业治疗师、家庭照顾员等不同专业人员组成服务团队,向服务对象设计并提供一套有计划、完整的家居及社区支持服务,如护理计划、基本及特别护理、个人照顾、复康练习、护老者支持服务、暂托服务、24小时紧急支持、家居环境安全评估及改善建议、家居照顾、膳食服务、交通及护送服务等。而针对普通个案对象,则提供个人照顾、简单护理、家居清洁、护送服务、日间到户看顾、家居安全及健康评估服务、购物及送递服务、膳食及洗衣等服务。

（三）健康照顾服务

在英国，医疗机构资源与社区需要相结合，在社区配备了老年健康访问员——健康社会工作者，负责为相应辖区的老年人，特别是独居、残疾或出院不久的老年人提供服务。这些健康访问员在医师的建议和指导下定期到老年人家中探视，并提供治疗、康复、营养等方面的建议。他们的职责主要有四项：一是维护老年人的身心健康，对服务对象的饮食、运动、休息、起居提出建议；二是辅助服务对象按规定申请各项有关的服务与补助；三是对未愈老年人提供康复性医疗服务；四是及时与医院和社区保持联系，汇报老年人的情况与需要，共同做好对老年人的健康服务。

（四）老年教育服务

社区多以老年大学、老年培训班等多样化的形式为老人学习和受教育提供便利。一般主要在社区的某一固定地点上课，课程范围主要是非资格认证性质的课程，比如艺术工艺、信息科技、个人创业、运动保健等，几乎所有课程都向老年人免费开放。大多数地方这类课程是免费的，当然也有的地方会收取较低的费用。其中，社会工作者往往扮演着链接资源者、组织协调者、促进者、教育者等角色。

（五）隐蔽老年人服务

隐蔽老年人的特点就是难以找到他们，他们不愿过多接触外界，不愿透露其居住场所，仅可知晓他们的活动范围。因此，在隐蔽老年人服务方面，社会服务机构常常以此类老年人日常活动地点为准划定其所属地域，由该地区的相关服务机构为其提供服务。社会工作者往往通过外展工作接触隐蔽老年人，为其提供电话和探访慰问、协助其处理简单家务、为其提供情绪支援及辅导、协助其建立社交网络以及转介至合适的机构接受援助，避免他们与社会脱节。

参考文献

[1]程胜利,等.瑞典社会工作[M].北京:中国社会出版社,2012.

[2]黄智雄.香港社会工作[M].北京:中国社会出版社,2013.

[3]欧文·图特维特,劳伦斯·杨.挪威社会工作[M].邹学银,等译.北京:中国社会出版社,2009.

[4]杨克.美国社会工作[M].北京:中国社会出版社,2014.

[5]詹火生.台湾社会工作[M].北京:中国社会出版社,2013.

[6]郑永强.英国社会工作[M].北京:中国社会出版社,2009.

[7]陈伟涛."和而不同":家庭养老、居家养老、社区养老和机构养老概念比较研究[J].广西社会科学,2021(9):144-150.

[8]郭聪聪.老年社会工作介入与长期护理保险制度的完善——以日本照护管理者为借鉴[J].劳动保障世界,2019(6):16-18.

[9]贺坤,戴丽,翟超越,等.加拿大机构养老体系对我国医养结合发展的启示[J].卫生软科学,2021,35(1):94-97.

[10]姜秀谦,李坤,朱峰.国外多层次养老服务模式及启示[J].社会治理,2017(3):47-50.

[11]李海荣.社会服务:香港经验及启示[J].甘肃行政学院学报,2013(5):28-39+73+126.

[12]罗琦,王安琪,陈红,等.美、英、日、澳居家养老服务发展概况及启示[J].卫生软科学,2020,34(6):91-96.

[13]彭伊依,周素红,文萍.德国多代互助社区养老模式及其启示[J].上海城市规划,2021(3):103-108.

[14]曲凤鸣.日本老年社会工作服务承接主体能力建设研究[J].哈尔滨师范大学社会科学学报,2016,7(1):34-36.

[15]任伟.澳大利亚的社区老年服务[J].中国社会保障,2002(4):25.

[16]史册.国外社区养老服务的启示[J].吉林农业,2017(3):106-108.DOI:10.14025/j.cnki.jlny.2017.03.038.

[17]孙建萍,周雪,杨支兰,等. 国内外机构养老模式现状[J]. 中国老年学杂志,2011,31(7):1264－1266.

[18]熊亮,罗杰,陈岳堂. 我国失独群体“社区＋”精准扶助模式构建研究——基于国外社区养老服务实践的启示[J]. 湘潭大学学报(哲学社会科学版),2021,45(4):85－91.

[19]许爱花. 社会工作视阈下的机构养老服务[J]. 江淮论坛,2010(1):128－133.

[20]张雪. 国外居家养老模式的经验与启示[J]. 当代经济,2017(15):48－49.

[21]Hughes M, Bigby C, Tilbury. Australian Social Work Research on Ageing and Aged Care: A Scoping Review[J]. Journal of Social Work, 2008: 431－450.

后　　记

社会工作的终极目标是为全人类创造福祉。随着贫困、老龄化、移民、女性主义等社会问题成为全球共性问题,社会工作也就有了国际视野。国际社会工作从最初比较社会工作在不同文化和国家之间的差异,逐步地发展到从全球的视角来尝试阐释社会工作,即一种专业在不同的国家实施的路径与成效。因此,对于生活在高度相互依赖的世界体系中的现代人来说,国际社会工作既是最基本的知识,也是非常有必要的技能。

本教材的目标是介绍国际社会工作这一有趣而富有挑战性的领域。具体来说,一是让读者从整体上了解什么是国际社会工作,为社会工作提供一个理论视角和实践方向,即一种跨越国家、种族、文化的社会工作理论方法。二是倡导世界各地的社会工作者将传统的社会工作更有效地应用于全球关注的问题。三是鼓励社会工作者和其他人考虑将其工作生涯的一部分用于促进发展中国家的发展,特别是那些没有很好地建立社会工作职业的最贫穷国家的发展,我们希望看到社会工作者和其他人为制定适合这个快速全球化时代的社会政策和计划做出贡献。

本书共分为十二章。第一编为理论编,分为五章,第一章介绍了国际社会工作的概念内涵、构成和功能。第二章介绍了国际社会工作的全球背景,这一背景很复杂,包括一系列全球问题、为应对这些问题而设立的国际性组织、各种全球性公约和政策,以及反映了历史现实和围绕这些问题不断变化的意识形态。第三章阐释了综合视角方法,该方法概述了国际社会工作所信奉的价值观、原则和目标,以及国际社会工作实践的理论模型和实务方法。第四章概述了国际社会工作教育的发展历程、现状、改革创新及挑战。第五章介绍了国际社会工作实践的制度保障、变化与挑战。第二编和第三编为实践编。第二编重点关注国际社会工作所涉及的特定领域,并介绍了这些领域的干预策略和主要计划。第六章至第九章考虑了四个重要领域,分别为地区发展、冲突后重建、反贫困以及国际移民,重点阐述了每一个领域应如何运用综合视角分析问题、制订干预计划和开展具体实务,并从尽可能广泛的国家中汲取典型案例。第三编重点关注特定人群的国际社会工作,阐述如何运用综合视角分析特定人群的需求,并举例介绍了国际社会对特定贫困人口的应对措施。作为以选定人群为重点的干预措施的例子,本书概述了三个群体的情况和应对措施:儿童、青少年和老年人。

感谢四川外国语大学校领导和教务处领导对教材编撰工作的指导、鼓励和支持。本教材的出版获得了四川外国语大学新文科教材立项及重点支持。教材编写也得到了团队所在学院领导和同事们的支持与激励,四川外国语大学社会工作硕士(MSW)专业2021级、2022级的部分研究生帮助收集、整理了部分资料,在此一并表示感谢!

感谢北京大学社会学系马凤芝教授对四川外国语大学社会学和社会工作专业多年以来的精心指导和无比厚爱,特别是我校在涉外社会工作方向的设置、论证与建设过程中,马老师高度重视,不下十次亲临学校,在师资培养、课程开设、平台建设、学生培养等多方面给予了非常珍贵和有效的指导。在得知学校编写教材《国际社会工作》之后,多次和教师团队深入交流,精心修改书稿,并亲自提笔作序。马老师对后学的厚爱之情和提携之爱,让我辈无比感动与感激!

黑龙江人民出版社为教材的如期付梓付出了诸多辛勤努力,特别是责任编辑肖嘉慧老师的耐心、专注与敬业让人印象非常深刻,再次表示真诚感谢!

自教材提交至今,项目团队一直心怀忐忑、忧心忡忡。任何开创性的工作都是艰难的,同时也难免是稚嫩的。加之编者水平确实有限,所以付梓之际,心莫宁焉。教材编写过程中,参考了大量前人学者们的宝贵成果,部分在参考文献中已经列出,但是难免遗漏,为此深表谢意与歉意!